自動車技術シリーズ
(社)自動車技術会 編集

12

自動車の交通環境調和技術

●編集幹事
山川新二

朝倉書店

序

　本書は(社)自動車技術会が企画編集した「自動車技術シリーズ」全12巻の1冊として刊行されるものである．このシリーズは，自動車に関わる焦点技術とその展望を紹介する意図のもとに，第一線で活躍されている研究者・技術者に特別に執筆を依頼して刊行の運びとなったものである．

　最新の技術課題について的確な情報を提供することは自動車技術会の重要な活動のひとつで，当会の編集会議の答申にもとづいてこのシリーズの刊行が企画された．このシリーズの各巻では，関連事項をくまなく網羅するよりも，内容を適宜取捨選択して主張や見解も含め自由に記述していただくよう執筆者にお願いした．その意味で，本書から自動車工学・技術の最前線におけるホットな雰囲気がじかに伝わってくるものと信じている．

　このような意味で，本書のシリーズは，基礎的で普遍的事項を漏れなく含める方針で編集されている当会の「自動車技術ハンドブック」と対極に位置している．また，ハンドブックはおよそ10年ごとに改訂され，最新技術を含めて時代に見合うよう更新する方針となっており，本自動車技術シリーズはその10年間の技術進展の記述を補完する意味ももっている．さらに，発刊の時期が自動車技術会発足50年目の節目にもあたっており，時代を画すマイルストーンとしての意義も込められている．本シリーズはこのような多くの背景のもとで企画されたものであり，本書が今後の自動車工学・技術，さらには工業の発展に役立つことを強く願っている．

　本シリーズの発刊にあたり，関係各位の適切なご助言，本シリーズ編集担当幹事ならびに執筆者諸氏の献身的なご努力，会員各位のご支援，事務局ならびに朝倉書店のご尽力に対して，深く謝意を表したい．

　1996年7月

社団法人　自動車技術会
自動車技術シリーズ出版委員会
委員長　池上　詢

(社)自動車技術会　編集
＜自動車技術シリーズ＞
編集委員会

編集委員長	池　上　　　詢	京都大学工学部
副委員長	近　森　　　順	成蹊大学工学部
編集委員	安　部　正　人	神奈川工科大学工学部
	井　上　意　太	トヨタ自動車(株)
	大　沢　　　洋	日野自動車工業(株)
	岡　　　克　己	(株)本田技術研究所
	小　林　敏　雄	東京大学生産技術研究所
	城　井　幸　保	三菱自動車工業(株)
	芹　野　洋　一	トヨタ自動車(株)
	高　波　克　治	いすゞエンジニアリング(株)
	辻　村　欽　司	(株)新エィシーイー
	農　沢　隆　秀	マツダ(株)
	林　　　直　義	(株)本田技術研究所
	原　田　　　宏	防衛大学校
	東　出　隼　機	日産ディーゼル工業(株)
	間　瀬　俊　明	日産自動車(株)
	柳　瀬　徹　夫	日産自動車(株)
	山　川　新　二	工学院大学工学部

(五十音順)

まえがき

　交通あるいは輸送の個別的な手段としての自動車が，現在の社会ではどうしても必要なものとなっており，他方，自動車による公害や事故といった社会的な問題が，近年大きく取り上げられている．

　本書では自動車利用の社会的貢献と，その増加による負の影響を整理し，将来の社会交通環境と自動車の調和技術およびその解決の一つの方法である車と道路の知能化について解説する．

　すなわち，まず第1章において，自動車利用と社会活動および環境問題を取り上げる．引き続き第2章において，都市と交通問題を論ずる．

　第3章では，道路と駐車の問題，現在の交通管制技術，さらに新交通システムと他の交通手段との調和について取り扱う．第4章では，広く物流について，自動化の問題点と将来の展望を含めて解説する．

　後半は，とくにここ数年わが国を含めて先進諸国で進展の著しい，自動車と道路の知能化に関するテーマを幅広く取り上げる．

　第5章においては，交通情報システム，交通管理，運転支援システム，地図ナビゲーション，路車間および車々間通信といったテーマの技術を，具体的に解説する．

　第6章ではさらに，将来の自動運転システムの展望を取り扱う．すなわち自動運転のためのセンサ，将来の運転支援システム，そして自動運転システムのこれまでの研究成果を含めた解説である．

　この「自動車技術シリーズ」の当初の計画では，この後半の部分の技術が急速に発達中で，その分量はそれほど大きく予定されていなかった．たとえば，当時地図ナビゲーションシステムがこれほど急激に普及することはそれほど予想されておらず，逆に，いかにしてその普及を図るかといった論議もなされていた．

　しかし，この数年間に搭載台数が急増し，これに伴うカーナビゲーション技術の著しい進歩が見られた．そして1996年春から，道路交通情報通信システム（VICS）が，首都圏において世界初のシステムとして稼動した．

　また同年秋には，自動運転道路システム（AHS）の公開実験も上信越自動車道の建設中の部分で行われた．世界的に高度道路交通システム，いわゆるITSへの期待が高まっており，いくつかの国では道路側の準備も進められているようである．

まえがき

　21世紀には"人動車"ではない本当の"自動車"が実現される可能性があるが，現在では技術のみならず，いろいろな意味で超えるべきハードルは決して低いとはいえない．

　これらの問題点を含めて，国内の先進的な研究を行っている方々にご執筆をお願いした次第であるが，なにぶん対象が日進月歩の技術であり，また原稿を集めるのに多少時間が掛かったため執筆者による時間的なばらつきの生じたこと，また重複部分については，執筆者の立場によって内容の相違が生じているとしても，それぞれ意味のあることとしてご容赦願いたい．

　とくに，後半の部分についてまとまったものとしては，本邦初の書物になると考えている．

1997年10月

山　川　新　二

編集幹事

山　川　新　二　　　工学院大学　工学部機械工学科

執　筆　者（執筆順）

棚　沢　正　澄	トヨタ自動車(株)　設計管理部
広　瀬　登茂司	トヨタ自動車(株)　事業開発部
茅　　　陽　一	慶応義塾大学大学院　政策・メディア研究科
石　井　一　郎	中野土地(株)・阪神土建(株)
山　田　晴　利	通商産業省工業技術院　産業科学技術研究開発課
田　中　好　巳	警察庁　交通局交通規制課
得　田　与　和	日産科学振興財団
谷　口　正　明	日産自動車(株)　環境・交通研究所
上　村　幸　恵	前・いすゞ自動車(株)　商品企画室
佐　藤　　　司	日産ディーゼル工業(株)　車両設計部
高　羽　禎　雄	東京工科大学　工学部情報通信工学科
池之上　慶一郎	前・日本大学　理工学部交通土木工学科
重　松　　　崇	トヨタ自動車(株)　第2電子技術部
東　　　重　利	トヨタ自動車(株)　第1電子技術部
小　川　陸　眞	(株)デンソー　情報システム技術部
福　井　良太郎	沖電気工業(株)　ITS事業推進本部
藤　井　治　樹	(財)自動車走行電子技術協会　研究部
佐　藤　　　宏	日産自動車(株)　電子情報研究所
早　舩　一　弥	三菱自動車工業(株)　電子技術部
津　川　定　之	通商産業省工業技術院　機械技術研究所

目　　次

1．自動車利用の増加と社会活動の変化

1.1　自動車利用と社会活動
　　　　………[棚沢正澄・広瀬登茂司]…1
　1.1.1　輸送機関の主役 …………………2
　1.1.2　ユーザー嗜好の多様化と社会的要請 ………2
　1.1.3　社会との軋轢の発生と共存の模索 …………3
　1.1.4　今後の課題 ………………………5
1.2　環境の視点からみた自動車の今後
　　　　………………………[茅　陽一]…7
　1.2.1　自動車公害とそれへの対応 ………7
　1.2.2　地球環境問題とそれへの対応 ……9

2．都市と交通問題　　　　　　　　　　　　　　　　　　　　　　[石井一郎]

2.1　都市の構成 …………………………11
　2.1.1　都市構造 …………………………11
　2.1.2　都市交通需要の種類 ……………11
　　a．通勤通学交通 ……………………11
　　b．業務交通 …………………………11
　　c．旅行レジャー交通 ………………11
　　d．買物交通 …………………………11
　　e．家事・医療交通 …………………11
　　f．貨物輸送交通 ……………………11
　2.1.3　交通システムの種類 ……………11
　2.1.4　トリップの目的別交通機関別構成 ………12
2.2　旅客交通機関 ………………………12
　2.2.1　適合範囲 …………………………12
　2.2.2　利用密度 …………………………14
2.3　交通機関の選択 ……………………14
　2.3.1　旅客輸送 …………………………14
　2.3.2　都市の規模と最適利用交通機関 …15
　　a．小都市 ……………………………15
　　b．中都市 ……………………………15
　　c．大都市 ……………………………15
　　d．巨大都市 …………………………15
　2.3.3　貨物輸送 …………………………15
2.4　都市道路（街路）…………………15
　2.4.1　道路網（街路網）の形状 ………15
　2.4.2　都市道路（街路）の分類 ………15
　　a．自動車専用道路 …………………15
　　b．主要幹線道路 ……………………15
　　c．幹線道路 …………………………15
　　d．補助幹線道路 ……………………15
　　e．区画道路 …………………………15
　　f．特殊道路 …………………………15
　　g．修景道路 …………………………15
2.5　都市景観と街路要素 ………………16
　2.5.1　街路幅員 …………………………16
　2.5.2　街路延長幅員比 …………………17
　2.5.3　歩車道幅員比 ……………………17
　2.5.4　街路プロポーション比 …………18
2.6　シンボルロード ……………………18
　2.6.1　シンボルロードの定義 …………18
　2.6.2　シンボルロードのタイプの種類 …18
　2.6.3　空間特長によるシンボルロードの分類 …19
　2.6.4　シンボルロードの目標 …………19
　2.6.5　文化性によるシンボルロードの特徴 ……19
2.7　歩行者空間の確保 …………………19
　2.7.1　歩道の機能 ………………………19
　2.7.2　歩道の構造 ………………………19
　2.7.3　歩道の幅員 ………………………19
　2.7.4　ボンネルフとコミュニティ道路 …20
　2.7.5　電線類の地中化 …………………20
　2.7.6　沿線の街並形成 …………………20
　2.7.7　歩行者専用路（遊歩道）………20
　2.7.8　歩行者専用道路と緑道 …………21

2.8 街路樹の配植設計…………………………21	2.10 買物公園（ショッピングモール）………24
2.8.1 街路樹プロポーション比…………21	2.10.1 買物公園の発端…………………24
2.8.2 植樹帯の設計………………………21	2.10.2 買物公園の種類…………………25
2.8.3 配植の基本原理……………………22	a．フルモール………………………25
a．配植の原理………………………22	b．トランジットモール……………26
b．空間のイメージ…………………22	c．セミモール………………………26
c．配植形式…………………………22	d．人工地盤とペデイストリアンデッキと
2.9 都心型商業立地……………………………22	スカイウェイ………………………26
2.9.1 商店街…………………………………22	e．立体的地下利用の場合…………26
2.9.2 商店街の形状………………………22	2.11 郊外型商業立地……………………………26
a．直線型……………………………23	2.12 地域分断と防災都市………………………26
b．十字型……………………………23	2.12.1 地域分断……………………………26
c．ロの字型…………………………23	2.12.2 都市災害の種類……………………26
d．T字型……………………………23	2.12.3 都市計画における防災……………27
e．クランク型………………………23	a．土地利用面での対策……………27
f．コの字型…………………………23	b．都市施設の整備…………………27
2.9.3 商店街の長さ………………………23	c．市街地開発事業…………………27
2.9.4 小公園広場…………………………24	2.12.4 阪神大震災の教訓…………………27
2.9.5 歩行者天国…………………………24	

3．道路，駐車，新交通システムおよびその他の交通手段との調和

3.1 道路および駐車問題……………[山田晴利]…29	3.2.4 交通情報提供………………………43
3.1.1 道　路………………………………29	a．交通情報提供の目的……………43
a．アメリカにおける交通需要マネジメント…30	b．提供する交通情報の内容………43
b．オランダにおける交通需要マネジメント…31	3.2.5 経路選択の支援……………………43
c．わが国における交通需要マネジメント…33	a．一般道路と都市高速道路での経路選択
3.1.2 駐車問題……………………………34	（大阪）……………………………44
a．駐車問題と駐車場………………34	b．都市間を結ぶ3路線の所要時間提供に
b．駐車問題の歴史…………………35	よる経路選択（大阪－京都）……44
c．近年の駐車対策…………………36	c．都市における駐車誘導…………46
d．駐車場に出入りする自動車の影響の軽減…38	3.2.6 カーナビゲーション装置を利用した
3.2 総合管制技術………………………[田中好巳]…39	経路選択の支援……………………46
3.2.1 交通管制システム…………………39	a．VICSの目的など………………46
3.2.2 交通情報の収集……………………40	b．システム構成……………………47
3.2.3 交通信号制御………………………41	c．情報提供メディアの特徴………47
a．交通信号制御の基本定数………41	d．運用展開…………………………47
b．交通信号機の制御の種類………41	e．VICS対応カーナビゲーション装置…47
c．スルーバンド図による系統制御…41	3.2.7 経路誘導……………………………47
d．交通需要の変化に伴う制御定数の変化…41	a．静的経路誘導……………………47
e．ジレンマ感応制御………………42	b．動的経路誘導……………………48
f．交通信号制御による夜間における車両	c．経路誘導システム例……………49
の走行速度制御……………………42	3.2.8 公共車両の優先通行への支援……49

3.2.9	総合管制技術の研究開発……………49	b．	公共交通手段と自動車との結合…………52
3.3	新交通システムおよび他の交通システム	c．	導入の状況（事例）…………………………53
	との調和………………[得田与和・谷口正明]…50	3.3.3	新しい交通システムの開発……………55
3.3.1	新交通システム再考……………………50	a．	都市交通手段の適合範囲……………55
3.3.2	既存交通システムの改善………………51	b．	新しい交通システムの種類と特徴……55
a．	既存交通手段の利便性向上……………51	c．	日本国内の新しい交通システム例……57

4．物　　　流

4.1	輸送から物流へそしてロジスティクスへ	b．	物流合理化システム……………………79
	………………………………[上村幸恵]…63	c．	リアル在庫管理システム………………79
4.1.1	物流を取り巻く環境の変化……………63	d．	統合化システム…………………………79
4.1.2	市場のグローバル化への対応…………66	4.2.6	ロジスティクス・コスト………………80
4.1.3	国内流通構造の変革への対応…………68	4.2.7	ロジスティクスの新分野………………81
4.1.4	輸送から物流へそしてロジスティクスへ…70	a．	SCM……………………………………81
4.2	ロジスティクス………………[佐藤　司]…73	b．	QR………………………………………81
4.2.1	ロジスティクスとは……………………73	c．	ECR……………………………………81
4.2.2	ロジスティクスへの歩み………………74	d．	VMI……………………………………81
a．	物流概念の萌芽…………………………74	4.3	自動化の現実とその展望………[佐藤　司]…82
b．	物流の導入………………………………74	4.3.1	ロジスティクスと自動化………………82
c．	物流の定着と変革………………………75	4.3.2	自動化の現実……………………………82
d．	ロジスティクス化………………………76	a．	輸　　送………………………………82
4.2.3	ロジスティクスの課題…………………76	b．	保　　管………………………………84
a．	部門内コスト低減の限界………………76	c．	荷　　役………………………………85
b．	他部門との連携の悪さ…………………76	d．	情報システム…………………………86
c．	全体意識の欠如…………………………76	4.3.3	自動化の課題……………………………87
d．	実需対応の認識不足……………………77	a．	標準化…………………………………87
4.2.4	ロジスティクス・システム……………77	b．	センシング・制御技術………………88
a．	システムの基本概念……………………77	c．	企業投資………………………………88
b．	マネジメントの役割……………………77	d．	社会施策………………………………88
c．	ロジスティクス化のステップ…………78	4.3.4	今後の展望………………………………88
4.2.5	ロジスティクス情報システム…………79	a．	自動化・機械化………………………88
a．	事務合理化システム……………………79	b．	情報システム…………………………88

5．自動車と道路の知能化

5.1	交通情報システム………………[高羽禎雄]…91	c．	情報提供時点・場所と提供手段………93
5.1.1	自動車と道路の知能化の沿革…………91	d．	交通情報システム………………………93
a．	自動車交通のシステム化の芽生え……91	5.1.3	交通情報システムの事例………………94
b．	知能化交通システム ITS に至る道程……91	a．	可変情報板による情報提供システム……94
5.1.2	交通情報システムの概要………………93	b．	路側通信システム………………………95
a．	交通情報の目的…………………………93	c．	ATIS による交通情報サービス…………96
b．	情報の内容………………………………93	d．	道路交通情報通信システム VICS………96

5.1.4 交通情報システムの展望 …………97	e. 動的経路探索 ……………………119
5.2 交通管理 ……………[池之上慶一郎]…98	5.4.5 経路誘導 ………………………119
5.2.1 道路交通空間の整備・運用 …………98	a. 音声経路案内例 ……………………120
a. 道路の機能階層化 ………………98	b. 必要な案内情報とタイミング ……120
b. 地域的環境整備 …………………98	c. 一般道の場合 ……………………120
c. 道路網の利用形態に関する運用 …99	d. 高速道路の場合 …………………120
d. 局所的摩擦排除のための空間整備 …99	e. 案内表現 …………………………121
5.2.2 速度規制 …………………………99	f. 聞き取りやすさ …………………121
5.2.3 交通信号制御 ……………………100	g. 記憶しやすさ ……………………121
a. 交通接続部の交通制御 ……………100	h. 前方風景との対応 ………………121
b. 信号制御方策 ……………………100	i. 連続した分岐の案内 ……………121
5.2.4 交通管制システム ………………102	j. 音声経路誘導の評価例 …………121
5.2.5 交通管理知能化の展望 …………103	k. 評価方法 …………………………121
a. 情報提供による交通誘導 ………104	l. 注視行動 …………………………121
b. 交通制御 …………………………104	m. 精神負荷 …………………………122
c. 複合技術への期待 ………………105	5.5 路車間通信技術 ………[福井良太郎]…123
5.3 運転支援システム ……………[重松 崇]…106	5.5.1 路車間通信の概念 ………………123
5.3.1 認知支援システム ………………106	5.5.2 通信形態の分類 …………………123
5.3.2 判断支援システム ………………107	a. 放送型 ……………………………123
5.3.3 操作支援システム ………………108	b. 局所同報型 ………………………124
5.3.4 ドライバー監視システム ………109	c. 広域個別通信型 …………………124
5.3.5 実用化に向けての課題 …………109	d. 局所個別通信型 …………………124
a. 技術的課題 ………………………109	e. パッシブ型とアクティブ型 ……124
b. 社会的課題 ………………………110	5.5.3 通信媒体の比較 …………………124
5.4 地図ナビゲーション	a. 誘導無線 …………………………124
………………[東 重利・小川陸眞]…111	b. FM 放送波 ………………………124
5.4.1 ナビゲーションシステムの構成 …111	c. UHF 波 ……………………………124
5.4.2 地図データベースと CD-ROM …112	d. マイクロ波 ………………………125
a. CD-ROM の検討 …………………113	e. ミリ波 ……………………………125
b. 地図表示の視認性向上 …………113	f. 光空間通信 ………………………125
c. 地図描画の高速化 ………………114	5.5.4 路車間通信システムの事例 ……125
d. CD-ROM のデータの信頼性 ……114	a. FM 多重放送 ……………………125
5.4.3 現在地検出 ………………………115	b. 電波ビーコン ……………………125
a. 衛星航法 (GPS) …………………115	c. 光ビーコン ………………………127
b. 自立航法 (推測航法) ……………115	d. 局所型連続通信 …………………127
c. 近接無線航法 ……………………116	5.5.5 今後の展開 ………………………128
d. ハイブリッド方位処理 …………116	5.6 車々間通信技術 ………[藤井治樹]…129
e. 現在位置処理 ……………………116	5.6.1 車々間通信とは …………………129
5.4.4 経路案内 …………………………116	5.6.2 車々間通信の応用と効果 ………129
a. ダイクストラ法 …………………117	a. 渋滞情報などの直接伝達による交通
b. 変形ダイクストラ法 ……………117	情報システムの補完 ………………129
c. 静的経路探索 ……………………118	b. 車どうしの情報交換による協調走行 ……130
d. 静的経路探索の評価例 …………119	c. 協調走行を補完するドライバーの行動

|　　　意思の疎通 …………………………130
5.6.3　車々間通信技術の特徴と研究の現状 ……130
　　a．車々間通信の通信形態 ………………130
　　b．車々間通信研究の要点と課題 …………131
　　c．研究の現状 …………………………131
5.6.4　車々間走行データ伝達システムの

　　　　フィージビリティスタディ ……………132
　　a．プロトコル開発の方針 …………………132
　　b．プロトコルの概要 ……………………133
　　c．同期形成に関するおもな課題 …………133
5.6.5　今後の展開と課題 ……………………134

6．自動運転システムの展望

6.1　自動運転のためのセンサ ………[佐藤　宏]…135
　6.1.1　走路形状認識技術 …………………136
　　a．画像処理 …………………………137
　　b．磁気ネイル …………………………138
　6.1.2　レーダ技術 …………………………142
　　a．レーダの基本原理 ……………………142
　　b．レーザーレーダ ……………………143
　　c．ミリ波レーダ ………………………144
6.2　将来の運転支援システム ………[早舩一弥]…146
　6.2.1　運転支援システムの現状 ……………146
　　a．実用化した運転支援システム …………146
　　b．研究中の運転支援システム ……………147
　6.2.2　運転支援システムの課題 ……………148
　　a．技術的課題 …………………………148
　　b．ドライバー操作との干渉 ………………148
　　c．安全運転を行う責任の所在問題 ………149
　　d．標準化の問題 ………………………149
　　e．コスト負担の問題 ……………………149
　　f．社会受容的な問題 ……………………150

　6.2.3　将来の運転支援システム ……………150
　　a．技術的な変化 ………………………150
　　b．社会の考え方の変化 …………………151
　　c．将来の運転支援システム ………………151
6.3　自動運転システム …………[津川定之]…152
　6.3.1　歴　史 ………………………………152
　　a．第1期の自動運転システム ……………152
　　b．第2期の自動運転システム ……………154
　　c．第3期の自動運転システム ……………154
　6.3.2　自動運転システムの要素技術 …………155
　　a．機械技術研究所の自動操縦車 …………156
　　b．知能自動車 …………………………156
　　c．NavLab ……………………………156
　　d．VaMoRs ……………………………157
　　e．PVS ………………………………157
　　f．PATHの自動運転 ……………………157
　　g．VITA Ⅱ ……………………………158
　　h．自動運転道路システム …………………158
　6.3.3　自動運転システムの効果と課題 ………159

索　引 …………………………………………………161

1

自動車利用の増加と社会活動の変化

1.1 自動車利用と社会活動

1955年ごろから本格的に始まったわが国のモータリゼーションは，当初，輸送力の確保のためにトラックを中心として進展してきたが，1965年ごろからは高度経済成長に支えられた個人消費の伸びとともに乗用車主体の普及形態へ移行した．そして1970年ごろからの市民生活形態の多様化時代を迎え，個人移動手段としての乗用車普及が一段と進展してきた．

わが国の自動車保有台数は1978年に2800万台を超え，1994年には約6500万台に達し（図1.1），産業経済活動の発展と国民生活の向上に果たす役割はますます重要さを増している．しかし，近年さまざまな課題も顕在化してきた．すなわち，東京都などの大都市における大気汚染問題や温暖化などの地球環境問題，長期的な視点からの資源・エネルギー問題などとの関連である．ここでは自動車の社会活動へのこれまでの貢献と併せ今後の諸課題と対応について述べてみたい．

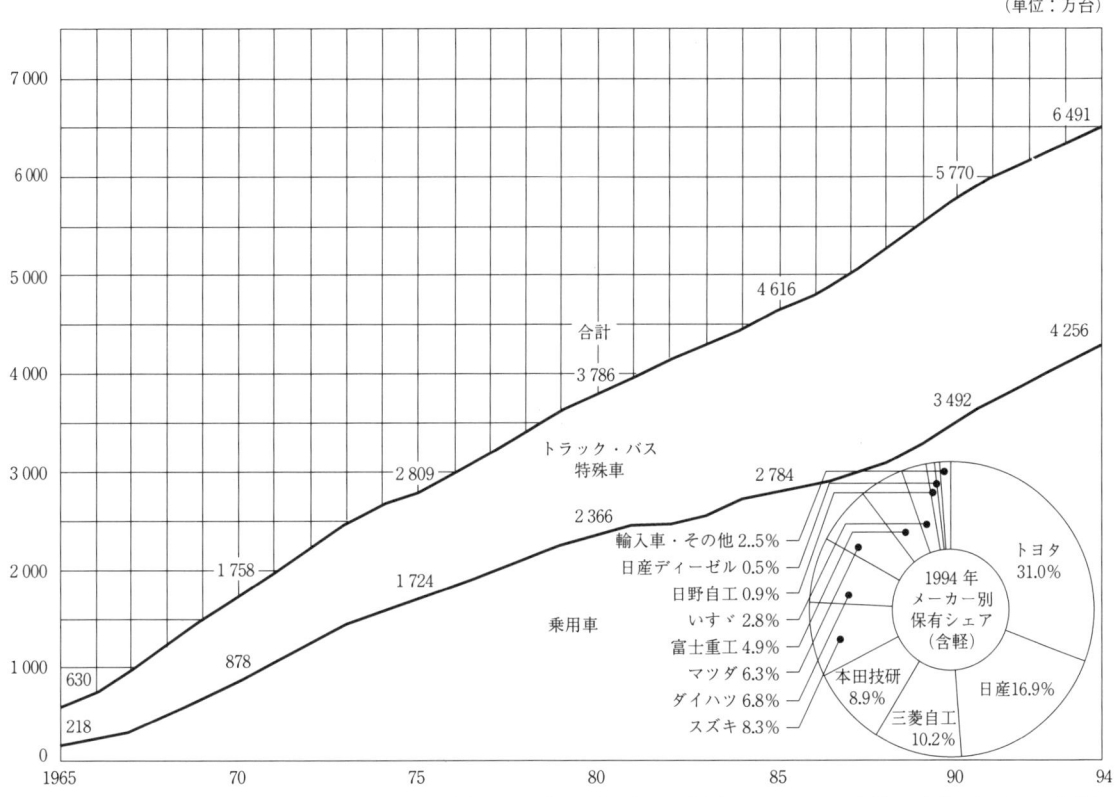

図1.1　国内の自動車保有台数の変遷

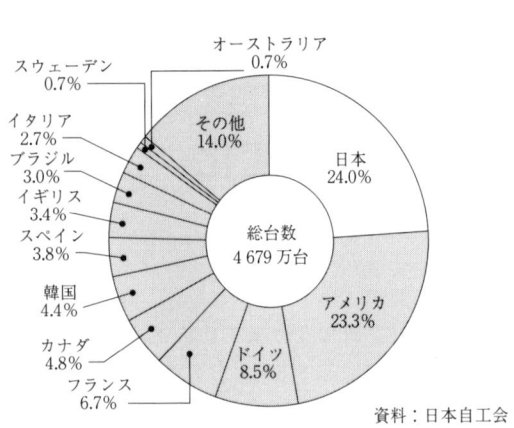

図1.2 国別自動車生産台数（1993年）

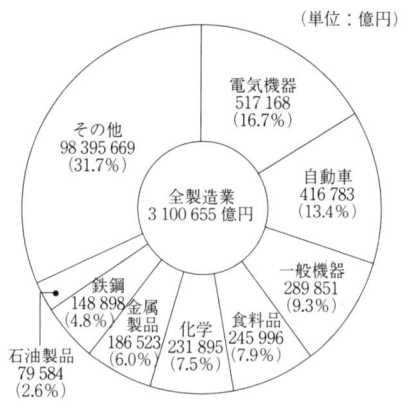

図1.3 製造業中の生産額割合

表1.1 自動車産業が日本経済に占める位置

項目	位置づけ	日本の産業全体	うち自動車	自動車の占める割合(%)
従業者数	従業者数の1割	6 578万人	722万人	11.0 (1993年推定)
主要製造業の生産額	生産額の1割	310兆655億円	41兆6783億円	13.4 (1993年)
小売業年間販売高	小売額の1割	140兆6381億円	18兆964億円	12.9 (1991年)
年間輸出額	輸出額の1割（四輪車）	40兆4976億円	5兆8366億円	14.4 (1994年)
主要製造業の設備投資額	設備投資額の2割	5兆5588億円	9789億円	17.6 (1994年度計画値)
製造業の研究開発費	研究開発費の1割	8兆4546億円	1兆936億円	12.9 (1993年度)
租税収入	自動車関係諸税は租税総収入の1割	89兆2319億円	7兆8301億円	8.8 (1994年度予算案)
国内旅客輸送分担率	国内旅客の3分の2	1兆3558億人・キロ	8899億人・キロ	65.6 (1993年度)
国内貨物輸送分担率	国内貨物の5割	5357億トン・キロ	2759億トン・キロ	51.5 (1993年度)

1.1.1　輸送機関の主役

　自動車が輸送機関の主役となっていく過程で，産業としての位置づけもしだいに重要さを増し，現在では図1.2に示すように全世界で約4680万台の車両が生産されており，国内はもちろん，国際的にも人々の生活を支える基幹産業の一つとなっている．自動車産業は表1.1に示すように日本経済の中で重要な位置を占め，1993年でその生産額は約42兆円と主要製造業の生産額の約13%（図1.3）にのぼり，この分野で働く従業員数は図1.4に示すように722万人にのぼる．また，自動車は単に人員・貨物の輸送手段としてだけでなくスポーツや趣味などを満たす対象として生活を潤してきた．

　道路網の整備の進展とともに交通量も増加し，（図1.5）その輸送分担率は表1.1に示すように，国内旅客輸送量の約66%，貨物輸送量の約52%を占めるに至っている．

　こうした自動車の普及の裏には，時代の流れを背景に，ユーザーの要求に応えるための様々な工夫と技術開発努力があった．

1.1.2　ユーザー嗜好の多様化と社会的要請

　ユーザーがより高性能，快適で効率的な車両を好むことはいうまでもない．こうした要求への対応として，電子技術を応用した数々のシステムが精力的に開発され導入されてきた．これにより排出ガス規制への対応はもちろん，安全性，快適性が著しく向上しまた同時に技術・産業の発展を促した．図1.6にこうしたシステムの導入状況を示す一つのデータとして，エレクトロニクス機器コストが車両1台のコストに占める割合の推移を示す．1986年ごろの戦後最高の好景気の際には，輸入車などへの配慮による税制の改定とも

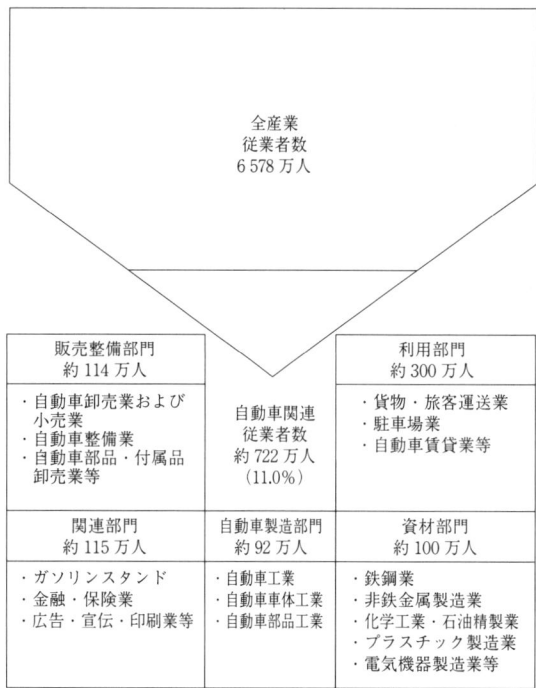

図 1.4 自動車関連産業の従業員数

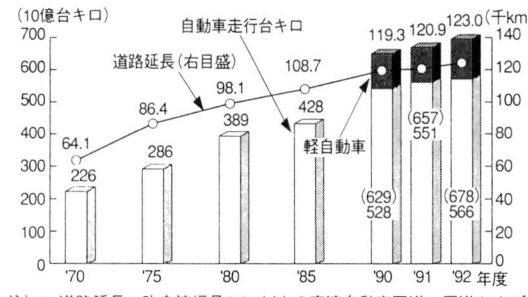

図 1.5 交通量・道路延長の推移

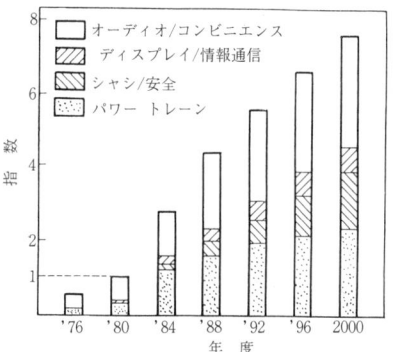

図 1.6 車両1台当たりのエレクトロニクス指数

装車の例を示す.

高水準の経済の推移とともに，従来，郵便小包などに頼っていた分野で宅配業が創出され，図 1.8 に示すようにその小口貨物の取扱い個数は 1991 年においてすでに 11 億個を超えるまでに伸展し，国民生活に深く根づき，細街路の隅々まで軽トラックなどが配送している．また，工場内などで使われる産業車両も活況を呈した．このようにユーザーの要望にマッチした車両を適時に提供することにより，これまで自動車産業はきわめて好調な業績を残すことができた．

1.1.3 社会との軋轢の発生と共存の模索

しかし，これまで経済の発展に大きく貢献してきた自動車にも，社会との間に存在していた課題がしだいに顕在化してきた．一つは図 1.9 に示す交通事故の問題である．交通事故の死亡者は 1970 年以降の減少傾向が 1979 年には漸次増加する傾向に反転した．また，図 1.10 に示すように大都市を中心とする NO_x など大気汚染物質の増加への関与や騒音などへの関与に対し対応策が要請される状況になっている．

さらに，都市内などでの駐車場問題や最近では廃棄自動車の処理，加えて解体車両から出るダストの処理も対応を要請されている重要な課題である．

現時点では車に代わる総合効率のよい輸送機関は当分の間，出現しそうにないため，官・民・産が一体となって努力し社会との融和を図るほかに道はないであろう．自動車メーカー各社は逐次，車両単体機能の改善を進め対応を図ってきた．この結果，わが国のメーカーは技術的にはおおむね世界でも高いレベルにあると考えてよいと思う．また，さらに環境に優しい車両として，いわゆる低排出ガス車の開発も進められてき

相まって大排気量の大型車が好まれる状況（表 1.3）も現れた．商用車においてもこの傾向は同様であり，大型，高出力のトラック販売が好調であった．近年はカーライフの面でもユーザー嗜好の変化がみられ，表 1.4 に示すように，いわゆる RV の販売が高水準で推移している．

一方，物流の変化に対応して保冷車，油圧ゲート，クレーン付き車両などの特装車も各種出現し，ボデー改造メーカーの好調を促す結果となった．図 1.7 に特

1. 自動車利用の増加と社会活動の変化

表 1.2 輸送機関別の分担率の推移

輸送機関別国内旅客輸送量　　　　　　　　　　　　　　　　（単位：％）

	自動車〈乗用車〉	鉄道	船	国内航空	総旅客輸送人・キロ（単位：億人・キロ）
1970年度	(30.9)	(48.4)	(49.2)	(0.8)/(1.6)	5 871
1975	(35.3)	(50.8)	(45.6)	(1.0)/(2.7)	7 107
1980	(41.1)	(55.2)	(40.6)	(0.8)/(3.8)	7 820
1985	(44.8)	(57.0)	(38.5)	(0.7)/(3.9)	8 582
1990	(57.2)	(65.7)	(29.8)	(0.5)/(4.0)	12 984
1993	(58.0)	(65.6)	(29.7)	(0.4)/(4.2)	13 558

（注）　カッコ内は構成比．1985年度以前の自動車には軽自動車による輸送を含まない．1990年度以降は自家用貨物車を含む．　　資料：運輸省「運輸白書　平成6年度版」

輸送機関別国内貨物輸送量　　　　　　　　　　　　　　　　（単位：％）

	自動車	鉄道	内航海運	国内航空	総貨物輸送トン・キロ（単位：億トン・キロ）
1970年度	(38.8)	(18.1)	(43.1)	(0.0)	3 506
1975	(35.9)	(13.1)	(50.9)	(0.1)	3 609
1980	(40.7)	(8.6)	(50.6)	(0.1)	4 391
1985	(47.4)	(5.1)	(47.4)	(0.1)	4 344
1990	(50.1)	(5.0)	(44.7)	(0.1)	5 468
1993	(51.5)	(4.7)	(43.6)	(0.2)	5 357

（注）　カッコ内は構成比．1985年度以前の自動車には軽自動車による輸送を含まない．　　資料：運輸省「運輸白書　平成6年度版」

運送機関別の輸送分担率の推移

表 1.3　3ナンバー乗用車登録台数の推移

全メーカー　　　　　　　　　　　　　（単位：台，％）

1990	223 562	503 120
91	307 691	698 706
92	341 778	857 794
93	488 490	1 028 103
94	502 726	1 146 694

1994年メーカー別シェア：トヨタ43.8％、日産21.3％、輸入車15.4％、その他19.5％

資料：トヨタ自動車

表 1.4　RV 登録台数の推移

全メーカー　　　　　　　　　　　　　（単位：万台）

1990	32	71
91	34	83
92	41	94
93	43	97
94	48	111

1994年タイプ別シェア：キャブワゴン38.3％、ステーションワゴン37.9％、ミニバン型17.2％、1トンボンネット四輪駆動車6.6％

（注）　軽自動車および輸入車を除く．　　資料：トヨタ自動車

図1.7 特装車両の例

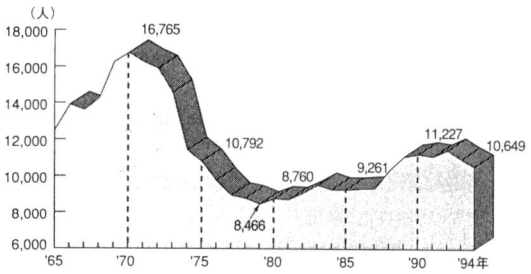

資料:(財)交通事故総合分析センター「交通統計」平成5年版
'94年データは警察庁集計 '95.1.4

図1.9 交通事故死亡者数の経年変化

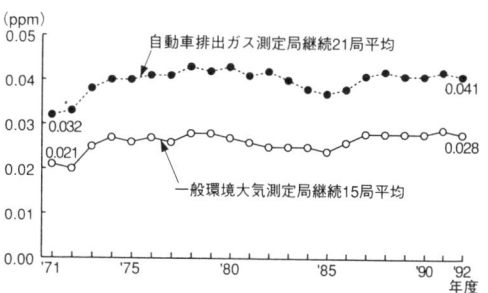

資料:環境庁「環境白書 総説」

図1.10 NO_2濃度の推移

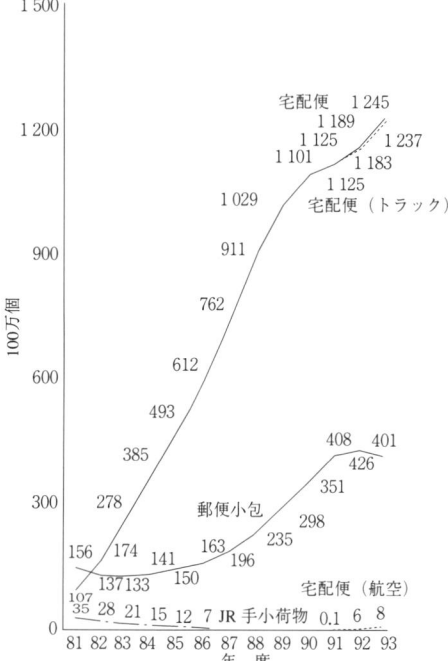

(注) 1. 郵便小包は「郵政統計年報」JR手小荷物は「鉄道統計年報」より作成(JR手小荷物は昭和61年度で廃止)
2. 宅配便(航空)は,平成3年12月から取扱い開始

図1.8 宅配便取扱個数の推移

図1.11 電気自動車(トヨタEV50)

た結果,現在ではその技術的な優劣・課題の判断がほぼ可能な状況となりつつあり,CNG車,EVなどがいっそう,現実な形で開発・導入されていくことになると考えられる.図1.11に開発された電気自動車の例を示す.大都市などでの具体的な大気環境改善への対応としてはディーゼル商用車をLPG車で代替することなども推奨される.また,一方で,交通流として車の動きをとらえ,これを改善することで交通環境の悪化に対応しようとする研究も以前から進められてき

た.

旧聞に属するが,わが国でも1973年,通産省工業技術院大型プロジェクト「自動車総合管制技術」の研究開発が進められ,これらの研究は近年実用化も間近いとされるVICS(図1.12)の開発へとつながっている.こうした動きはITS AMERICA,ERTICOなどの活動とも連携し,現在,交通システムの国際規格づくりがISOで始められている.

1.1.4 今後の課題

地球を未来に継承していくことは人類全体の責務であり,自動車においてもCO_2,NO_xなどをはじめとする各種排出ガスなどの負荷物質の総量を減らすこと

1. 自動車利用の増加と社会活動の変化

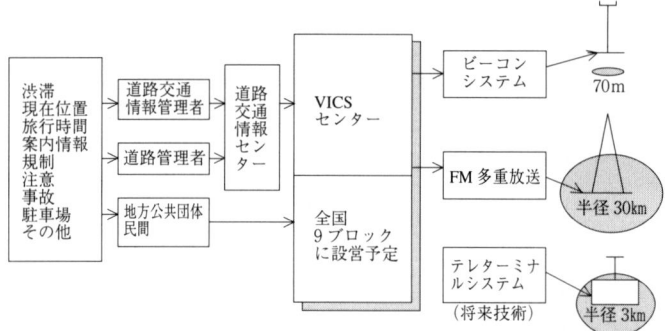

図1.12 VICSの概要（インフラ側）

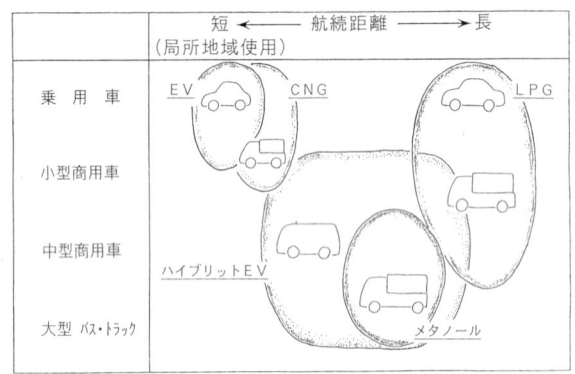

図1.13 低公害車用途の棲み分け

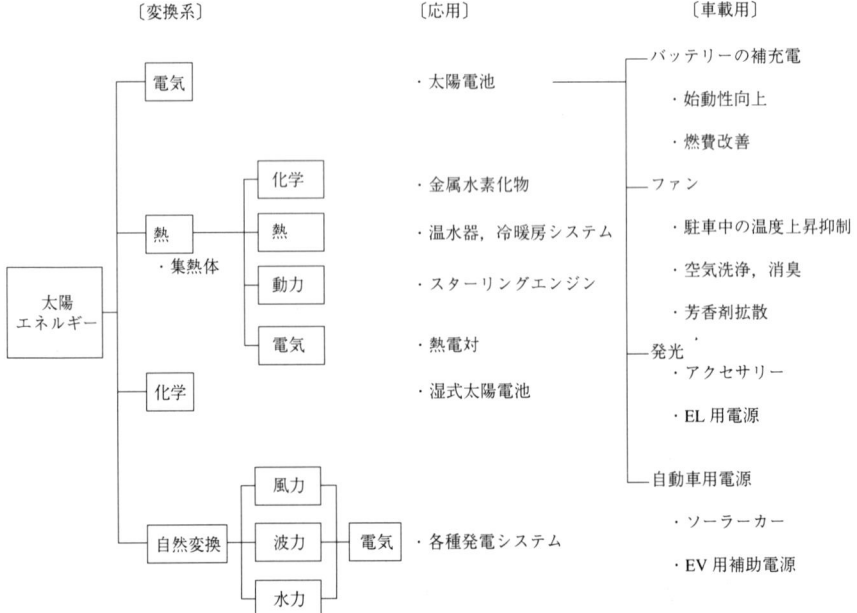

図1.14 太陽エネルギーの利用方法

は環境問題に対する重要なテーマである.

自動車技術者が車両単体性能の向上に努力することは当然であるが，社会構造が複雑化した今日では道路整備，交通流管理システム整備，物流システムや物流センターの整備，軌道系・海運・航空などすべてを包括するトータルな交通システムの構築を通じて交通流の円滑化，物流の効率化などによる各種排出ガスの削減を考え努力しなければ目標到達には至らない.

たとえば，低排出ガス車の導入を考えてみた場合も従来のガソリン，ディーゼル機関を改良した低排出ガス車と燃料や駆動システムを異にする低排出ガス車が図 1.13 に示すようにそれぞれの機能，性能などに応じて使い分けがなされていくべきであり，これは官民が一体となって取り組むべき課題である.一方，先にも少し触れたが今後は自動車の材料選定，設計，開発から製造，運用して廃車に至るまでトータルな環境への優しさが要求される時代になるであろう.リサイクルを考慮した材料選定・設計，リサイクル技術開発，製造・運用時のエネルギー消費低減，排出物低減などに積極的な取組みが必要になる.将来はいっそう，環境に優しい車として太陽熱，風力など自然エネルギーを直接源とする車の開発もあるかもしれない.現在では太陽電池のエネルギー変換効率など技術の現状などからみて実用化までの道は遠いが未来に向けた技術開発として研究が必要であろう.図 1.14 に自然エネルギーの利用状況を示す.

自動車が果たしてきた社会への貢献はたいへん大きかったと考えるが，いくつかの課題もはらんでいたことも事実である.その使い方の変貌も含めた環境との調和が今後の大きなポイントとなろうが，世界経済的見地からの調和を考えた産業のあり方も考えていかざるをえない課題となろう.その一方でいつでもどこでもドアツードアでいける車の機能は，今後のインテリジェント化社会の進展に沿ってさまざまに変化しながらいっそう拡大を続けると思われる.

[棚沢正澄・広瀬登茂司]

1.2 環境の視点からみた自動車の今後

自動車は現代文明を典型的に象徴する消費財であろう.バンコックやメキシコシティのような発展途上国の大都市で，自動車の交通渋滞が大きな問題となっているのも，電車などの公共交通機関に比べて，自動車は道路さえあれば特別の大きなインフラ投資を必要としないし，また好きな地点に容易にしかも快適に到達できる，という大きな利点をもっている.

このように乗り物としては優れた特徴を有する自動車であるが，その利用の拡大に伴って，さまざまな形での環境への影響が顕在化し，それが新たな都市問題を引き起こしてきたことも否定できない.本節で述べるのは，このような環境的側面で，過去にどのような対応がなされたか，また今後どのような対応が必要とされるかを概括することである.

1.2.1 自動車公害とそれへの対応

最近 200 年の化石燃料利用の歴史を振り返ってみると，燃料のクリーン化が一つの重要な側面であったことがみてとれる.人類が長年用いてきた薪から石炭への転換が起こったのは，産業革命後の産業を中心とするエネルギー需要の大幅な拡大が一つの大きな原因とみられるが，その石炭もばいじんと石炭灰という廃棄物を抱えており，石油が現れるに至ってエネルギーの主座はそちらに奪われることとなった.しかしその後，都市での大気公害が顕在化し，硫黄酸化物（SO_x）排出への規制が強まるにつれ，硫黄を含まずよりクリーンな天然ガスの利用が拡大していった.

同じように乗り物にもこのクリーン化傾向をみることができる.自動車以前の最も高級な陸上での乗り物は馬車だったが，そこにも廃棄物が存在する.19 世紀のロンドンでは，馬車の数が増大し，このままでいくとやがてロンドンは馬糞に埋もれることになる，というあまりきれいでない予測が行われ，人々は大いに心配したという話がある.その状況を根本的に変えたのが自動車で，この登場は街路をクリーンで住みやすいものに変えるのに絶大な効果があった.この段階における自動車は，このように環境の改善に大きな役割を果たしたわけである.

しかし，その自動車が少ないうちはよいが，文明の進展に伴ってその数は飛躍的に増えていった.わが国の例をみても，1965 年に 713 万台であった自動車が，1992 年には 6 000 万台を超える保有台数に達している.実に年平均 8 % という高い成長率であり，このことが環境に対してのインパクトを大幅に増やす結果となったのも当然といえば当然であろう.したがって，先の例と同様に，自動車をいかにクリーンに走ら

せるかが問題になったのは当然といえる．

わが国では，自動車の公害問題は1970年前後から大きな注目を集めるようになった．とくに注目を浴びたのは自動車からの窒素酸化物（NO_x）の排出である．発電所や工場からのSO_xの排出は，都市のさまざまな呼吸器疾患の原因として指摘を受けていたが，NO_xは光化学スモッグを含めてさまざまな健康影響が考えられるものの，SO_xに比べるとその影響の有意性がいま一つ明確でなかった．しかし公害対策が進展し，環境庁が設置されるようになって，NO_xに対しても厳しい規制を課するべきであるとの意見が強まり，1973年には一日平均0.02 ppmという環境基準が告示された．そして，それに対応して工場などの固定排出源，自動車などの移動排出源ごとにNO_x排出量の規制が敷かれることになった．

その詳細は略するが，小型ガソリン乗用車に限ってみると図1.15に示すように，1973年から5年の間にNO_xの排出を1/10以下に低減することが求められており，その規制の厳しさがよくわかる．

わが国の場合，その後も内外でNO_xをめぐる激烈な議論が行われ，国としての大気中のNO_x濃度基準は1978年には一日平均0.06 ppmへとかなり緩和されたが，自動車の場合は俗に昭和47年規制といわれる初期の規制が大きな影響をもち，自動車産業各社はその規制レベルをクリアできる技術の開発に大きな努力を行うこととなった．

その結果は，しかし日本の技術の優秀さを世界に知らしめるものとなった．すなわち，技術者の努力が実を結んで，1976〜77年ごろには，ホンダ，トヨタ，日産といった各社が相次いでこの規制をクリアする車を発表したのである．この点は，規制案（マスキー法）を発表しながら実質的には実行しなかったアメリカとは大違いであろう．しかも，このような公害対策は一般的には燃費の低下をもたらすのだが，わが国の

(1) トラック・バス

副室式
車両総重量
1.7 t超

100%	49/9前（未規制）
80%	49/9（49年度規制）
68%	52/8（52年度規制）
60%	54/4（54年規制）
62%	57/10（57年規制）
47%	（車両総重量1.7 tを超え2.5 t以下のもの）63/12（63年規制）
	（車両総重量2.5 tを超えるもの）64/10（64年規制）

直接噴射式
車両総重量
2.5 t超

100%	49/9前（未規制）
80%	49/9（49年度規制）
68%	52/8（52年度規制）
56%	54/4（54年規制）
49%	58/8（58年規制）
42%	（車両総重量3.5 t以下のもの）63/12（63年規制）
	（車両総重量3.5 tを超えるもの）64/10（64年規制）
	（大型トラクタ・クレーン車）65/10（65年規制）

(2) 乗用車

100%	49/9前（未規制）
80%	49/9（49年度規制）
68%	52/8（52年度規制）
60%	54/4（54年規制）
52%	57/1（57年規制）
37%	（等価慣性重量1.25 tを超えるもの）（第1段階目標値）手動変速機付車両 61/10（61年規制）
29%	（等価慣性重量1.25 t以下のもの）自動変速機付車両 62/10（62年規制）
26%	（等価慣性重量1.25 tを超えるもの）（第2段階目標値）
21%	（等価慣性重量1.25 t以下のもの）

図1.16　ディーゼル車のNO_x規制効果

場合は一時的にはそのような現象が起こったものの，すぐに立ち直って1980年を超えると乗用車の平均標準燃費は規制前の値に比べて2割程度も改善される結果となった．このことは，問題が起こっても技術的努力で問題が解決できる好例として広く世界的に知られている（もっとも，1982年を境として燃費は低下の一途をたどるようになった．しかしこれは環境規制のせいではなく，消費者の大型車指向のためである）．

このNO_xの削減はガソリン車に比べディーゼル車ではたいへん困難であり，そのために現在に至るまで絶えざる努力が続けられている．図1.16に示したのは，ディーゼル乗用車と大型トラックの規制効果の例で，先の小型ガソリン車に比べNO_x低減の歩みが遅々としていることがよくわかる．

自動車の環境への影響はこのNO_xにとどまらず，いろいろありうる．大気排出物で規制の対象となっているのは，HC，CO，さらにディーゼル車の黒煙を含

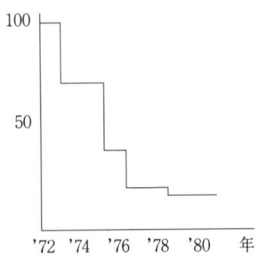

図1.15　ガソリン小型乗用車の1972 NO_x規制

む粒子状物資であるが，騒音も規制対象であり，1975年には昭和51年規制が告示されている．また，スパイクタイヤのように道路の破損とそれからの粉じんの排出を通じて環境に影響をもたらすものも忘れることはできない．

1.2.2 地球環境問題とそれへの対応

前項で述べたのは，いわゆる，公害という形での自動車の環境影響で，それを克服するために多くの努力がこれまで続けられてきた．しかし，今後を考えたときさらに重要なのは地球環境保全というより広い視点からの対応である．地球環境問題は，1980年代後半から世界的に注目を浴びるようになったが，これは単に環境問題というより人類文明の持続可能性の問題としてより本質的視点から眺めるべきものであろう．

すなわち，現在は，自動車においても有限な非再生型の資源を急速に消耗し，しかもそれによって地球の環境容量に吸収しきれない程度の量と形のさまざまな廃棄物を排出している．これを解消して，いかにして抜本的にクリーンで地球文明の維持に資するような体系に変えていくか，が問題にされているのである．

そのような視点にたつと，自動車産業が考えるべきことは，技術的には第一にいかに燃費，さらに広くは輸送効率の高い車を実現するか，第二にいかに再生型の資源に燃料を切り替えていくか，であり，社会的には，広く人類の将来の運輸交通手段を考えたとき，車以外の手段をすべて含めてどのような体系がのぞましいか，であろう．

これらはどれをとってもきわめて広汎でまたむずかしい問題であるが，ここでは第二にあげた燃料の問題について少しふれておきたい．

現在，石油に代わる燃料として議論されているのは，メタノール，天然ガスといった炭素系燃料，電気あるいは水素といった非炭素系燃料である．短期的にはともかく，いま述べた地球環境問題という視点に立つならば，前者でも，一次エネルギーとして非炭素燃料を用い炭素は単にエネルギー媒体として用いるのでなければ意味がない．そう考えると，やはり一次エネルギーとしては何らかの形での太陽エネルギー，ないし原子力だろう．

現在この範疇で利用されている形態は，バイオマス生産-アルコール発酵という方式で，ブラジルではこの形式で生産されたエタノールを燃料とする車が数多く走行している．将来この方式ももちろん一つの選択であろうが，より可能性の高い燃料選択は，電気と水素であろう．

前者は時間変動の大きい太陽光発電や需要の少ない夜間における原子力発電の電力を利用できるという利点があるし，またいわゆるゼロエミッションの車のため，都市内交通手段としては地域環境的にみてきわめてのぞましい．その意味で，電気自動車の開発熱が高まっているのは当然のことといえるだろう．

一方，水素自動車は，まだほとんど実現した例がなく，最近ようやくモーターショーなどに登場してきた程度である．また，水素の供給は世界的に少なく，現在ではまだ実用化することはできない．ただ，将来を考えると，太陽エネルギー（光発電であれほかの形であれ）を砂漠や未開の土地を使って大量に利用しようとすれば，輸送媒体として水素は一番可能性の高いものであり，それを効率よく利用する対象としてはやはり運輸機関が最適である．その意味で，水素燃料利用の検討は今後重要だろう．

いずれにしても今後必要なのは，自動車を広く地球文明の維持という視点から眺めることであり，その面の読者の十分なご理解を期待したい．[茅　陽一]

2

都市と交通問題

2.1 都市の構成

2.1.1 都市構造

都市発展の骨組みには，①交通軸による都市構造，②水系軸による都市構造，③空間軸による都市構造とあるが，交通軸による都市構造の場合が最も多い．そして都市発展の形式として，①同心円理論，②扇形理論（たこ足理論），③多核理論とあるが，扇形理論の場合が最も多い．扇形理論は図2.1に示すように中心業務地区の都心から工業地域・準工業地域と住宅地域が交通幹線に沿って扇形に広がっていくものである．

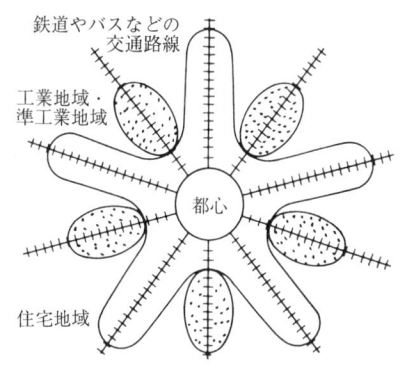

図2.1 扇形理論（たこ足理論）による都市の構成

2.1.2 都市交通需要の種類

交通とは，交通主体（人と物）と輸送機関（自動車，鉄道車両，船舶，航空機）と交通路（施設）の3要素の組合せによって，交通主体がある地点から他の地点へ移動することをいう．都市活動による交通需要は大量かつ複雑に発生しており，これを下記のように分類する．

a．通勤通学交通

都市においては企業の存在する商業地域や工業地域と住居の存在とは都市計画上分離するようになった．また，義務教育は近隣地区で行われるが，高等学校以上の通学は徒歩ですむことはほとんどない．これらの交通は時間帯と経路と利用交通機関が一定している特徴があり，大量公共交通機関が用いられることが多い．

b．業務交通

業務交通は主として商業地域や工業地域で発生するが，時間や方向に規則性がなく，しかも迅速性を要求されることから乗用車が用いられることが多い．

c．旅行レジャー交通

都市内指向型と都市外指向型に分かれる．前者は観劇・音楽会・プロ野球などが目的で，通勤通学交通のための大量公共交通機関が用いられることが多い．後者は海や山や観光地などが目的で，需要が季節的で休日などに乗用車を利用することなどから道路交通渋滞の原因となるが，都市交通としては関係がない．

d．買物交通

買物は大別して日用品の場合と買廻品の場合がある．前者は近隣住区内で満たされて交通問題は起こらない．後者については2.2.11節で後述する．

e．家事・医療交通

人を訪問するとか医者にいくとかの交通であって，不定期的であるとともに，用いられる交通機関も一定していない．

f．貨物輸送交通

都市内には材料・製品など業務に関連した輸送以外に，消費物資をはじめとしてゴミなどの生活に関連した輸送も発生する．トラックが用いられる．

2.1.3 交通システムの種類[1]

交通現象は近代社会において，生産・流通・消費のあらゆる分野に付随するものであり，都市の存立は交通機能に左右されるものであるとともに，都市の規模などによって最適な交通システムは異なるものであ

表2.1 旅客輸送における交通手段の分類

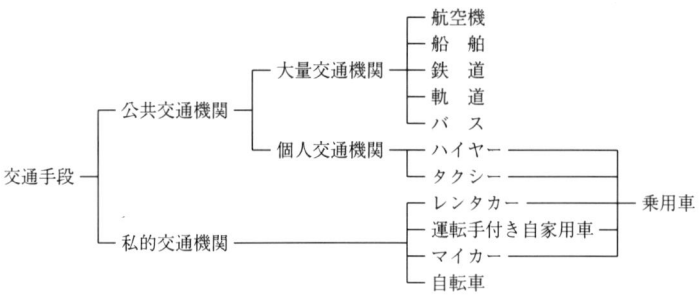

る．なお，交通路は移動空間である通路（道路，線路，航路，航空路）とターミナル（バスターミナルや駅や港湾などの交通結節点）とより形成される．旅客輸送における交通手段を表2.1に示す．

2.1.4 トリップの目的別交通機関別構成

都市交通トリップは都市の規模・性格ごとに異なっていて交通現象も多様化している．そして，表2.2に示すように，これら複雑なる交通需要を満たすためには交通機関も1種類では対応できない．

2.2 旅客交通機関

2.2.1 適合範囲[1)]

図2.2は，横軸に距離，縦軸に到達時間をそれぞれ対数目盛でとったものである．そして，徒歩でもその気になれば何時間でも何kmでも行けるが，15分くらいまでが常識的であるとしている．この図によると，AとBとCの3ゾーンに対応する交通機関に欠けていて，このゾーンに従来の交通輸送のギャップがあった．その対応策として，Aゾーンには"動く歩道"などの連続輸送システム，Bゾーンには新交通システムと通称される中量軌道輸送システムが開発された．Cゾーンは都市には関係がない．

次に乗客が交通機関に対して要求する速さは，旅行距離が長くなればなるほど増大する．都市交通機関を速度の速いものから順に並べると，都市高速鉄道→中量軌道輸送システム→乗用車→バス→動く歩道→徒歩の順になる．したがって，乗客の要求する輸送距離に対応する交通機関も，この順となる．なお，実際においては，アクセス時間と乗降時間を含んだ全時間で比較しないと意味がない．旅客の交通機関選択の実際の行動は全トリップの平均速度に左右されるが，旅客の交通機関の利用距離が長ければ長いほど，全トリップ

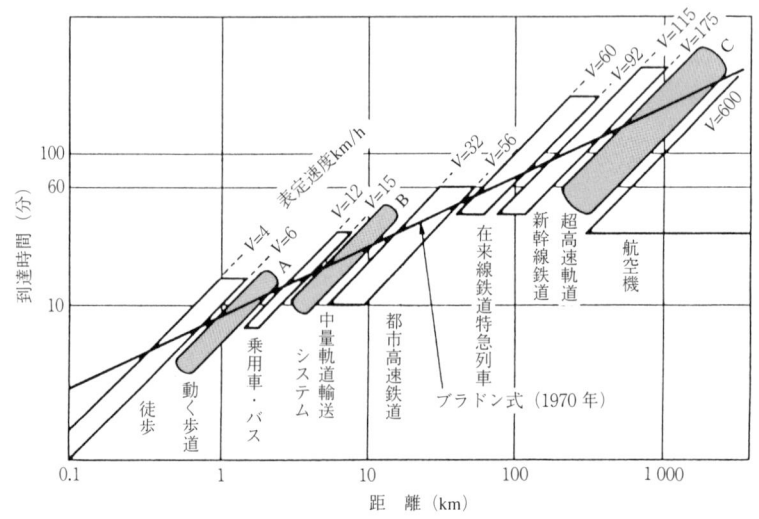

図2.2 各交通機関のサービス分野

2.2 旅客交通期間

表2.2 トリップの目的別交通機関別構成

単位(%)

目的	交通機関	東京(区部)	札幌	仙台	熊本	浜松	福井
全トリップ	徒歩	45.2	42.0	39.2	含まない		
	二輪車		3.9	11.0	20.4		
	タクシー		3.6	2.7	4.3		
	貨物車	17.7	8.4	7.7	51.8		
	乗用車		17.4	18.1			
	バス・電車	3.5	17.3	15.6	21.6		
	鉄道	33.6	5.9	5.1	1.4		
	その他	0	1.5	0.6	0.5		
通勤トリップ	徒歩	20.0	18.9	14.2	15.8	12.8	13.2
	二輪車		4.1	13.3	15.4	21.7	17.8
	タクシー		2.2	1.2	1.8		
	貨物車	11.7	4.5	3.9	38.6	49.7	57.7
	乗用車		24.3	29.0			
	バス・電車	4.2	32.0	28.7	27.1	11.2	5.2
	鉄道	64.1	11.8	9.6	1.3	4.5	6.0
	その他	0	2.2	0.1	0	0.1	0.1
業務トリップ	徒歩	18.9	11.0	15.8	6.1	15.1	8.7
	二輪車		4.4	11.4	13.9	13.7	7.1
	タクシー		3.6	3.4	1.9		
	貨物車	57.6	39.2	30.5	74.3	67.9	82.7
	乗用車		34.3	33.1			
	バス・電車	1.5	4.9	4.0	3.4	1.1	0.6
	鉄道	22.0	1.7	1.0	0.5	1.0	0.7
	その他	0	0.9	0.1	0.4	1.2	0.2
通学トリップ	徒歩	62.4	62.7	5.82	62.3	63.2	60.6
	二輪車		2.7	10.7	12.7	10.8	18.5
	タクシー		0.3	0.1	0.2		
	貨物車	2.4	0.3	0.1	7.3	10.6	6.5
	乗用車		5.3	5.1			
	バス・電車	2.7	19.1	17.0	15.5	10.8	5.5
	鉄道	32.5	7.8	8.7	2.0	4.5	8.9
	その他	0	1.8	0.1	0	0.1	0
買物トリップ	徒歩	74.1	74.5	72.5	68.1	49.8	33.2
	二輪車		2.4	6.6	9.7	27.0	22.1
	タクシー		1.8	1.6	1.9		
	貨物車	7.7	1.0	1.0	8.1	18.1	39.1
	乗用車		4.6	4.9			
	バス・電車	4.2	12.1	12.2	12.0	3.9	3.1
	鉄道	14.0	3.2	1.2	0.2	0.7	2.3
	その他	0	0.4	0.1	0	0.5	0

の平均速度は交通機関の表定速度に近づく．

G. ブラドン（G. Bouladon）は旅行距離（d, 単位は km）と旅行時間（t, 単位は分）との間に次の法則を仮定した．
$$t = kd^a$$
徒歩の限界を 400 m とした所要時分を 5 分と仮定して，距離が 10 倍となると人は疲労するので所要時分も 2 倍となると仮定して，
$$t = 6.6\,d^{0.3}$$
前述のアクセス時間を加えて，
$$t = 7.62\,d^{0.46}$$
を提案している．これを図 2.2 にプロットすれば，表示のブラドン式となる．

2.2.2 利用密度[1]

人の交通トリップ距離と利用密度の関係を示すと，図 2.3 のようになる．この図によれば，既存の交通機関にはそれぞれ適合しやすいゾーンがある．つまり鉄道とバスにはそれぞれ運営しやすいゾーンがあり，そのゾーンを外れると，たとえば鉄道が経営困難となったり（C ゾーン），バスの街路上の走行が渋滞により困難になったりする（B ゾーン）．場合によってゾーンの境界は多少移動する．そして交通需要がありながら，それに適した交通手段のないゾーンが存在するのであり，それが固まって存在している（A ゾーン）．これを破線で囲み示す．

A ゾーンは比較的近距離で，歩くには少々遠いが乗物に乗るには近過ぎる場合で，交通需要も大きい．1～3 km の距離帯に当たり，対策として，歩行距離を延ばす手段として，前述した"動く歩道"などの連続輸送システムが開発され，大都市の駅構内や空港など特定の場所で使用されている．

B ゾーンは大都市の郊外とか中小都市に多く，鉄道では利用者が少なくて採算がとれず，バスにすれば需要が多くて逆に道路が混雑する場合である．高速鉄道とバスとの中間の交通機関を必要とし，前述した中量軌道輸送システムが開発され，モノレールが都市交通機関として利用されるようになった．しかし，中量軌道輸送システムもモノレールも，用地買収を必要とし，構造物の建設費が高くつくことから，鉄道とバスの中間よりも鉄道に近い交通手段となる．車両が軽量化しているので構造物が簡単ですむ長所はあるが，用地費を含めて建設費は高架鉄道の約 1/2～1/3 となる欠点がある．それでバス輸送の能率向上を図って，交通管制システム，バスロケーションシステム，バス優先道路，バス専用道路など，道路輸送システムを改善した方策もとられるようになった．このほかに，ドイツやオーストリアなどで路面電車の活用が図られ，日本でも広島などで成功している．

C ゾーンは中小都市の郊外などに多く，バスですら経営が成り立たないほど利用者の少ないゾーンである．交通貧困地帯と呼ばれ，大量公共交通機関に恵まれない．住人はマイカーがなくては不便を感じ，マイカーが広く使用されているゾーンである．老人・子供・病人・身体障害者などの交通弱者や，経済的にマイカーやタクシーを利用できない交通貧困者はマイカーを利用できないことから問題が生ずる．利用者密度が希薄であることから，ディマンドバスの運行が最適とされている．

2.3 交通機関の選択[1]

2.3.1 旅客輸送

各交通機関の特性から利用者は交通機関を選別する．これをモーダルスプリットという．どの交通機関を選ぶかは，運賃差を時間差で割った節約時間の 1 時間当たりの金額を，個人の 1 時間当たりの価値（時間価値という）と比較して選ぶが，わが国のように時間価値が大きく，また各交通機関の運賃に大きな差もないことから，交通機関の選択は運賃格差ではなく，所要時間の差と便利性・快適性の差によることが多い．

① 自転車を含む徒歩交通と交通機関を利用する交通とに分かれる．これは目的別に実距離に対する徒歩率の実績により分かれる．

② 交通機関を利用する交通は時間比とコスト比に

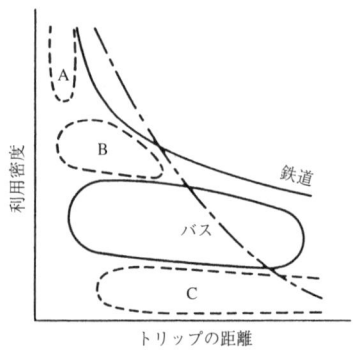

図 2.3 交通手段の適合範囲

より乗用車による交通と大量公共交通機関を用いた交通とに分かれる．

③ 大量公共交通機関を用いる交通は所用時間比によりバスと鉄道系とに分かれる．

④ 鉄道系は鉄道と軌道（中量軌道輸送システム・モノレール）とに分かれるが，どちらを設けるかは交通需要の大小と政策による．

2.3.2 都市の規模と最適利用交通機関

a．小　都　市
人口5万人以下の都市で，徒歩と自転車交通だけでも需要の満たされる都市をいう．交通渋滞の心配はない．

b．中　都　市
人口5～50万人の都市で，道路交通だけで需要の満たされる都市をいう．20万人を超えると交通渋滞の問題が起こる．

c．大　都　市
人口50～200万人の都市で，都市高速鉄道（地下鉄）・新交通システム・道路交通を混用して用いる都市である．交通渋滞をはじめとする交通問題が大きい．

d．巨大都市
人口200万人を超える大都市で，都市高速鉄道（地下鉄）を主体とし，道路交通は傍系となる．

2.3.3 貨　物　輸　送
旅客輸送にとって速達性，つまり輸送時間の短いことがいちばん重要な要素であるが，貨物輸送においては速達性もさることながら，輸送費の安いことが大きな要素となる．貨物輸送量の各交通機関ごとに占めるシェアは結局輸送費に左右される．

200 km くらいまでの近距離輸送では戸口から戸口への便利性からして，トラックの分担率が圧倒的に高く，都市においてはトラック輸送の独占下にある．そして，これが都市交通の渋滞を招く原因となっている．

2.4　都市道路（街路）

都市道路（街路）は基本的な都市交通施設であるとともに，貴重な都市空間を確保し，地下には上水道やガスなどの生活関連施設（ライフライン）を設置する空間でもある．

2.4.1 道路網（街路網）の形状
道路を中心とする交通施設によって都市の市街地が形成されるものであり，道路網は地勢や地形や地盤などの自然的条件に左右されることはなく，道路のもつ交通条件に左右される．逆にいえば，都市の中心部に対する主要道路網の形状によって都市のパターンが決まってくる．

道路網（街路網）の形式には，① 放射環状型，② 放射型，③ 格子型，④ 梯子型，⑤ 斜線型，⑥ 線型などがあり，この中で現在の都市に最も適応していて多い形式は ① である．図 2.4 および表 2.3 参照．

2.4.2 都市道路（街路）の分類
道路には公道と私道とがあり，公道とは道路法上の道路をいい，道路管理者の立場から，① 高速自動車国道，② 一般国道，③ 都道府県道，④ 市町村道に分けられる．機能上からの分類としては，

a．自動車専用道路
都市高速道路とも呼ばれ，自動車の通行だけに供される道路であり，出入路（ランプ）以外では一般道路とは出入りできない．外国にはない．

b．主要幹線道路
自動車専用道路とともに，比較的トリップの長い交通需要に応えるとともに防災などの貴重な都市空間を形成したものである．大都市では放射環状型，中小都市ではバイパス型が多い．

c．幹線道路
主要幹線道路と一体となって幹線道路網を形成し，都市の根幹的自動車交通路として円滑な都市活動の維持を図るものである．

d．補助幹線道路
大街区内の幹線道路であって，次に述べる区画道路と幹線道路網との間の交通を集散させるものである．

e．区画道路
補助幹線道路と一体となって大街区の近隣道路網を形成し，沿道宅地へのサービスを目的とした道路である．

f．特殊道路
歩行者や自転車やモノレールなどの自動車以外の交通の用に供することを目的とした道路である．

g．修景道路
次節で述べるように，道路は沿道の建築物の高さなどを考慮して景観に配慮されるが，このほかに修景上

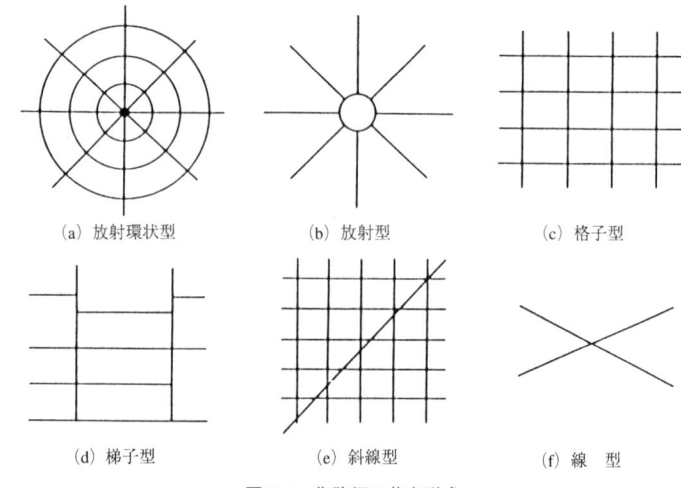

図2.4 街路網の基本形式

表2.3 都市のパターンと特色

街路網の形式		実例の都市	特　　色
有中心型	放射環状型	東京，大阪，パリ，ロンドン，ベルリン，ローマ，ソウル	大都市にみられ，同心円的発展となるため，中心部の再開発を繰り返す．中心部は交通渋滞するが，都心より地方への交通には便利となる．
	格子型（グリッド型）	ギリシアやローマン都市，平安京，平城京，長安，フィラデルフィア，ニューヨーク，わが国城下町	古代および中世封建都市に多くみられる．そしてまた現代大都市の一部（中心部）に多くみられる．格子型と梯子型とを合わせて垂線型（縦横型）ともいう．土地利用に便利となる．
	斜線型	デトロイト，ワシントン，メキシコシティ，カールスルーエ	格子型に斜型の道路を付加したもので，交通動線の短縮をねらったものである．交差点が変形となり，交通渋滞するので，道路交通の少ない状態に適するが，今日の諸都市の実状にはもはや適さない．
無中心型	梯子型（ラダー型）	ボルゴグラード，わが国大都市の周辺中小都市	帯状または線状に都市機能の配置を行い，発展の余地を延長上に求める．都市機能動作のうち，日常的なものは横断的に，広域動線だけを縦断的に処理する．中小規模，工業住宅などの単能的都市に適する．

の要素をとくに重要視した道路をいい，特別に建設されるものではない．

2.5 都市景観と街路要素[2)]

街路の景観は街路の幅員構成や延長のほか，幅員と沿道の建物・街路樹の高さ，大きさとのバランス，つまり街路のプロポーションによって形成されるとされている．

2.5.1 街路幅員

大通りなどと称せられる広幅員の街路は風格のある街路景観を形成している．幅員105mの札幌の大通り公園，幅員100mの名古屋の久屋大通り・若宮大通りと広島の平和大通り，幅員50mの京都の御池大通り，幅員44mの東京の昭和通り・桜田通りや大阪の御堂筋，などの広幅員街路は，それぞれの都市のシンボルとなっている．

外国の例では，幅員70mのパリのシャンゼリゼ通り（凱旋門からコンコルド広場までの区間，図2.5），幅員60mのベルリンのウンター・デン・リンデン通りは，わが国にもよく知られているが，いずれも広幅員であることが共通となっている．

歩行者を主体とする繁華街とか買物公園などでは，

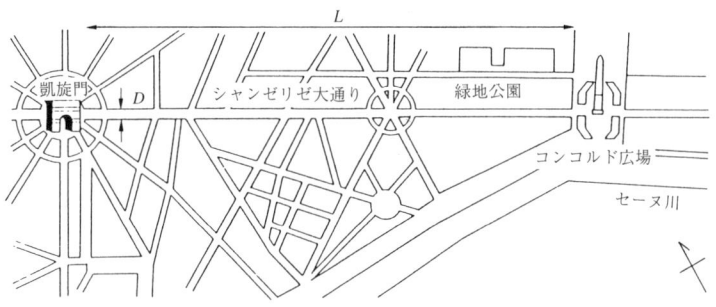

図2.5 シャンゼリゼ大通り

両側の沿道相互の視覚的つながりが必要で，歩行者にとって心地よい一体感と親密感でまとまりのある空間が求められる．これは歩行者があっちへ行ったり，こっちへ来たりして，コミュニティの場として期待されるからで，幅員は10mが限度とされている．東京浅草の仲見世通りは8m，大阪の心斎橋筋は6m，横浜の元町通りは9mと幅員は狭く，後述する買物公園でも樹木やベンチなどのストリートファニチャーを設けるスペースを入れても幅員は20mを超えていない．それで，広幅員の街路で繁華街を形成するときには，歩道と車道の間の空間を街路樹で分割し，片側だけの繁華街としてヒューマンスケールの空間を形成するようにする．

街路のまとまりや落ち着きをつくり出すためには幅員が20m程度がいちばん望ましいとされ，沿道と一体となった景観を呈して地域になじんだ印象を与える．これより広い幅員の場合には，歩道と車道との間とか中央帯に広い植樹帯を設けて，明確に区分することにより独立した空間とする．

2.5.2 街路延長幅員比

街路の延長Lの街路の全幅員Dに対する比率を街路延長幅員比といい，L/Dで表す．街路幅員Dが変わらず，しかも後述する街路プロポーション比H/Dが一定の場合で，街路延長Lが長い場合には，景観が単調となる．かかる場合に，街路の途中に屈折部かカーブを入れたり，アイストップとなる目立つ記念碑などを置いたり，交差点を境界にして街路名をわざと変えたりして，街路の節目を演出し分節することにより変化のある景観をつくることが必要となる．

街路空間は延長方向に，形態的に区切りをつけ，視覚的にも閉じていることが景観のまとまりになる．このような場合の街路幅員延長比のL/Dの街路延長Lは分節化された延長を用いる．そして，このL/Dが街路空間のまとまりや均整などの特性を表す絶好の指標となる．L/Dが小さいと街路は広場のようなイメージを受け，大き過ぎると狭苦しい感じの道筋となる．

大通りのような広幅員の街路では，L/Dは15～40が適当とされている．札幌の大通り公園は14，名古屋の久屋大通りは15，パリのシャンゼリゼ通りは16とほぼ同じ数値を示しており，パリのオペラ通りは23，ウイーンのケルントナーシュトラーセは28，東京の銀座通りは32など，都心の繁華街の大通りにも共通した傾向がみられる．街路の延長は2kmを限度とし，1km以内に分節するとよい．

歩行者を主体とする繁華街や買物公園では，L/Dは小さいほうがよい．大阪の道頓堀ガーデンロードは30，横浜の元町通りは50，旭川の平和通買物公園は50，オーストリアのザルツブルグ・ゲトライデガッセは80などの実例がある．街路の延長は1kmを限度とし，500m以内に分節するとよい．

2.5.3 歩車道幅員比

植樹帯を含めた歩道幅員D_sの街路の全幅員Dに対する比率を歩車道幅員比またはアメニティ空間率といい，D_s/Dで表す（図2.6参照）．D_s/Dが大きい街路は遊歩道の感が強くなるが，小さい場合には歩行者にとって窮屈に感じる．風格のある幹線街路には余裕ある歩道空間を必要とし，歩車道幅員比D_s/Dは0.3以上あることが望ましく，0.3～0.5が適当とされ，2車線道路では0.5前後が適当とされる．

繁華街や買物公園のような歩行者主体の街路では歩車道幅員比D_s/Dは当然1となる．

歩道幅員には，防護柵・道路標識・電柱・バス停・歩道橋・地下入口，などのスペースが必要となり，自

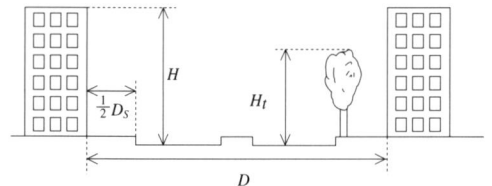

図 2.6 歩車道幅員比ならびに街路幅員と沿道建物および街路樹の高さとの比

転車通行帯もある．また，歩道は都市景観の形成に重要な役割をなしているので，植栽や景観の質を高める路上施設のためのスペースとして確保されていることが要求される．そして都市の顔となるような街路では，植樹により美観を高め個性をつくり出すような植栽が望まれる．

2.5.4 街路プロポーション比

沿道の建物高さ H の街路の全幅員 D に対する比率を街路プロポーション比といい，H/D で表す（図 2.6 参照）．この H/D が大きいと街路空間は閉鎖的となり，小さすぎると街路空間は開放的となる．H/D が 1〜1/3 程度ならば心地よい景観になるとされ，H/D が 1〜2/3 程度が最も均整がとれているとされている．繁華街ならば，H/D が 1 以上でも，親密で居心地のよい繁華街となる．逆に H/D が 1/3 以下となると，街路はだだ広い空間となり，街路樹を複数列にしたり，歩道にランドマークになるモニュメントを設けたりして，空間を引き締める必要がある．

なお，H/D はある程度の距離空間にわたって一定であることが望ましい．そのためには，①敷地の大きさを揃え，②建物の高さを統一し，③建物の壁面線を指定し，④屋根の形状や勾配を一定にする，などを必要とする．

2.6 シンボルロード

2.6.1 シンボルロードの定義

シンボルロード整備における"シンボル（symbol）"とは，一般的には，象徴，しるし，符号という意味で使われることが多く，これは単に物的な形態を表す概念ではなく，むしろ性質・内容などを含めた抽象的な概念である．

都市のシンボルとした場合に，都市の中心にある広場や公共施設や建築物や塔などの人工物，市街地から望むことができる山や川や湖などの自然と景観，そして伝統的な都市であれば，その街並や伝統工芸などの地場産業とか，祭りなど，さまざまなものがシンボルの対象となる．仙台の七夕祭り，秩父の夜祭り，飛騨高山祭り，博多どんたくなどの有名な祭りのほかに，後述する岡山県津山市の時代行列や栃木県烏山町の山上げ祭りなどは，地方の小さな町における代表とされている．

シンボルロードを"都市のシンボルとなる街路"と定義すると，その都市の中心的な位置，市民の多く利用する場所，沿道には都市を代表するような建築物や繁華街があり，都市構造で中軸となりうるようなほかの道路とは際立った街路をさすことになる．そして，固有の街路形態や沿道景観を有し，長い年月の中で市民の心象風景に定着し，物語や歌にまでその通りがうたわれるようになったりする．たとえば，東京の銀座通り，大阪の御堂筋，横浜の日本大通り，仙台の定禅寺通り，前述した広島の平和大通り，などがそうであり，諸外国の例では，パリのシャンゼリゼ通り，ウィーンのケルントナー通り，などがある．

都市のシンボルとなる街路は，単に物理的にその形態が優れているだけではなく，多くの市民に利用され，その中で繰り広げられる市民活動が長い年月を経て人々の記憶に蓄積されていることが必要である．空間と時間を超えて醸成されていく街路が都市のシンボルともいうべき街路である．単に街路空間のお化粧のみでできあがるものではなく，むしろ道路空間と都市・沿道・市民とが一体となって"シンボル"としての空間をつくりあげるものである．

とくに都市景観に留意して，①歩道の拡幅，②親しみやすい舗装，③地域性ある街路樹の形成，④ポケットスペースなどの確保，⑤ストリートファニチャーの活用などにより歩行者空間の充実を図るとともに，⑥電線類の地中化の促進，⑦沿道の街並形成，⑧コミュニティ道路を推進することなどが中心となる．そしてこれらの整備を通して市民に親しまれ，生活に潤いを与える場として，公共空間である街路空間を多目的に有効に利用することを目的とするものである．シンボルロードのアメニティ空間率の実例を図 2.7 に示す．

2.6.2 シンボルロードのタイプの種類

① 都市の顔となる街路　　東京の銀座通り，広島

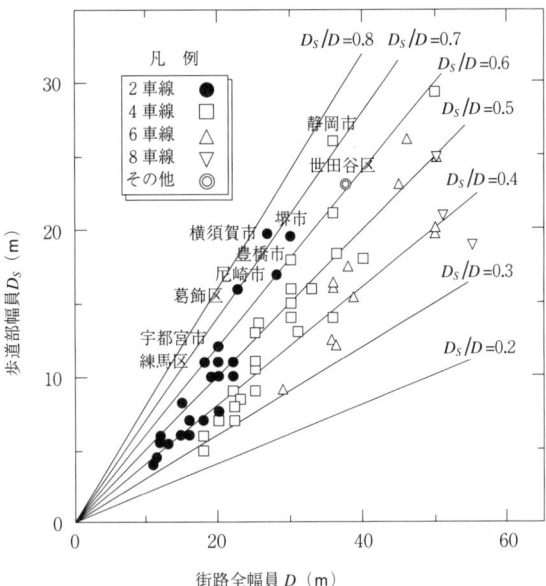

図 2.7 シンボルロードのアメニティ空間率の実例[7]

の平和大通り．

② 都市における代表的な街路　仙台の定禅寺通り，横浜の大通り公園．

③ 文化遺産を有する象徴的な街路　世界文化遺産の姫路城をランドマークにした大手前通り．

④ 祭りや市などの舞台となる街路　札幌の大通り公園，徳島の紺屋町通り．

2.6.3　空間特長によるシンボルロードの分類

① 広い幅員があり，並木もあって，沿道建築物も統一がとれ，商店もあって，景観的に優れていて個性的である街路．

② 沿道に知名度の高い建築物やモニュメントのような特徴的な建築物がある街路．

③ 業務・商業の集積地区であり，交通結節点でもあって，都市活動の中心地区であり市民に利用されている街路．

④ 都市の象徴である河川や山などの自然環境に恵まれている街路．

2.6.4　シンボルロードの目標

シンボルロードの目標は，① 場所の快さ，気持ちよさなど，アメニティーに優れ，② "うるおい" や "にぎわい" などの活性があり，"ふれあい" や "出会い" などの偶然性があり，③ 歴史，景観，意匠，生活などに関して何かがあり，④ 徳島の阿波踊りのように，祭りおよびイベントの舞台となり，⑤ 都心部の活性化および再生を図るものである．

2.6.5　文化性によるシンボルロードの特徴

シンボルロードの特徴は，① 沿道地区に文化的建造物や歴史的遺産があるか，② 伝統的あるいは固有の市（いち）や祭りが開かれるか，③ フェスティバルやパレードやその他のイベントが催されるか，④ 沿道地区に歴史的事件とか，昔から街の中心として栄えてきた内容がある．

2.7　歩行者空間の確保

2.7.1　歩道の機能

歩道は都市部においては単に歩行者のためだけのものではなく，都市空間を確保し，都市施設の地下埋設，都市景観の形成，沿道サービスなどの面から大きな役割をもっている．歩道は一般的には道路の両側に設けるものであるが，長い橋梁とかトンネルとか，そのほか特殊な場合に，狭い幅員の歩道を両側に設けるよりも，道路の片側だけに設けて片側に広い幅員の歩道を設けるほうが望ましい．歩行者を他の道路に迂回させる場合もある．

欧米先進諸国においては，都市部では歩道を設けるのが原則になっており，都市では街路（street）といい，地方部では道路（road）という．都市部でも歩道のない場合に道路（road）と称して街路（street）とはいわない．

2.7.2　歩道の構造

歩道は原則として縁石により車道面より高くし（マウントアップ型という），防護柵やその他これに類する工作物によって車道部から必ず分離する．地形上，法面の途中や法先に設けることもある．理由もなく車道面より高くしないで同じ平面とし，防護柵やブロックなどで分離するのは，交通安全上好ましくなく，道路の構造上などやむを得ない場合に限られる．なお，幅員の狭い街路の歩車道分離はマウントアップによる高低差だけで行い，防護柵は用いない．

2.7.3　歩道の幅員

歩行者の占有幅は 0.75 m であるが，歩道の最小幅

員は2.0 mとし，必要に応じて0.75 mの倍数を用いる．第4種第1～2級の道路では4倍の3.5 m以上とすることになっている．なお，路上施設を設ける場合には，植樹帯では1.5 m以上，その他の場合には0.5 m以上の幅員をも加えて歩道の幅員とする．

このように歩道幅員が決められるが，①歩行者が余裕をもってすれ違うことのできる2 mを最小幅員とし，②歩行者が安全でかつ円滑に通行できる十分な幅員とし，③交差点付近では交差道路への見透しをよくして視界視距を確保するに必要な幅員をもち，④路上施設帯の確保だけでなく，地下埋設物に必要な幅員をも確保し，⑤都市空間を確保し，街路の美観や沿道環境との融和を図るものであることも具備していることが望ましい．

2.7.4 ボンネルフとコミュニティ道路

ボンネルフとは発祥の地のオランダ語の住居地域の意味であって，歩行者と自転車や徐行する自動車とが安全に快適に共存することのできるように整備された住居地域のことをいう．そのために，地域内の道路では，自動車の走行よりも歩行者や自転車を優先するようにして，①通過交通を排除する交通規制を行い，②自動車の通行できるスペースを狭め，③自動車のスピードが出ないように車道の線形をジグザグに湾曲させたり平面的凹凸や路面のハンプを設けたり，④駐車スペースを設け，⑤ところどころに行き違いのできるスペースを設け，⑥ドライバーの注意を引くためにテクスチャーを変え段差をつける．

わが国では同じ思想で，ところどころで歩道を広げて車道に屈折部をつくって自動車のスピードを落すようにしている．これをコミュニティ道路といい，地域住民のための道路として，歩道を遊歩道化して煉瓦舗装などとしたり，"水と緑とやすらぎのある町づくり"ということで，人の優先をモットーとした道路としている．

2.7.5 電線類の地中化

歩道の景観を阻害している最大のものは電柱と電線である．電力線や電話線の地中化を図るのが最も望ましいが，これらを地下に収容する共同溝を設けるには費用が約10倍以上も高価であることからなかなか進まない．共同溝は本格的地下利用施設（歩道だけでなく車道の下を利用することもある）であるが，次善の策として，小規模な電線類共同溝か，もしくは歩道の下にキャブシステム（cab system）を設ける方法もある．このように電線類を地中化して歩道を広く確保し，舗装はブロックなどで楽しい遊歩道としてデザインして変化をもたせる．電柱や電線のない歩道はすっきりし，周辺環境との調和がとれ，人の集まる楽しい環境をつくることができる．

2.7.6 沿道の街並形成

沿道の街並形成では民有地の建築物のファサードは景観上の重要なデザインエレメント（修景要素）であり，街の由来とか変革期の歴史とか，または地理的条件を表して，街の情報を集約的に表現し，その街の特徴になっているものである．そして垂直線は力強く感じるものであって，東京の日比谷の第一生命ビルは，敗戦直後に占領軍がG.H.Q.（最高司令部）の本部として使用したビルである．ここを選んだ理由には皇居に向いていることもあるが，建物のデザインが垂直な図（モチーフ）のために，力強さと権力を感じるからである．

なお，歩道は街路空間を構成する中で民有地の建築物とともに空間の中の大きな部分を占めており，公有地のデザイン要素として重要である．計画設計の留意事項としては，①街路プロポーション比のH/Dは1～1/3程度とし，②歩道と周囲の公会堂などの公共建築物とを一体化して触れ合いの場とし，③隣接して公園のあるときには，公園と一体的に整備し，④河川に平行しているときには，河川景観との調和を図り，⑤歩道には植栽するほか，花壇を設けたり，ベンチなどのストリートファニチャーを置いたりし，⑥街路灯を設けたりする．

2.7.7 歩行者専用路（遊歩道）

歩車道混合の一般街路の設計における勾配とかカーブとか線形などの幾何構造は，すべて自動車の規格や走行性能に焦点を合わせて車道を設計することから，車道に沿ってつけられた歩道は車道に合わせざるをえない．それで，歩道の構造は人の歩行という移動形式に適合したものとはなっていない．歩行は人間のエネルギーにより移動するものであり，必要とされる条件は自動車とは根本的に異なるのである．

それで街路空間を移動手段ごとに立体的または平面的に別個に分離して専用分化すると，個々の機能は充

図 2.8 宇都宮市におけるラドバーン方式の道路
（駅東宿郷通り）

実されるとともに，相互干渉の危険が避けられる長所がある．車道のネットワークとは別の位置または立体的に歩行者専用路のネットワークを設けるものを歩車分離システムといい，この道路を歩行者専用路または遊歩道という．この立体分離する思想は1898年にイギリスで交通事故ではじめて死者が出て，国民に大きなショックを与えたことから芽生えたものであるが，最初に実施したニューヨークの郊外の住宅都市であるラドバーンの名をとってラドバーン方式という（図2.8参照）．

歩行者専用路は，公園緑地などを含めて都市のヒューマンスペースであって，地方部における森林や農地などの果たす役割をもっている．都市内において清浄な空気と涼しさを供給するだけではなく，都市景観としてはビルの連続する場合の単調さから視覚的な変化を与える．地形などの自然条件や土地利用条件などに対応して，画一的でなくきめ細かくデザインする．自然な線形，十分な植栽，自然材を用いた舗装，しゃれたストリートファニチャー，美しい照明などを用いる．

歩行者専用路の空間デザインの基礎的条件は，①歩行の移動速度は 70～80 m/min と遅く，②日常生活における1トリップの歩行距離は約1kmを限度とし，③歩行者の占用する空間は他の交通に比べて少なく，④降雨などの気象条件や自然条件などに弱く，⑤急坂や凹凸などの物理的変化に対応でき，⑥快適性が重視され，⑦地理的距離よりも心理的距離が問題となる．

2.7.8 歩行者専用道路と緑道

歩行者専用道路は道路法に基づき，緑道は都市公園法に基づいて，線的な歩行者空間を車道と空間分離することにより，歩行の安全性と快適性を確保するとともに，レクリエーション需要に対応するために設けるものである．

両者とも，通勤・通学・買物・散策・散歩などのためのものであり，河川堤防・河川沿岸・河川暗渠上・廃線軌道敷跡，などを利用する．既存樹林などを最大限に保存して帯状の緑地とし，水辺の散歩道として水を視覚的に楽しみ，自然で落ち着いた雰囲気をもつ静寂な空間を確保し，途中には人々が立ち留まれる場として住宅地域内に小市民広場を設けて，人々のふれあいの場とする．

2.8 街路樹の配植設計

2.8.1 街路樹プロポーション比[7]

街路樹の高さ H_t の街路の全幅員 D に対する比率を街路樹プロポーション比といい，H_t/D で表す（図2.6参照）．0.2～0.8が適当とされ，広幅員道路の場合に低くなる．シンボルロードの街路樹プロポーション比の実例を図2.9に示す．

2.8.2 植樹帯の設計

歩道の植樹帯の幅員は1.5m以上とし，植栽の根方に植栽桝を必要とする．植栽桝は縦方向の長方形とな

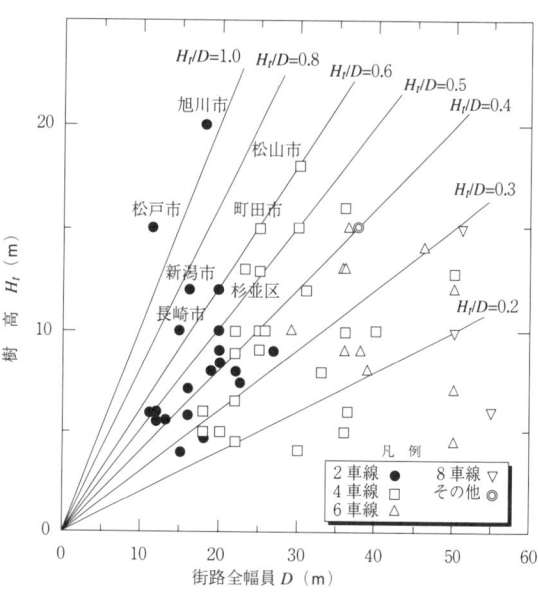

図 2.9 シンボルロードの街路樹プロポーション比の実例[7]

ることが多く，その幅員は普通の場合には 60 cm 以上で十分である．ただし，高木の場合には 150 cm 以上を必要とし，200〜300 cm もあれば余裕を感じる．なお，街路樹の根を張ることを促し，排水も良くし，滞水による街路樹の枯死を防ぐために，植栽桝の周辺の歩道舗装は透水性のものとすることが好ましい．デザイン上の留意事項としては，① 一般街路の歩道では，樹木は高木のみで，地表は芝や草花などを植え，② 幹線街路の歩道では，緑量豊かな高木と整然と管理された低木とを組み合わせた 2 層構造とし，③ 歩道幅員が広い場合には，高木の 2 列植栽とし，④ 明るい雰囲気の街路景観を必要とする場合には間隔を開けた配植とし，⑤ 歩道幅員が十分にある場合には植樹帯は独立したものとし，自然式の植栽により歩道を遊歩道化して，潤いを与えて親しみを感じる景観とする．

2.8.3 配植の基本原理

街路樹による都市デザインは，生態学に沿って植物の生育環境を十分に考えると同時に，人工的に生活環境を豊かにする自然をつくるものである．そして樹木を用いてデザインするときは樹種の選定だけでなく，樹高・幅員・樹木密度・枝葉密度の設計が重要となる．その基本原理の主要部分を述べる[3]．

a．配植の原理

光と水と土の三つの条件があって，一つでも欠けると枯れてしまうものである．ただし，要求の濃淡があって，日光をどれだけ要求するかによって樹木は陽性樹と中性樹と陰性樹に分かれ，乾燥や大気汚染に強い樹木と弱い樹木とがある．また，植物には生育に必要な表土の最小深さと望ましい深さがあり，高木で前者は 90 cm，後者は 150 cm，中木で前者は 45 cm，後者は 90 cm，低木で芝や草花で前者は 30 cm，後者は 50 cm とされている．

b．空間のイメージ

心理的側面に立って，設計しようとする空間の雰囲気のイメージを決める．

c．配植形式

樹木は 1 本でもよい景観を形成することがあり，これを独立植という．たいていは複数であることが多く，ばらばらと植えるのを疎植といい，密に植えるのを群植といい，並んで植えるのを列植という．列植には整形式と自由式とがあり，そのうちの整形式は中央の軸線に対して左右対象の構成をなし，秩序や統一感をもたらし権威的な雰囲気を醸し出す．フランスの平面幾何学式庭園に用いられることが多いが，平坦で広い土地であることを要することから，自然な親しみには欠けることが多い．列植のうちの自由式は自然風景を取り込んで曲線路や自由な植栽で構成され，やわらかく，くつろいだ雰囲気を与える．日本式庭園によく用いられる．

2.9 都心型商業立地[4]

2.9.1 商店街

わが国で最初に商店街が形成されたのは，かつての街道筋である．これは当時の都市交通機関が道路に頼るほかなかったに外ならない．ところが，わが国の国土はコンパクトであり，鉄道がこれに適した交通機関であることから，わが国の鉄道の発達状況は世界一であり，都市交通機関としても，大いに活用されている．

それで街道筋にあった旧繁華街がさびれて，鉄道を中心にしたターミナル志向の強いことから，駅を中心として商業地区が形成されることが多い．

以上から，わが国では駅前広場を中心として，周辺に商店街が形成され，駅を中心とする交通も通勤通学だけでなく，買物や娯楽などにも便利に利用されるようになっていて，駅周辺には自動車の交通量が多い．

駅前商店街では，これらの自動車の動線と歩行者の動線とが交錯することが多く，人々が安心して買物ができないことがある．対策として，商業地域の内側に歩行者優先のショッピングプロムナードを形成し，外側に幹線道路に沿って駐車場やバス停を配置するようになった．

2.9.2 商店街の形状[5]

ショッピングプロムナードは，直線的であると単調になるので，適当に T 字路を入れたり，平行したり，クランク状にしたり，田の字型にしたり，広場などに連結したりして，変化をもたせることが多い．商店街の形状を分類すると，次のようになるが，どの形状をとるのがよいかは，その都市の規模や歴史，道路の方向，客の流れ，商店街の規模，交通機関，人口，環境などの諸事情によって異なるものであり，一概にはいえない（図 2.10 参照）．

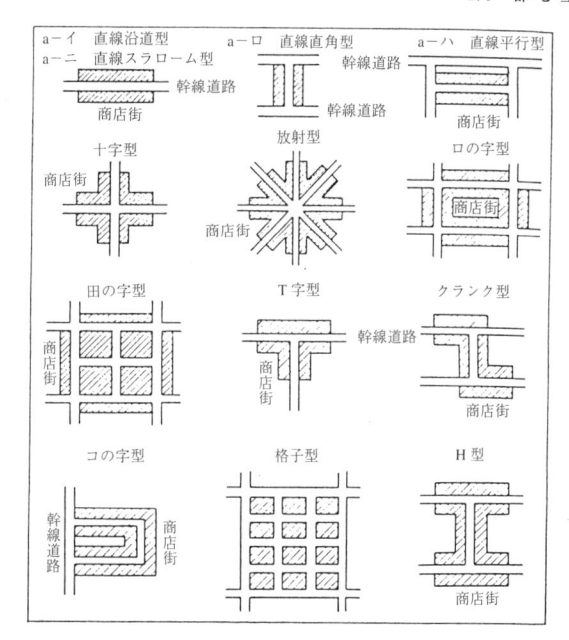

図 2.10 商店街の形状

a. 直 線 型

わが国でいちばん多い形状は，駅前を中心としたり街道沿いに直線型となっている．これは都市交通機関である道路交通が中心となって，道路沿いに商業地が形成されることによる．直線型にも幹線道路に対してa-イの沿道型とa-ロの直角型とa-ハの平行型とがあり，変形としてa-ニのスラローム型とがある．a-イの沿道型は好ましくない型式であって，商店街の中央を自動車が通過することから，買物客は安全にゆっくりと買物などを楽しむことに困難を感じる．それで歩道を広くとることにより買物客の安全を図ることとなるが，道路の反対側の商店街とは離れてしまい，買物客があちらこちらと反対側へ買回りすることがなくなるという欠点が生ずる．東京の銀座通がよい例である．a-ロの直角型は商店街は幹線道路でないために車を排除することができるという利点がある．ただ2本の幹線道路を結ぶようにしないと，たとえば片方だけが幹線道路の場合に，商店街の繁栄に差が生じてくる．a-ハの平行型は同じように車を排除することができる利点があるが，幹線道路からあまり離れていてはいけない．欠点としてあまり商店街の延長が長くなると繁栄の差が生じてくる．500mくらいが限度で，長すぎると商店街に変化がなく，買物客が歩き疲れてしまう．神戸の元町通商店街がその例である．a-ニのスラローム型というのは直線型に変形に多少加えたもので，単調な商店街の風景に変化をもたらせたものである．

b. 十 字 型

市民広場を中心とする商業地域が発展するのは，市民広場の多い外国の都市によくみられる傾向で，この場合に市民広場を中心として十字型に商店街が形成される．わが国の場合に封建政治の時代に都市が発達して市民広場を設けるという習慣がなかったために，その例は少ない．市民広場がなくても，イタリアを中心としてナポリの中心商店街のように十字型の商店街の例はヨーロッパには多い．ヨーロッパ志向の強いわが国では，この十字型を理想とする傾向がある．十字型は4枝であるが，これを多枝にした場合に放射状型となる．これは十字型の変形である．

c. ロ の 字 型

回遊性を考慮した場合に商店街の形状として最も人気のあるのがロの字型である．変形として環状型があり，田の字型もあり，さらにロの字の中に碁盤の目のようになった格子型もある．格子型は面型とも回遊型とも呼ばれ，最も回遊性に富んだ型とされており，わが国には少ないが，トルコのイスタンブールのグランドバザールをはじめ，外国には数多くみられて人気を博している．なお，この格子型において，中心の基幹街をどこにするかによって発展の仕方も変わってくる．

d. T 字 型

直線型があまりにも変化に乏しいために，多少とも変化をつけようとしてT字型になることが多い．直線型の変化ともいえる．

e. クランク型

T字型と同じ理由で直線型の変形といってもよい．なお，地形その他の理由で直線型をクランク型にすることもある．この変形としてH型がある．

f. コ の 字 型

ロの字型の一部欠けた型であって，しいていえばその変形である．

2.9.3 商店街の長さ

商店街の直線の長さまたは一辺の長さ，つまり街区の延長については，買物における人間の歩行距離に左右される．普通の場合に，歩行距離は500m以下であるとされており，200〜300mくらいが最適とされている．500m以上になると長過ぎる印象を与えるので，途中に広場を設けてベンチなどの施設も備えて，

買物客が休息できるようにすることが必要となる.

2.9.4 小公園広場

商店街とは購買行動の動機をつくり,商品を提供することだけに存在する意義があったが,現在の新しい時代には消費者に商品を提供するという本来の機能のほかに,消費者の出会いの場であったり,憩いの場であったりすることが要求されるようになった.市民のためのレクリエーションの場として,コミュニケーションの場として,商店街が見直されるようになったのである.

商店街の中に快適な歩行者空間をつくり出すことによって,人々は自動車から開放され,日差しを受けながら散策を楽しんだり,ベンチで語らい,そして買物を楽しみ,憩うことができる.このような機能の多重性が商店街に賑わいをとり戻し活性化の素因となるのである.

このような機能を果たすために,市民広場的な小公園広場を商店街の中心に隣接して設けるようになった.公園広場が商店街に存在することによって快適性が商店街に生まれるものである.地域社会における社会資本の充実という見地からみてもプラスであり,イベント開催などの便利性も出てくる.ただ,消費者の購買意欲を広場で中断させるという欠点がなきにしもあらずであるが,そのときの購買意欲が中断することはあっても広い目でみれば商店街全体の繁栄につながることは実証ずみである.この広場は買物にきた人々のための憩いの場であって,植樹・フラワーボックス・ベンチ・彫刻・泉水・案内版・公衆電話,などを設け,さらに子供の遊び場などを設けて,家族連れで買物だけではなく,人々の交流する場所として機能するようになった.これが商店街の賑やかで明るい雰囲気を演出し,繁栄するもとにもなる.

2.9.5 歩行者天国

小公園や広場を設ける余地のない場合に,代わりとして,一時的広場として,商店街に面した道路から一時的に車を締め出す場合を歩行者天国という.この歩行者天国はプラスの面もある代わりにマイナスの面もある.必ずしも地元商店街からは歓迎されているとは限らない.その理由について述べると,①マイカー利用者のために付近に駐車場を設けなければならない,②イベントの実施とか,何らかのサービスの提供をするとかして,販売に効果の上がることをしなければ意味がない,③広場を設けることができないので,歩行者環境の整備を図る必要から,歩行者と車の分離を図る必要がある.

わが国では,昭和45年(1970年)に,東京の銀座・新宿・池袋・浅草,などの繁華街で初めて歩行者天国が実施され,全国に波及した.なお,歩行者天国を実施するのは広幅員街路のことが多い.20m以上もある場合には,車道を歩いていても,広すぎて野ざらしのような感じがして,寄りどころのない居心地の悪さを感じるので,失敗である.しかも,暫定的な交通管理策に過ぎないので,都市景観としてのプラスは何もない.

2.10 買物公園(ショッピングモール)[4,5]

2.10.1 買物公園の発端

買物という行為そのものがレジャー化してきた側面をもつ以上,商店街は都市空間の一部を構成しているのでなければならない.それも,歩行者つまり消費者にとって楽しさと快適さを携えた都市空間であることが要求される.都市景観を代表し都市の顔であることが求められる.それで普通の商店街でも,その中心に広場などを設けて前述の機能を備えることが要求されるが,さらに進めて,一時的な人と車の分離ではなく,商店街での永久的な人と車の分離を図ることが求められるようになった.これが買物公園である.

買物公園の存在は貴重な都市空間を広げるものであり,主として緑化と商店建物正面のデザイン化により都市景観の向上に役立つものである.また,素晴らしい景観の街の中を歩行者が通行することにより,人々がやすらぎを感じ,それにより,買物客が増えて,商店街の活性化につながることにもなる.

この買物公園は歴史的にみると,1930年にドイツのエッセンのリンベッカー街に設けられたのが最初である.これを真似て,オランダやイギリスやアメリカなどでも設けた.

この買物公園とは,商店街の道路から自動車を締め出し,歩行者がゆっくりと安心して買物ができるようにしたものである.道路上に樹木を植え,草花を置き,ベンチやショウウインドウを並べ,噴水や彫刻が点在し,美しい照明が通りを彩り,舗装は楽しいモザイクで構成したりして,道路そのものを公園化して,買物

客を公園の中で買物を楽しませようとしたものである．

モールを直訳すれば木陰道とか遊歩道であって，ショッピングモールとは買物のための木陰道とか遊歩道という意味であり，緑陰道路の概念がもととなっている．わが国では買物公園と訳し，単にモールということが多い．

わが国では，欧米で大流行したのを真似て，大阪府枚方市樟葉での新しいニュータウン建設の計画に際して，その一環として，新しい樟葉駅をつくり直すとき，新しい都市計画のもとに新しい駅前広場と買物公園を計画し，昭和47年（1972年）に完成したものが最初である．これが樟葉モールであるが（図2.11），新しい都市計画のもとにはじめから買物公園として計画されたものとしては世界で最初である．

樟葉モールとほぼ同時期に，北海道の旭川市平和通で買物公園がつくられ，続いて，函館・呉・横浜・大阪・下関，など各地でつくられたが，これらのモールは既設の商店街の道路を買物公園に改造しただけのものである．つまり，従来の商店街を改造するために，商店の正面を改築し，自動車を締め出して従来の歩道と車道とを一体とし，いろいろなストリートファニチャーを置くことにより，歩行者専用の道路と商業活動とが一つになって，歩行者が安全かつ楽しく買物ができるようにしたものである．

現在までにつくられている買物公園は商業空間優先型であって問題もある．それは買物客を一人でも多く呼ぼうとして，自動車を排除して，カラー舗装したり，樹木やベンチを置いたりしている．今後の計画として買物公園は都市計画上の都市空間として位置づけ，買物の機能よりも歩行者の楽しむための空間を優先するものとし，都市景観の向上を第一にする．素晴らしい都市景観の中で，公園で楽しみながら歩いていたら，偶然商店があったというのが望ましい．

2.10.2 買物公園の種類

買物公園は歩行者のほうからみて，自動車との分離の仕方により種類が分けられる．なお，どのタイプのものであっても，幅員が20mを超えるようでは，ヒューマンスケールを超えて歩行者に一体感を与えにくいので，避けなければならない．

a．フルモール

道路全体を永久的に歩行者専用道路とするものである．そして，完全フルモールとブロック間フルモールとがある．前者は途中に交差する道路が全然ない場合で，枚方の樟葉モールや大阪の道頓堀ガーデンロードやドイツのミューヘンモールなどがある．後者は途中に車道を有する交差道路があって，モールがいくつかのブロックに分かれている場合で，旭川平和通買物公園や横浜の伊勢佐木モールなどがある．どちらも一長一短がある．

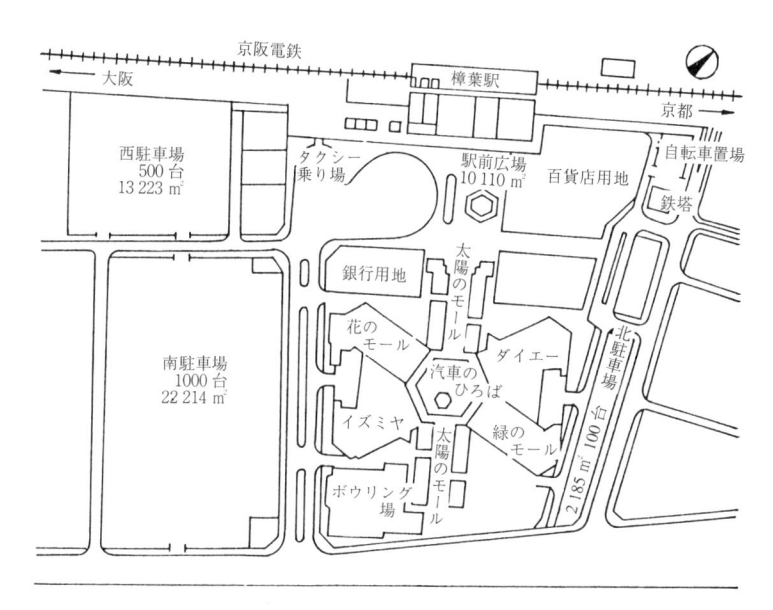

図2.11 樟葉モール配置図

b．トランジットモール

広幅員歩道に公共交通機関を加えたものであって，在来の道路の歩道を広げてデザイン化しモール化するとともに，車道は縮めて交通規制する．交通規制は駐車禁止とし，バス・路面電車・緊急車，などの公共交通機関だけの通行を認めるものである．アメリカのニコレットモールが代表例であり外国には多いが，わが国には馴染まない．

c．セミモール

トランジットモールと形態は同じで，同じように在来の道路の歩道を広げて広幅員歩道とし，デザイン化してモール化し，車道を縮めて交通規制する．交通規制だけが異なっていて，車道は一般車の通行も許すが，一方通行とすることが多く，深夜を除いて駐車禁止とし，モールに用事のある自動車だけにして，通過交通を排除することをねらったものである．横浜の馬車道や下関のグリーンモールや函館のグリーンプラザなど，わが国には実例が多い．

d．人工地盤とペディストリアンデッキとスカイウェイ

いずれも鉄道駅前の歩道橋から発展改良された駅前広場的なものであり，トランジットモールまたはセミモールを立体化したものである．平面の車道と分離した人工地盤として2階部分の歩道部分に，植栽やベンチなど買物公園としてのストリートファニチャーを設ける．ニュータウンでは幹線的歩行者軸として設けることがある．

e．立体的地下利用の場合

横断地下道や地下街やサンクンガーデンがある．横断地下道の両側に商店を並べた地下街は外国に多い．わが国には都心や駅前広場の地下を地下街としたり，地階レベルが吹抜けによって外部空間とつながって自然採光や自然換気のできるサンクンガーデンの場合などがある．いずれも地下が歩行者空間として買物公園的に用いられる．

2.11 郊外型商業立地

マイカーの普及と電気冷蔵庫の普及が郊外型商業の立地をもたらし，都市の形態に変革を及ぼすようになった．

人々の買物行動には日用品と買廻品とがあり，日用品は近隣商業地域の商店街での買物ですませるが，買廻品は週に1回とか月に1回とかの買物行動であって，都市内指向型と都市外指向型に分かれる．都市内指向型は都心部のデパートまで大量公共交通機関で出かけて高級品の買物をしようとするものである．

ところが，土地価格の低い郊外で広大な土地に大ショッピングセンターが設けられて，大量販売店が出店するようになった．マイカーで出かけて，食料品も1週間分を買い，冷蔵庫に入れておくわけである．冷凍冷蔵庫の普及がさらに拍車をかけるようになった．大量販売店は価格も安く，食料品だけでなくほかの日用品も郊外のショッピングセンターで求めるようになった．流通革命を起こしたものであり，人々の買物行動に変革をもたらしたが，これが都市の道路交通体系にも変革を及ぼし，買物交通は鉄道利用から道路利用へシフトすることとなった．アメリカで発達したものであるが，日本でも増大しつつある．

2.12 地域分断と防災都市

2.12.1 地域分断

都市においては幹線道路によって地域が分断されることが多い．分断されると，地域としての一体感はなくなる．

分断される要素は幹線道路の車線数と全幅員による．車線数は往復6車線，全幅員は30m以上の場合に地域が分断されることが多い．車線数の要素のほうが強い．それは6車線以上の幹線道路の交通量は多くて交差点における信号処理が幹線道路優先となり，交差する区画街路からの横断が不便となるからである．幹線道路の直進車線を高架または地下として立体交差とすることが望ましい．

福井市は福井地震後の区画整理で市内の幹線道路である北国街道は幅員12mから幅員20mまたは36mに拡幅し，さらに中央通りは幅員44mに拡幅した．防災都市の目的を達成したが，地域分断をもたらした．逆にいえば火事を遮断し防災都市とするためには，地域を分断しなければならないことになる．

2.12.2 都市災害の種類

わが国の都市は発生の経緯において過密な市街地が多いことに加えて住宅家屋が木造であり，さらに，環太平洋地震帯に属していて，古くから地震による同時多発火災を中心にして，風水害などの多様な都市災害

に繰り返し見舞われてきている．

戦後は都市計画事業の推進，建築物の不燃化の推進，消防力の強化，早期消火の努力などにより，出火件数が増加したにもかかわらず，大規模な火災は減少した．

2.12.3 都市計画における防災

都市計画事業による都市を防災構造とするための手法としては，土地利用面での対策と都市施設の設備の対策および市街地開発があげられる．

a．土地利用面での対策

土地利用に関する計画および許認可権に基づく開発行為の規制により，①水害予防に重要な保水機能および遊水機能の保全，②防火対策に重要な防火地域指定による不燃化の推進，③用途地域の指定による危険物取扱事業所の住宅地からの排除，④特別用途地区指定による土地利用の純化の推進，などの計画的手法がある．

b．都市施設の整備

都市を防火構造化するには，①街路などの都市内道路網の整備による延焼遮断効果の確保ならびに，避難路と緊急輸送路の確保，②公園の整備による避難地・避難路・防災活動拠点の確保，③都市河川や下水道などの施設整備による洪水の排除と緊急水利の確保，などがある．

c．市街地開発事業

①街区の整備，②建築物の不燃化，③土地区画整理事業による公共施設整備，などがある．

2.12.4 阪神大震災の教訓[6]

平成7年（1995年）1月17日に発生した兵庫県南部地震は六甲山地の下に広がる狭い帯状の人口密集地帯を直撃した．これが阪神大震災である（図2.12参照）．

JR新幹線および在来線，神戸電鉄，阪急電鉄，阪神電鉄，山陽電鉄，神戸高速鉄道，神戸市営地下鉄，神戸新交通などの鉄道施設が壊滅した．道路施設も，高速道路は449か所，一般道路は，国の管理する一般国道で554か所，府県および指定市の管理する一般国道・府県道で2759か所，市町村道では762か所で損壊した．

阪神大震災の火災は同時多発都市火災の典型で，神戸市では1 368人の消防署員の緊急動員をかけた．消防署員をはじめ，警察署員，自治体職員などがいっせいに職場に駆けつけたために交通渋滞は起こった．そ

図2.12 阪神大震災で壊れた阪神高速道路から落ちそうになったバス

のうえに，1家に1.5台のマイカーがあり，なかには野次馬的に自動車で出かけた者もいた．交通渋滞のために消防署員が職場に出勤できず，人員の9割を確保するのに5時間もかかった．出動した消防車やパトカーなどの緊急車も，建物の崩壊や電柱の倒壊で道路を塞がれて走れず，また消防車が現地に着いても，地震による水道管破裂による断水で消火栓が使えなかった．遠く河川や海からホースをつないで遠距離送水が行われたが，ホースの上を重量車両が通過してホースが切断されることもあった．

神戸市内の火災発生件数は176件で，焼失面積は658 555 m^2 にも達したのは交通渋滞が原因の一つである．人々は家屋が燃えるに任せざるをえなかった．火災を止めたのは広い道路と公園による自然鎮火であった．地震発生と同時に，緊急時として交通整理や通過交通の排除が行われるべきであった．　[石井一郎]

参考文献

1) 石井一郎：地域計画，森北出版，p.119-124（1993）
2) 石井一郎ほか：景観工学，鹿島出版会，p.137-140（1990）
3) 都市デザイン研究会：都市デザイン・理論と方法，京都，学芸出版社，p.156-159（1981）
4) 石井一郎ほか：都市計画，森北出版，p.115-119（1984）
5) 石井一郎：商店街の計画設計，土木技術，Vol.42, No.2, p.100-106（1987）
6) 石井一郎：都市の防災，技術書院，p.14-26（1995）
7) 国立大分高専土木工学科都市計画研究室資料

3

道路，駐車，新交通システム およびその他の交通手段との調和

3.1 道路および駐車問題

3.1.1 道　　路

　都市の道路における大きな問題は，依然として交通混雑と環境問題である．この二つの問題は，公共交通機関が十分に整備されておらず自動車が主要な交通手段となっている中小都市においても，また東京，大阪のような公共交通機関が整備された大都市においても深刻である．環境問題についてはすでに第1章で述べられているので，本項では交通混雑の問題に焦点を絞って論じることとする．

　欧米諸国では，都市の道路交通における混雑と環境問題に対して"交通需要マネジメント（Transportation Demand Management：TDM）"と呼ばれる新しいアプローチがとられるようになってきている．

　こうしたアプローチがとられるようになった背景には，欧州諸国においては増加し続ける交通需要に見合うだけの道路を新たに整備し，混雑を解消するという従来のアプローチをとることは，財源・用地などの制約からみて困難であるという認識がある．さらに，環境との調和を目指した，持続可能な交通が注目を集めているためでもある．一方，アメリカは，大気汚染問題と交通混雑を交通需要マネジメントによって解決しようとしている．アメリカでは，1990年に大気浄化法が改正され，連邦環境基準の達成に向けて汚染レベルに応じた年次計画の策定と実施が求められるようになり，さらに1991年に制定された総合陸上交通効率化法によって，道路整備に対する連邦補助の前提として大気汚染改善計画と整合をとることが要求されるようになった[1]．アメリカでは，交通政策において大気汚染の防止に最も高い優先順位が付与されているのである[2]．こうしたことから，州際道路の整備と併せて自動車での相乗りの促進や公共交通機関の整備が推進されている．

　交通需要マネジメントの定義には必ずしも統一的なものがあるわけではないが，建設省道路局の報告書では，「都市または地域レベルの道路交通混雑の緩和を時間の変更，経路の変更，手段の変更，自動車の効率的利用，発生源の調整等の交通の『需要』を調整することによって行う手法の体系」と定義されている[3]．その目的については，「道路の交通混雑緩和およびそれを通じてのモビリティの確保が主な目的であるが，さらに広範に環境の改善，地域の活性化に資することも考えられる」と記述されており，交通混雑の緩和に最も高い優先順位が与えられており，環境問題の改善にそれほど重きがおかれていない点で，欧米諸国と趣を異にする．いずれにしても，従来の道路整備が需要に見合うだけの施設を整備するという考え方で行われてきたことと比べれば，既存の道路整備水準に合わせて需要を管理しようという交通需要マネジメントの考え方は画期的なものである．

　交通需要マネジメントのための施策を，上記の定義に対応させて，

・**時間の変更のための施策**－ピーク時間帯の交通需要の一部を別の時間帯に移し，交通需要の時間的平準化を図ることを目的とした施策

・**経路の変更のための施策**－混雑している地域の交通の一部を別の地域に分散させ，交通需要の空間的平準化を図ることを目的とした施策

・**手段の変更のための施策**－公共交通機関の利便性を向上させることにより，適切な交通機関分担を図ることを目的とした施策

・**自動車の効率的利用のための施策**－乗用車の平均乗車人員を増加させ，また貨物車の積載率を高めることによって，自動車の効率的な利用を図ることを目的とした施策

・**発生源の調整のための施策**－交通目的の変更・調

3. 道路，駐車，新交通システムおよびその他の交通手段との調和

発生源の調整
- 勤務日数変更の奨励
- 通信手段利用による勤務の奨励（在宅勤務，テレビ会議等）
- 土地利用政策（指定容積率の見直し等）

自動車の効率的利用
- 多乗員車優遇措置（多乗員車優先駐車場，多乗員車レーン等）
- 物流共同集配の推奨

手段の変更
- 乗り換え拠点整備（パーク＆ライド施設，駅前広場等）
- 公共交通機関の整備
- 歩道・自転車道の整備

全ての目的に対応可能な施策
- 地域相乗り組織，交通管理組合等の奨励
- 企業TDM制度の奨励
- 交通アセスメント制度の導入
- 駐車マネージメント

発生源の調整を除く4つの目的に対応可能な施策
- ロードプライシング
- TDM活動への補助・助成
- ロジスティックスの展開

- 道路交通情報の提供

時間の変更
- フレックスタイムの推奨
- トラックの走行時間帯の推奨
- ノーカーデー推奨

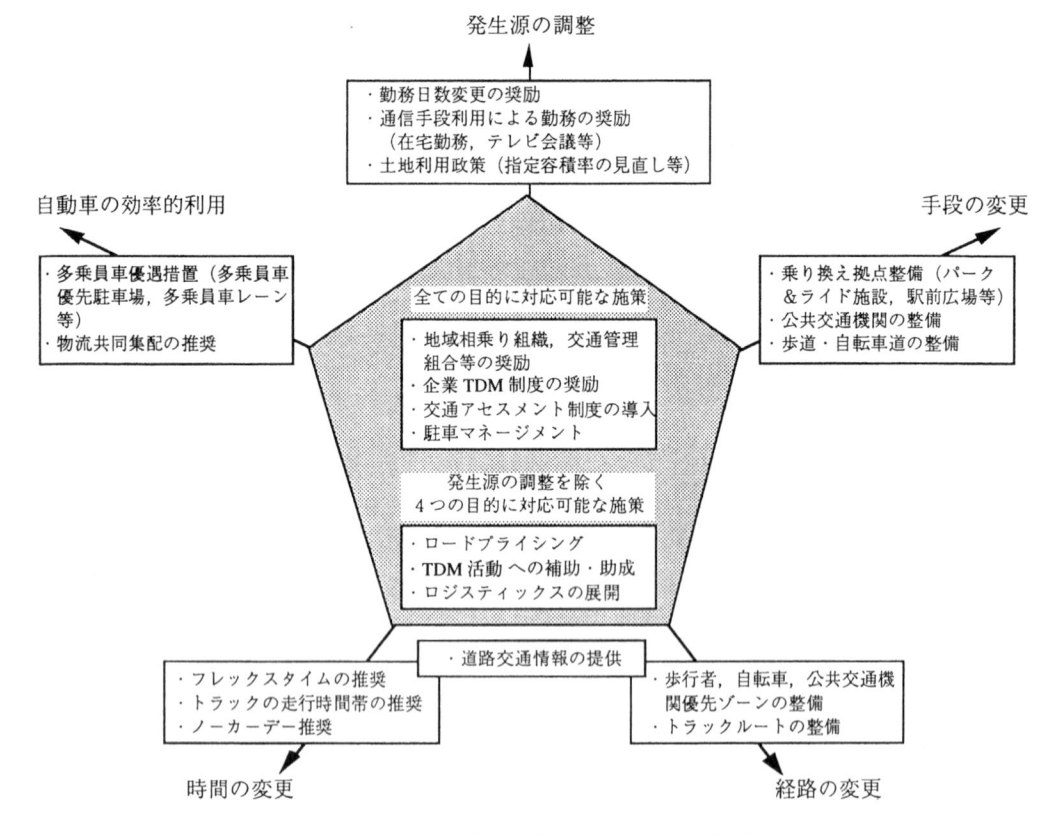

経路の変更
- 歩行者，自転車，公共交通機関優先ゾーンの整備
- トラックルートの整備

図 3.1　目的から整理した交通需要マネジメント施策[3]

整あるいは土地利用政策（たとえば職住の接近）により交通の発生量を減少させることを目的とした施策
・**いくつかの目的に対して共通して適用可能な施策**
に分類して図示したものが図 3.1 である[3]．

この図に示された施策の中には，フレックスタイム，ノーカーデーのように施設整備が必要なく，実施までに要する時間が短くてすむものから，土地利用政策のように効果が現れるまでに長い時間を要するものまでが含まれている．しかしながら，ここに示された施策の多くでは，道路整備に比べて効果が現れるまでの時間が短く，この点は交通需要マネジメントの特徴の一つである．

わが国では，1992年に出された「道路整備の長期構想[4]」の中で，従来からの施策である道路整備を中心とした，交通容量の拡大と並んで交通需要マネジメントが取り上げられ，カープール，需要の平準化，交通管理組合，およびロジスティクスについて海外の事例を含めて詳細な解説が加えられていたことから，交通需要マネジメントに対する関心が高まった．さらに，1993（平成5）年から始まった「新渋滞対策プログラム」の中で，交通需要マネジメントが渋滞対策の一つの柱として初めて取り上げられ，適用されるに至った．1994（平成6）年度からは全国で10都市をモデル都市として指定し（札幌，秋田，宇都宮，金沢，豊田，高山，奈良，広島，徳島，北九州の10市），「総合渋滞対策支援モデル事業」が実施されており，その中で交通需要マネジメント施策が推進されている．

以下では，欧米諸国およびわが国における交通需要マネジメント施策を紹介し，わが国において交通需要マネジメントを適用する場合の課題を述べる．

a．アメリカにおける交通需要マネジメント

アメリカ運輸省の報告書[5]によれば，アメリカにおける交通需要マネジメント施策は，次の11種類に分類されている．

① 一人だけが乗車した自動車よりも優れた交通手段の提供
　・公共交通機関の改善

・カープール
・バンプール
・歩行者・自転車利用者のための施設整備とデザインの向上
② 誘導と規制
・雇用主の支援による企業主体の需要マネジメント
・多人数乗車車両（High Occupancy Vehicle：HOV）』の優先策
・公共交通機関利用・相乗りへの誘導
・駐車施設整備の規制，駐車料金の規制
・道路利用料の徴収，混雑課金
③ 労働時間の調整
・可変労働時間，労働時間の変更
・情報通信の利用，在宅勤務

表3.1 条例XVによる通勤手段の変化

交通手段	初年度(%)	次年度(%)	増減(%)
1人乗り	74.3	67.5	－9.1
相乗り	15.8	21.2	＋34.0
鉄道・バス	3.9	3.8	－2.5
その他	6.0	7.4	＋23.0
平均乗車人員	1.25人	1.30人	＋4.3

アメリカでの交通需要マネジメントの主要な目的は，すでに述べたように大気汚染と交通混雑の軽減であり，そのために通勤目的の1人乗車の乗用車のトリップを減少させることに大きな努力が払われている．上記①の施策は，1人乗車の乗用車から転換するための交通手段を整備するものであり，③の施策は通勤トリップの発生時間を変更することあるいは通勤トリップそのものをなくすことを目的としている．これに対して②の施策には，1人乗車の乗用車から他の交通手段への転換あるいは1台当たりの乗車人員を増加させるための誘導と規制が含まれている．雇用主の支援による企業主体の需要マネジメントとは，雇用主が従業員にさまざまな奨励策を提供して，1人乗車の乗用車から転換するようにしむけるものである．カープール，バンプールといった相乗りに関しては，相乗りの候補者をデータベースシステムをもとにして提供するなどのサービスが行われている．さらに，事務所に近い駐車場所の提供や駐車料金の割引といった相乗り車両に対する優遇措置，1人乗車車両の駐車有料化などの施策がとられている[6]．

HOVの優遇策には，HOVレーンがある．HOVレーンは高速道路や幹線街路において多人数乗車車両専用の車線を設けるものであり，HOV専用のランプが設置された例もある．

こうした施策と並行して，公共交通機関の整備も進められており，太田[1]によれば，自動車依存型都市の代表であるロスアンゼルスでも近代的な軽量路面電車（Light Rail Transit：LRT）ブルーライン*1に続いて，地下鉄レッドラインが開通している．

このようなTDM施策による効果の一例として，カリフォルニア州の南岸大気保全局*2による条例XVの効果を紹介しておく（原田[8]による）．表3.1は，効果の予備検討の中から，初年度と次年度の比較が可能な76の企業の通勤手段の変化を示したものである．相乗りが大幅に増加し，平均乗車人員は4.3%増加したことがわかる．ただし，鉄道・バスの分担率はむしろ減っており，1人乗りの乗用車を利用していた通勤者は相乗りあるいはその他の手段（ここには，徒歩・二輪が含まれていると考えられる）に転換している．

b．オランダにおける交通需要マネジメント

オランダは干拓によってできた国であり，地球温暖化による海水面の上昇には人一倍敏感で，環境の保全を交通政策の第一の目標として掲げ，自動車交通の伸びを抑制することが必要であるとしている[7]．しかしながら，その一方でオランダはロッテルダム港とスキポール空港という二つの交通拠点を有し，ヨーロッパの玄関として機能しており，運輸事業は国の根幹的な産業となっている．このため，単に自動車交通を抑制することを目的とした政策をとれば，経済の発展が阻害されるという矛盾を抱えている．この矛盾を解消するためにオランダ政府が考え出したのが，トリップ距離の増加を抑えるという方策である．この背景には，多くの人の通勤距離が30 kmを超え，総トリップ距離に占める割合が高くなっているという事情があり，さらには外部経済効果が反映されていないため，移動のためのコストが安く抑えられており，長距離の移動

---

*1 文献7)によれば，開業は1990年7月．ダウンタウンとロングビーチ間約32 kmを結んでいる．
*2 文献7)によれば，南岸大気保全局は，大気汚染の解消を目的にカリフォルニア州の大気保全法に基づいて1977年に設立された機関である．1987年秋にピーク時の1人乗りのマイカー通勤を条例によって強制的に削減しようとする「条例XV」が制定され，翌1988年6月から施行された．この条例は，地区特性に応じて定められた，通勤での自動車利用台数の目標値を達成するための計画の策定を事業所に義務づけるものである．

を助長しているという認識がある[9]．

オランダ政府の交通政策の基本方針である「第二次総合交通計画」[9]では，政策目標として，持続可能な社会（a sustainable society）を掲げ，その意味するところを「将来の世代の人々がそのニーズを満たす可能性を損なうことなく，現世代の人々のニーズを満たす社会」と定義している．このために，環境問題の重荷を将来の世代にまで転嫁することのない交通システムをつくりあげる必要があると述べられている．

持続可能な社会をつくるために，清浄な大気，エネルギー，および狭小な国土の消費を最小限に抑える国土と交通システムを構築する必要があるとし，次のような政策目標を掲げている．

環境にかかわる目標 － 2010年までに自動車からの NO_x の排出量を1986年の値の75%以上低下させる．1995年までに20%の削減を達成する．

2010年までに CO_2 の排出量を1986年の値と比べ最低でも10%削減する．これは，1995年の排出量が1989～90年の排出量を上回ってはならないことを意味する．

騒音にかかわる目標 －通過交通によって55 dB (A) を超える騒音レベルにさらされる地域の面積が1986年の値を超えてはならない．外壁が55 dB (A) を超える騒音にさらされる家屋の数を半減させる．

交通安全にかかわる目標 － 1995年の死者の数を1986年より15%低下させる．負傷者の数は10%低下させる．2010年までに死者数を50%，負傷者数を40%低下させる．

自動車利用にかかわる目標 －大規模な住宅開発地域では，ハイグレードな公共交通機関を整備する．1992年以降はすべての土地利用計画において，公共交通機関が整備された場所で産業開発が行われるようにする．

1995年以降，従業員100人当たり設置すべき駐車施設の数を以下のように定める（工場およびその他の事業所に適用される駐車場設置規則[*1]）．ラントシュタット[*2]内あるいは都市の拠点，その他の都市地域のタイプA[*3]に分類される地区では，従業員100人当たり10台分の駐車施設を設ける．これ以外のA地区では，100人当たり20台分の駐車施設を設ける．公共交通機関と自動車の両方のサービスを受けるタイプB地区では，タイプAと同様の地域区分に対応してそれぞれ100人当たり20台または40台分の駐車施設を設ける．都市地域では，交通静穏化[*4]，歩行者専用地区などによって自動車の利用を抑制することもできる．

1986年を100とした指数で，自動車利用の伸びを1989年には117，1994年には125，2000年には130，2010年には135に抑制する[*5]．

公共交通にかかわる目標 － 2010年までに，鉄道，バス，路面電車，およびタクシーによって一貫した公共交通の体系を構築し，1986年の主要幹線におけるピーク時の輸送人員の50～100%増の人員を輸送できるようにする．

主要な通勤ルートの5 kmを超える通勤トリップでは，公共交通機関による移動時間が自動車の1.5倍以内になるようにする．四つの大都市地域では，この目標を2000年までに達成する．自動車の利用費用と比べて公共交通機関の料金が有利になるようにする．

幹線道路にかかわる目標 －高速道路の規格を有する道路を幹線道路と呼び，四つの大都市地域と他の国とを直結するネットワークを構築する．ロッテルダム港およびスキポール空港と後背地を接続する幹線道路では，2010年に混雑確率を2%に下げる．これ以外の幹線道路では混雑確率を5%に下げる．

これらの目標を達成するために，表3.2に示すよう

---

*1 この規制はABC政策の一部である．文献7)によれば，ABC政策は自動車交通の発生をできる限り抑制するように立地を誘導することを目的としており，交通の発生集中しやすい業務・商業施設の立地を交通施設が整備された地域に制限する．
*2 オランダ南部のドルドレヒトからロッテルダム，ハーグを経て北部のアムステルダムおよび東部のユトレヒトに達する馬蹄形の都市地域．
*3 基本的に公共交通機関によってサービスされる地区．
*4 交通規制に加えて，ハンプ，シケイン，狭窄などの物理的手段を用いて自動車の走行速度を抑制し，交通の安全性の向上，環境の改善を図るスキーム．個々の道路区間だけではなく，面的に適用されることも多い．わが国のコミュニティ道路はこれを導入したものである．
*5 文献7)によれば，政策に何ら変化がない場合，2010年にはオランダの自動車総走行台キロは1986年の1.7倍に増加すると予測されている．

に，四つのカテゴリーに分類された35の施策が掲げられている[9]．

c．わが国における交通需要マネジメント

前述した「総合渋滞対策支援モデル事業」が実施されている10都市における事業の概要は次のとおりである[*1]．

① 札幌市（人口173万人）では，民間遊休地の活用によるパーク＆ライド用駐車場の整備が行われており，郊外の地下鉄駅周辺に駐車場が整備されている．

② 秋田市（人口31万人）では，TDMを推進するための組織づくりと時差出勤の呼びかけが行われている．

③ 宇都宮市（人口43万人）では，民間企業の手によって通勤用シャトルバスの運行とフレックスタイムの導入が行われている．さらに，パーク＆バスライドの実験が予定されている．

④ 金沢市（人口45万人）では，観光客の集中するゴールデンウィークにパーク＆バスライドが継続して実施されている．さらに，都心部へマイカー通勤する人々を対象に，パーク＆バスライドの実験が1992（平成4）年より実施されている．

⑤ 豊田市（人口34万人）では，大規模な事業所においてマイカー通勤を鉄道通勤に転換するための

表3.2 第二次総合交通計画に示された施策

政策カテゴリー	施策の内容
1. 環境とアメニティ	1. 大気汚染の軽減 2. 化石燃料の利用量の削減 3. 騒音の低減 4. 道路の安全性の向上 5. 国土の分断の抑制 6. 危険物輸送の安全性の向上
2. モビリティの管理と抑制	7. 住宅，就業場所，レジャー施設などの公共施設を集中させる 8. 駐車政策（ABC政策） 9. 都市の再編（自動車利用の抑制） 10. 情報通信技術の利用 11. 労働時間・営業時間の変更 12. 料金の賦課
3.1 アクセスビリティ ー人の移動	13. 公共交通機関の整備 14. 幹線道路の整備 15. 自転車利用施設の整備 16. 自動車の相乗りの促進 17. 乗継ぎ施設の整備 18. 情報提供施設の整備と交通管理の高度化
3.2 アクセスビリティと 市場における地位 ー物の移動	19. 道路による輸送のシェア維持と効率改善 20. 鉄道による輸送 21. 水路による輸送 22. 複合輸送 23. 情報技術と貨物輸送
3.3 海港	24. アクセスビリティと海港の地位
3.4 航空輸送	25. アクセスビリティとスキポール空港の地位
4. 支援策	26. 対話・教育を通じて行動の変化を促す 27. 欧州の交通政策の確立 28. 地域レベルでの一貫した交通政策立案のための組織づくり 29. 交通にかかわる組織の連携 30. 企業・企業群による交通マネジメントの導入 31. 交通インフラ投資のための財源の確保 32. 交通規制 33. 交通とインフラに関する研究 34. 交通の社会的側面 35. 政策の見直し

（注）文献9)による．

実験が 1994（平成 6）年に実施された．
⑥ 高山市（人口 7 万人）では，観光客が集中する高山祭りの期間中，大型バスの中心部への乗入れを規制し，周辺部に大型バス専用の駐車場を設けている．
⑦ 奈良市（人口 36 万人）では，パーク＆ライドが実施されている．
⑧ 広島市（人口 109 万人）では，時差通勤・時差通学の呼びかけが行われているほか，パーク＆ライドの導入が検討されている．
⑨ 徳島市（人口 26 万人）では，時差出勤の試行に加えて，公共交通機関の利便性を向上させるためのパーク＆バスライド駐車場の整備，JR の輸送力の拡大が予定されている．
⑩ 北九州市（人口 102 万人）では，民間企業によるシャトルバスの運行のほか，都市モノレール小倉線においてパーク＆ライド用駐車場が整備されている．

このように，わが国での TDM の導入はまだ緒についたところであり，試験的に TDM を導入し，効果と課題を探っている段階である．わが国で TDM を導入しようとする場合には，欧米諸国との交通状況・社会状況の違いをよく理解したうえで，わが国の実状にあった TDM を検討する必要がある．以下では，わが国で TDM を導入する場合の課題を掲げ，本項の結びとしたい．

わが国では公共交通機関の分担率が欧米諸国と比べて高く，とくに通勤・通学は公共交通機関に大きく依存している[*2]．このため，朝夕のピーク時の公共交通機関の混雑は限界ともいえる状況になっており，こうした混雑の解消に手をつけることなく，いたずらにマイカーから公共交通機関への転換を図っても成功はおぼつかない．さらに，朝夕のピーク時に限らず日中でも混雑しているというわが国の道路状況を考慮すると，昼間の業務交通を対象とした TDM の導入についても検討する必要がある．

TDM において自動車利用から他の手段への転換を図ろうとする場合，転換する先は公共交通機関であることが多い（徒歩や自転車の場合もあるが，それほど多いとは考えられない）．公共交通機関の中でも広く利用されているバスのサービス水準を向上する手段としては，バス優先・専用レーンがこれまでも用いられてきた．しかしながら，都市内でバス優先・専用レーンを適用する場合には，黒川も指摘しているように，片側 3 車線は必要である[11]．片側 2 車線では，1 車線をバスのために確保すると，一般車両への影響が大きすぎるのである．ところが，わが国の都市では片側 3 車線を有する街路が少なく，バス優先・専用レーンを導入しようにも導入できない場合が多い．このため，TDM を導入する場合でも，都市内道路の整備が必要になることを認識しておく必要がある．

さらに，わが国の公共交通機関は経営主体もまちまちで，統一的な料金システムも存在しない．また，駅などでは段階を上り下りしなくてはならず，乗継ぎの際の肉体的負担も大きい．公共交通機関の魅力を高めるためには，こうした点の改善が必要である．

わが国の TDM の導入に当たっては，すでに述べたように試行を繰り返しながら問題点を改善し，コンセンサスを得るというプロセスがとられている．こうしたプロセスがとられている背景には，TDM 導入による人々の行動の変化を事前に予測することが困難で，また突然 TDM を導入しても行動の変化を期待することができないという事情もある．諸外国では，利用者，住民の参加を求めるこのような計画プロセスは珍しいものではないが，わが国でもこうしたプロセスが根付くことを期待したい．

3.1.2 駐 車 問 題
a．駐車問題と駐車場

自動車交通がその交通目的を達成するためには，走行するだけではなく出発地および目的地において駐停車する必要がある．したがって，自動車交通の利便性を高めるためには，走行のための空間である道路を整備するとともに，自動車が駐停車するための空間を確保する必要がある．しかしながら，駐停車のための空間の整備が十分ではないため，とくに都市内ではさまざまな問題が生じている．

都市内の道路における駐車問題は路上の違法駐車に端的に現れている．路上の違法駐車によって交通容量が低下し，渋滞が引き起こされているだけではなく，

[*1] 建設省道路局資料による．
[*2] 太田は，わが国では通勤・通学定期の割引，雇用者による通勤費の負担など，公共交通機関の利用を促進するための仕組みがビルトインされていると指摘している．詳しくは，文献 10) を参照されたい．

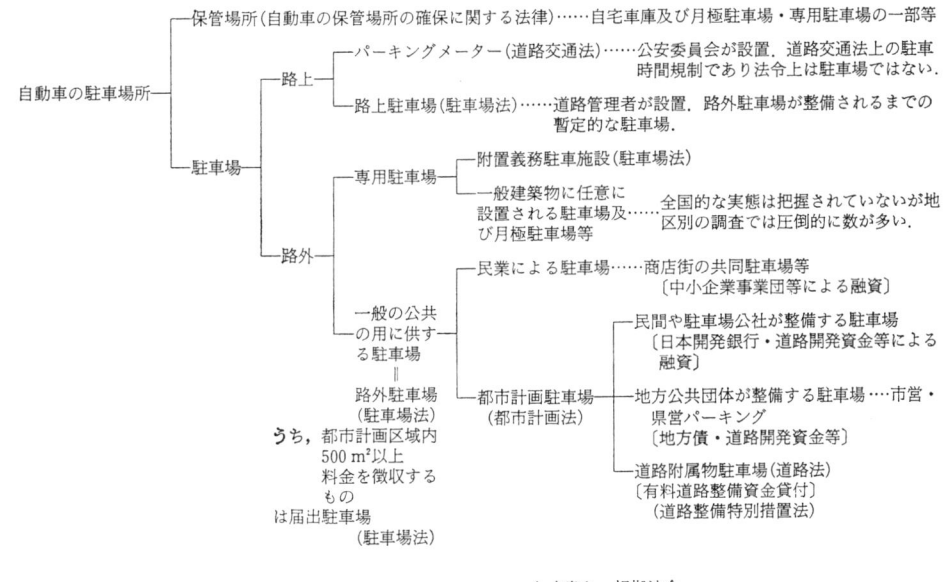

```
自動車の駐車場所 ┬ 保管場所(自動車の保管場所の確保に関する法律)……自宅車庫及び月極駐車場・専用駐車場の一部等
                └ 駐車場 ┬ 路上 ┬ パーキングメーター(道路交通法)……公安委員会が設置，道路交通法上の駐車
                        │       │                                    時間規制であり法令上は駐車場ではない．
                        │       └ 路上駐車場(駐車場法)……道路管理者が設置，路外駐車場が整備されるまでの
                        │                                暫定的な駐車場．
                        └ 路外 ┬ 専用駐車場 ┬ 附置義務駐車施設(駐車場法)
                               │            ├ 一般建築物に任意に     ┬ 全国的な実態は把握されていないが地
                               │            │ 設置される駐車場及     │ 区別の調査では圧倒的に数が多い．
                               │            │ び月極駐車場等         ┘
                               │            └ 民業による駐車場……商店街の共同駐車場等
                               │                                  〔中小企業事業団等による融資〕
                               └ 一般の公共  ┬ 都市計画駐車場 ┬ 民間や駐車場公社が整備する駐車場
                                 の用に供す  │ (都市計画法)   │ 〔日本開発銀行・道路開発資金等による
                                 る駐車場    │                │   融資〕
                                 ＝          │                ├ 地方公共団体が整備する駐車場……市営・
                                 路外駐車場  │                │ 県営パーキング
                                 (駐車場法)  │                │ 〔地方債・道路開発資金等〕
                                             │                └ 道路附属物駐車場(道路法)
                                 うち，都市  │                  〔有料道路整備資金貸付〕
                                 計画区域内  │                  (道路整備特別措置法)
                                 500 m²以上
                                 料金を徴収する
                                 ものは届出駐車場
                                 (駐車場法)
```

( )書き　根拠法令
〔 〕書き　適用される助成制度

図 3.2　駐車場の分類と根拠法令，助成制度[12]

交通事故が誘発され，さらには沿道へのアクセスが困難になったり，緊急自動車の通行が不可能になったりしている．

こうした問題に加えて，自動車の普及に伴って，十分な駐車場をもたない都心の商業地に代わって，大規模な駐車場を備えた郊外のショッピングセンターが多数の消費者を引きつけるようになり，在来の都心商業地の衰退がみられるようになってきた．また，休日，週末に商業施設・観光施設などの駐車場へ入る自動車が道路上に待ち行列をつくり，一般車両の走行が阻害されるという現象もみられるようになってきている．

駐車問題を論じるに当たって，まず以下での記述の理解のために，図 3.2 にわが国の駐車場の分類を掲げておく[12]．この図からわかるように，駐停車のための空間は，道路，公共用地のほか民有地にも設けられており，整備主体もさまざまである．このことが，駐車問題を複雑にしている一つの要因である．

なお，1994（平成 6）年 3 月末現在の全国の駐車場整備状況は，都市計画駐車場が 353 か所，収容台数 85 012 台，届出駐車場が 5 826 か所，収容台数 924 983 台，附置義務駐車場が 36 022 か所，収容台数 1 129 575 台，路上駐車場が 9 か所，収容台数 1 363 台となっている[13]．収容台数では附置義務駐車場と届出駐車場の占める割合が大きいが，1 施設当たりの平均収容台数では都市計画駐車場が 240 台強と最も大きい．

b．駐車問題の歴史

路上駐車については，すでに 1951（昭和 26）年ごろから問題となっており，東京都などによって調査が行われた．当時の自動車保有台数はきわめて少なかったにもかかわらず，道路整備の遅れが駐車問題と交通混雑を引き起こしていたのである．こうした調査に基づいて 1957（昭和 32）年 5 月に「駐車場法」が公布され，同年 12 月には「駐車場法施行令」が制定された[14]．「駐車場法」によって，大都市では自動車交通が著しく輻輳する商業地域内に駐車場整備地区を指定し，路上駐車場，路外駐車場および都市計画駐車場の整備を図るとともに，大規模な建築物の新築・改築に当たって一定の附置義務駐車施設の設置が義務づけられた[15]．さらに，路外駐車場が整備されるまでの駐車需要に対応するために，路上駐車場を設置し，路上駐車場の収入を路上駐車場の管理費にあてるほか，路外駐車場の整備資金にも充当することとした．さらに，1962（昭和 37）年には「自動車の保管場所の確保等に関する法律」が制定され，自動車の登録の際には車庫を確保することが義務づけられた．

同じく 1962 年には，駐車場法が改正され，「駐車場整備地区」を指定できる区域が商業地域の周辺の地区にまで拡大された[16]．

また，附置義務駐車場については，1963（昭和38）年に建設省より各地方公共団体に「標準駐車場条例」が通達として出され，自動車の駐車需要が大きい特定用途の建築物については，床面積 2 000 m² を超える面積 300 m² ごとに1台，非特定用途の建築物については，床面積 3 000 m² を超える面積 450 m² ごとに1台の駐車場を設けることが規定された[14]．しかしながら，標準条例については，次のような批判もあった[17]．

・中小都市では床面積が 2 000～3 000 m² を超える建物はそれほど多くないため，小規模な建物が集中する街区では附置義務条例が有効に機能しておらず，附置義務を課すべき建築物の最低規模を引き下げる必要がある．
・建物用途が特定用途と非特定用途に二分されているだけなので，個々の建築物の駐車需要にきめ細かく対処することができない．
・駐車施設の必要台数を建築物の規模にかかわりなく一定の割合で算定しているが，大規模建築物については駐車場の利用率が低くなっており，算定方式を見直す必要がある．

これらの批判に対して，この後何回かの改訂を経て標準条例の改善が行われた（後述）．

その後わが国経済の高度成長に伴って自動車も急速に普及したが，騒音，振動，大気汚染などの環境問題が深刻になり，駐車施設の整備に対して慎重な姿勢がとられた．これは，当時の自動車悪玉論と自動車交通を減らすには駐車場の建設の抑制が効果的だという考え方によって，駐車場の整備が積極的に行われなかったためである[15]．

しかしながら，昭和60年代になって駐車政策に大きな変化がみられた．

その第一は，都市交通機能の確保と交通事故の抑止の二つを目的として 1986（昭和61）年に道路交通法が改正されたことである[18]．この当時，不要不急の車両の都市内への流入を抑制し，走行空間を確保するために，都市内ではほぼ全面的に駐車禁止規制が行われていた．しかしながら，不十分な取締り体制と路外駐車場整備の遅れのために，違法路上駐車が蔓延していた．1986年の道路交通法の改正では，付近に適当な路外駐車場がない場所で，業務その他の目的でやむをえず路上に駐車する必要がある場合には，短時間の駐車を認めることとし，パーキングメーターまたはパーキングチケット発給設備の設置，駐車の方法などが規定されたのである．さらに，罰金・反則金の額を引き上げ，違法駐車車両の移動・保管の民間法人への委託が規定された．

第二は，都市計画上の駐車政策の転換である．1987（昭和62）年には，都市計画中央審議会において駐車政策が見直され，駐車場は都市にとって必要不可欠な施設であると位置づけられ，「都市の規模や特性に応じて，市街地の形態，道路等の都市交通施設の体系及び交通管理との整合に十分配慮し，その基本計画を策定する必要がある」との答申が出された．駐車場の整備方策については，「駐車場の整備は主として民間によるが，都市計画上確保すべき駐車場については，民間による整備に加え，必要に応じ公的セクターがその整備を行うことが適当である」とされた．さらに，駐車場案内システムの整備の重要性が指摘され，荷さばきのための駐車施設整備の必要性もうたわれた．

c．近年の駐車対策

平成に入って，総合的な駐車対策が実施され，さらに駐車場整備のための各種方策が拡充された．こうした近年の駐車対策を表 3.3 に整理した．

1990（平成2）年には，放置駐車違反に対する規制の強化などを柱とする道路交通法の改正（放置行為に関する当該車両の使用者の責任を明確化し，放置行為がなされた場合は一定期間の運転禁止を命令できる）および自動車の保管場所の継続的確保を図るための制度の新設などを柱とする「自動車の保管場所の確保等に関する法律」の改正が実施された．

さらに，1993（平成5）年には，違法駐車車両に対する車輪止め装置（いわゆるクランプ）の取付け措置の新設などを内容とする道路交通法の改正が行われ，1994（平成6）年5月10日から全国の警察において運用が開始された．車輪止め装置はイギリスなどでは早くから用いられていたものである．車輪止め装置の取付けは，公安委員会が取付け区間として指定した区間内において行うこととされており，1994（平成6）年末現在，繁華街の幹線道路を中心に，257区間，195.58 km が取付け区間として指定されている．指定区間における違法駐車台数は全国平均で5割，大阪市内（御堂筋）では約7割減少するなど，大きな効果が現れている[20]．

1991（平成3）年3月には，都市計画中央審議会において「自動車の駐停車施設整備のあり方とその整備

表 3.3 駐車場に関連する施策

年度	駐車場にかかわる制度
1973	・有料道路融資事業制度（無利子貸付制度）の創設
1985	・道路開発資金（低利子貸付制度）の創設
1989	・道路法等の改正（1989.6.28公布，1989.11.22施行） （立体道路制度の創設）
1990	・道路交通法および車庫法の改正（1990.7.3公布，1991.7.1施行） （反則金の引上げ，使用者の責任制度の導入等） ・駐車場附置義務にかかわる標準条例の大幅な改正（1990.6.11通達） （特定用途建築物の附置義務強化等） ・総合設計の活用による容積率の一層の緩和（1990.11.26通達）
1991	・道路法の改正（1991.5.2公布，1991.11.1施行） （自動車駐車場利用者からの料金徴収が可能に） ・駐車場法の改正（1991.5.2公布，1991.11.1施行） （附置義務地域の拡大，建築物に対する附置義務強化， 駐車場整備地区における駐車場整備計画の策定の義務化） ・駐車場附置義務にかかわる標準条例の改正（1991.11.1通達） （非特定用途建築物の附置義務対象の引下げ：3 000 m² → 2 000 m²） ・第5次特定交通安全事業五箇年計画における駐車場の新規工種への追加 ・特定交通安全事業による駐車場への補助制度の創設 ・民間の共同駐車場への補助制度の創設 ・公営住宅の助成対象に駐車場を追加 ・駐車場整備に対する住宅金融公庫融資の割増貸付制度の創設
1992	・都市計画法および建築基準法の改正（1992.6.26公布） （住居系用途地域における駐車場にかかわる建築規制の大幅緩和等）
1993	・第11次道路整備五箇年計画の策定（1993.5.28閣議決定） ・改正都市計画法および建築基準法の施行（1993.6.25）
1994	・駐車場附置義務にかかわる標準条例の改正（1994.1.20通達） （荷さばきのための駐車施設の附置） ・休日対応駐車場を道路開発資金の融資対象に拡充

（注） 文献19）による．

推進方策」について中間答申がなされた．この答申に基づいて，1991年には駐車場法の改正が行われ，市町村が駐車施設の整備目標量や整備の基本方針などを内容とする駐車場整備に関する基本計画を策定することを柱とする，駐車場整備計画制度が創設された．さらに，マンションなどの一般建築物に対する附置義務強化や附置義務の対象地域の住居地域などへの拡大を内容とする駐車場法の改正も行われた．

なお，住居地域においては，建築基準法の規定により小規模な車庫の建築しか認められておらず，車庫の確保に問題が生じていたが，1992（平成4）年の建築基準法および都市計画法の改正により，この規定が緩和された．たとえば，従前の規定では住居地域では床面積が50 m²を超える車庫（建築物に付属するもの）の建築は認められていなかったが，この改正により第二種住居地域では300 m²以内の車庫の建築が認められるようになった．

附置義務駐車場の標準条例に関しては，1990（平成2）年6月に，デパート，事務所などの特定用途建築物の附置義務強化などを柱とする大幅な改正が行われた．従来の標準条例は，3 000 m²（特定用途では2 000 m²）を超える部分の床面積を附置義務の対象にしていたが，対象とならない部分の駐車需要が，実際の駐車需要のかなりの割合を占めていることから，この規定の見直しが行われた．さらに，駐車施設の附置を義務付ける建築物の規模の下限を引き下げ，人口規模がおおむね50万人以上の都市では1 500 m²，50万人未満の都市では1 000 m²と規定された（ただし，延べ床面積が6 000 m²までの建築物については，附置義務による駐車台数に緩和措置が設けられている．）1991（平成3）年11月には，非特定用途の建築物の附置義務の基準が延べ床面積3 000 m²から2 000 m²に引き下げられた．

さらに，1994（平成6）年1月には，荷さばきのた

めの駐車施設の附置を内容とする標準条例の改正が行われた．これは，貨物車による荷さばきのための路上駐車の問題が深刻になった事態に対応したものである．従来の標準条例でも，設置すべき駐車施設の台数の算定に当たって根拠となった駐車需要の中には荷さばきのための駐車も含まれていた，とされるが[13]，荷さばき駐車施設の台数が明確に規定されておらず，その諸元（高さ，幅員など）も規定されていなかった．この改正では，附置台数の内数として荷さばきのための駐車施設の台数が規定された．また，荷さばき駐車施設の諸元については，幅3m以上，奥行7.7m以上，はり下の高さ3m以上と規定された．ただし，はり下の高さについては，やや不足している感が否めない．

駐車場の整備については，従来民間を主体に整備することを基本的な方針とし，その整備に対する助成策として，無利子あるいは低利の融資制度が設けられていた．これらの融資制度には，有料道路融資事業，総合駐車場事業（NTT-A型），道路開発資金などがある．しかしながら，民間の駐車場整備のみでは深刻な駐車場不足に対処できないことから，1991（平成3）年度に道路法および駐車場法の改正が行われ，駐車場整備に対する補助制度が創設された．これらの補助制度には，次のようなものがあり，駐車場整備を公的サイドから支援するものとなっている[13]．

① 駐車場の整備計画に対する補助制度
　・駐車場整備計画調査
② 駐車場整備に対する補助制度（代表的なもののみをあげた）
　・特定交通安全施設整備事業
　・共同駐車場整備促進事業
　・市街地再開発事業
③ 駐車場の有効利用に対する補助制度
　・駐車場案内システム
　・駐車場有効利用システム

d．駐車場に出入りする自動車の影響の軽減

以上で述べたのは，駐車場あるいは車庫本体の整備についてであるが，最初にも触れたように駐車場に入る自動車が道路上に滞留し，ほかの車両の走行に悪影響を与えるという事例が増えてきている．とくに，休日の観光地あるいは大規模商業施設の駐車場においてこうした現象が著しい．こうした問題に対処するために，「大規模開発地区関連交通計画検討マニュアル（案）」が出されているほか，交通アセスメントについて検討が行われている．

「大規模開発地区関連交通計画検討マニュアル（案）」は，大規模開発に関連した交通が周辺に与える影響を予測・評価し，適切な交通計画を策定することを目的として作成されたものであり，1989（平成元）年3月に大規模開発地区関連交通計画の策定の推進について通達が出されるとともにマニュアル（案）が示された．その後，1990（平成2）年6月には地区発生集中交通量の予測に関して改訂を行ったマニュアルが出され，さらに1994（平成6）年10月に事務所に関する発生集中原単位の改訂およびマニュアルの適用対象について基準の改訂が行われた．

このマニュアルでは，大規模開発によって発生集中する交通量を手段別（自動車，二輪車，鉄道系，バス，徒歩）に予測するための手順が示されており，開発による交通への影響が許容限度内であり，現状の交通流動に支障を与えないためには，どのような施設整備が必要になるかを検討するよう規定されている．

交通アセスメントは，対象を大規模開発に限定せず，「道路沿道の開発事業に起因する交通影響を事前に予測評価し，必要に応じて開発事業者および道路管理者等がそれぞれの責務に応じた予防的対策を講じることによって，その交通影響を緩和，解消し，もって円滑な道路交通の確保を図ること」を目的としている．現在，大規模商業施設をおもな対象に交通アセスメントの試験的な適用が行われているところである．

以上で述べたように，近年各種制度の拡充・創設が行われ，駐車施設の整備が積極的に進められている．駐車問題の解決を図るには，これらの制度を利用して，各都市の交通特性に十分配慮しながら駐車施設の着実な整備を行っていくことが必要なことは改めて論じるまでもない．これに加えて，駐車場を有効利用するための案内・誘導システム，自動車の交通需要を適切に管理するための交通需要マネジメントの導入などについても検討する必要性が高い．　　　［山田晴利］

参 考 文 献

1) 太田勝敏：都市における交通需要マネージメント，Good Scene, Vol. 13, pp. 26-35（1994）
2) A. M. Howitt and A. Altshuler：The challenges of transportation and clean air goals. Prepared for executive training purposes, Kennedy School of Government, Harvard University（1992）
3) 建設省道路局道路経済調査室：交通需要マネージメント．－TDM－（案），交通需要マネージメント研究会（1993）
4) 建設省道路局（編）：Next Way 新長期構想，道路広報セン

ター (1992)
5) Federal Highway Administration and Federal Transit Administration : Implementing effective travel demand management measures. Inventory of measures and synthesis of experience, U. S. Department of Transportation (1993)
6) 松本昌二：米国における交通需要マネージメントの概要－その歴史的展開と評価について－，道路交通経済，Vol. 18, No. 2 (1994)
7) 交通と環境を考える会（編）：環境を考えたクルマ社会－欧米の交通需要マネージメントの試み，技報堂出版 (1995)
8) 原田 昇：アメリカの交通需要管理－混雑緩和と大気保全の効果，交通工学，Vol. 27, No. 2, pp. 59-63 (1992)
9) Second transport structure plan－Part D：Government decision (1990)
10) 太田勝敏：交通需要マネージメントによる道路交通対策についての留意点，都市と交通，No. 30, p. 11-17 (1994)
11) 黒川 洸：まちづくりと交通－公共交通の活性化－．交通工学，Vol. 30, No. 3, p. 1-2 (1995)
12) 中島 浩：都市における駐車場整備の現状と課題，交通工学，Vol. 21, No. 7, p. 17-28 (1986)
13) 有安 敬：駐車政策の今後の展望 4. 都市政策における駐車場整備，交通工学，Vol. 30, No. 3, p. 49-54 (1995)
14) 新谷洋二：都市内駐車対策の歴史的考察と駐車場整備の課題，交通工学，Vol. 21, No. 7, p. 4-11 (1986)
15) 高橋洋二：駐車政策の今後の展望 1. 都市における駐車問題，交通工学，Vol. 29, No. 6, p. 55-60 (1994)
16) 福本俊明：建設省の駐車政策の最新動向，都市計画，Vol. 40, No. 3, p. 26-33 (1991)
17) 建設省都市局都市再開発課（編）：駐車場マニュアル，（社）日本駐車場工学研究会 (1982)
18) 東川 一：改正道路交通法の駐車対策，交通工学，Vol. 21, No. 7, p. 12-16 (1986)
19) 横田耕治：駐車政策の今後の展望 2. 道路事業における駐車場整備，交通工学，Vol. 30, No. 1, p. 43-49 (1995)
20) 小菅孝嗣：駐車政策の今後の展望 3. 違法駐車の現状と警察の駐車政策，交通工学，Vol. 30, No. 2, p. 33-38 (1995)

3.2 総合管制技術

車両の運転のためには，車両単体としての安全な走行等の実現に加えて，道路や交通信号システムなどのインフラ側からの，道路を走行する車両の流れの管理，すなわち交通管制の役割が重要である．

この交通管理を担当するのが交通管制システムであり，道路ネットワーク上にどのように車両の走行を誘導するかという点で，運転のレベルに合わせて，交通管制システムにおける管制のレベルも変化することになる．ここでは，これを，① 現状の交通情報提供，② 経路選択情報の提供，③ 路車間通信を利用した経路誘導および優先通行，の各レベルについて説明する．

3.2.1 交通管制システム

車両の走行状況などを道路ネットワークの観点から管理するのが，交通管制システムである．

全国の各都道府県警察では，交通の安全と円滑を主眼とした交通管理を目的として交通管制システムを構築している．そこでは，都道府県内の交通状況を各種のセンサや交差点に設置したテレビカメラにより把握し，その情報をもとに，交通量に合わせて交通信号機

表 3.4 都道府県警察が設置運用する交通管制システムの状況
（a） 交通安全施設等の整備状況（平成 7 年度末現在）

種　別	現在数
交 通 管 制 セ ン タ ー	170
本 部 セ ン タ ー	47
都 市 セ ン タ ー	28
サ ブ セ ン タ ー	95
交 通 情 報 提 供 装 置	2 449 基
交 通 情 報 板	2 175 基
路 側 通 信 装 置	274 基
監 視 用 テ レ ビ カ メ ラ	1 836 台
バ ス 感 知 器	1 132 基
中 央 線 変 移 装 置	59.3 km
信　　　　号　　　　機	157 792 基
地 域 制 御 機	50 556 基
路 線 自 動 感 応 制 御	4 585 基
そ の 他 系 統 制 御	18 553 基
全 (半) 感 応 制 御	11 069 基
そ の 他 感 応 制 御	345 基
押 ボ タ ン 式	23 083 基
そ の 他	49 601 基

警察庁資料による

図3.3 日本における交通管制センターの分布（1995年度末現在）

凡　　例
○交通管制センター（本部）……47
●交通管制都市センター，サブセンター……123

表3.5　高速道路等に設置されている交通管制システムの状況

項　目	数　量
道路情報板	4 396 基
警報標示板	1 474 基
路側通信	128 区間
車両監視用テレビ	2 875 台

平成6年4月1日現在　建設省による．

を制御して交通流をさばくとともに，道路上に設置した電光式の情報板などでドライバーに提供している．

現在，全国の都道府県警察が設置運用する管制システムは，図3.3に示す170（平成7年度末）の管制センターをはじめとして表3.4に示す施設が整備されている．

また，高速道路，都市高速道路には，表3.5に示すそれぞれ専用の交通管制システムが設置され交通情報の収集などを行っているが，これらの情報も都道府県警察の交通管制システムに集約され，総合的な交通管制が行われている．これらストックの量，質ともに世界のトップクラスに位置づけられている（図3.4）．

これらの交通管制システムでは，近年の電子通信技術の進歩を活用して，交通需要の発生にまで踏み込んだ交

図3.4　交通管制センターの例（警視庁）

通管理を行うための ITS（Intelligent Transport System，高度道路交通システム）の実現を目指している．

3.2.2　交通情報の収集

道路上での車両の走行状況である交通情報の収集は，路車間通信が実現していない現状においては，表3.6および図3.5のような各種のセンサを使用して，車両を特定しない方法で行っている．これらのセンサで収集した情報は，コンピュータを使用して処理を行

表 3.6 交通情報収集に使用するセンサ

センサ名	測定項目	おもな設置場所
超音波式車両感知器	車両の存在	一般道路, 都市高速
ループ式車両感知器	車両の存在	高速道路
マイクロ波式車両感知器	車両の存在・速度	一般道路
光学式車両感知器	車両の存在・路車間通信	一般道路
旅行時間計測装置	車両のナンバーの一部	一般道路, 都市高速

図 3.5 交通情報収集のためのセンサ

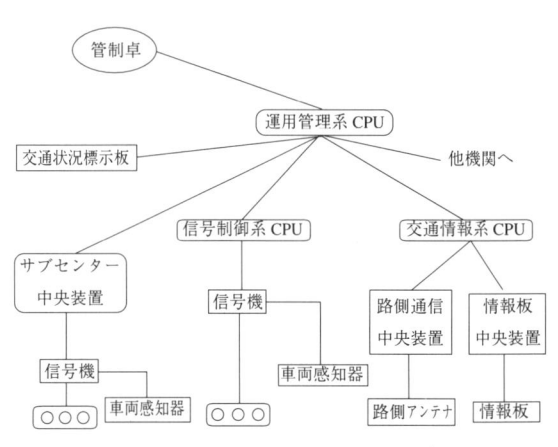

図 3.6 交通管制システムの基本構成[1]

い,交通量,占有率,走行速度,旅行時間などの交通情報としてまとめられる.

この交通情報の収集を含めた,交通管制システムの基本形を図 3.6 に示す.

3.2.3 交通信号制御
a. 交通信号制御の基本定数

交通信号機を制御する場合には,そのタイミングが重要となる.このタイミングの表し方には,次の三つの定数がある.すなわち,①サイクル:信号が青－黄－赤と一巡する時間をいい,交通量に応じて増減する.②スプリット:1サイクルのうち各方向に割り当てられた時間配分をいい,交通量に応じて割り当てられる.③オフセット:隣接する交差点間の青信号の開始時間のずれをいい,道路をスムーズに走行できるように設定する.

b. 交通信号機の制御の種類

交通信号機は,その表示の制御の方法により次の三つに分類される.すなわち,①地点制御:交差点ごとの制御,②系統制御:幹線道路等において,順番に青信号に変わるような路線単位の制御,③地域制御:道路が網の目のように張り巡らされた都市部において,縦の道路,横の道路などを含めた広範囲な交通整理を行うための面的な制御,があり,交通状況に応じていずれかの制御を行っている.交通管制システムにおいては,おもに地域制御により交通信号機を制御している.

c. スルーバンド図による系統制御

系統制御においては,制御定数のうちオフセットの設定が制御効果に大きく影響する.そのため,時間-距離図上においてすべての交差点を青信号で通過できる状況を示した図 3.7 のスルーバンド図を用いて設計をすることが多い.この方法を用いれば,上り・下りの優先や系統速度などの設定などが可能となり,路線として交通流のコントロールを行うことができる.

d. 交通需要の変化に伴う制御定数の変化

交通管制システムの中央装置では,一定の時間間隔(たとえば,5 分間)でスプリット,サイクル,オフセットなどの信号制御定数を決定し信号を制御している.このうちサイクルの変化例を図 3.8 に示すが,交通需要に応じて信号制御定数を変化することにより

オフセットの例

交通流のコントロールを行っている．

e．ジレンマ感応制御

交通閑散時において，黄信号および全赤信号の表示に対して，車両の速度および視認地点の条件により，交差点を安全に通過することも，安全に停止することもできない場合（ジレンマゾーン）が生じ，交差点での追突事故・出会い頭事故の発生に至ることが多い．このため，ジレンマゾーンにおける車両の有無をセンサで検出して，自動的に青信号の継続または，打切りを行う制御であり，交通の安全を目的としているが，車両走行の制御技術の一つでもある．

f．交通信号制御による夜間における車両の走行速度制御

信号制御定数の一つであるオフセットにより系統速度を設定できるため，これにより，幹線道路での実走行車両の速度をコントロールすることができる．

大阪府警では，交通死亡事故のうち6割以上が夜間に発生し，また，速度に起因する割合が高いため，府下の夜間の交通事故防止を目的として，次のような交通信号制御を行い，大きな成果をあげている．すなわ

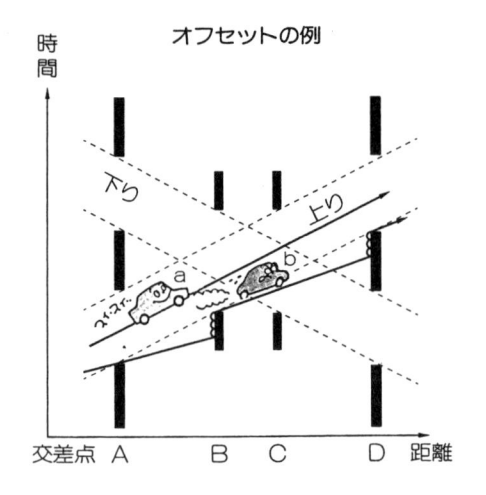

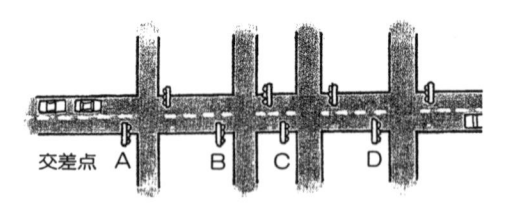

図3.7 信号制御におけるスルーバンド図[2]

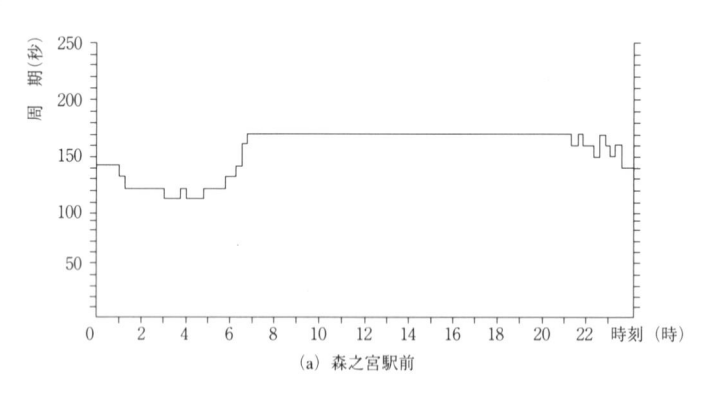

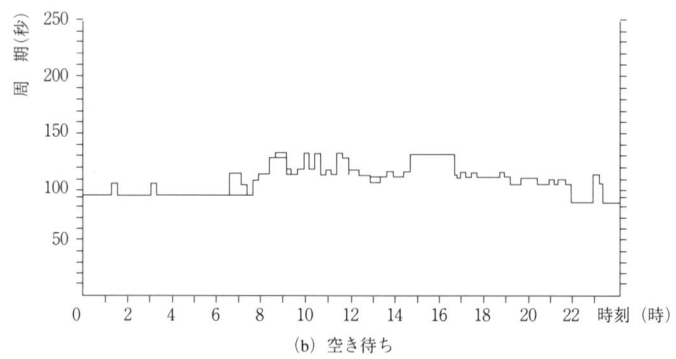

(a) 森之宮駅前

(b) 空き待ち

図3.8 地域制御におけるサイクルの日変化（照会日付1993年3月2日（火））[3]

ち，① 幹線道路の系統速度を制限速度に合わせる，② 夜間点滅などの信号機はなるべく3色運用に戻す，③ 系統速度で走行すれば，ノンストップで走行できるようにする，④ 系統速度より高い速度で走行すれば，信号での停止回数が多くなる，信号制御定数の設定を行った．

この結果は，表3.7のように実際の走行においてもこの設計に近い状況が得られるとともに，交通事故の発生も表3.8に示すように大きく減少しており，交通信号制御による車両の走行コントロールの成果の一つといえる[3]．

3.2.4 交通情報提供
a．交通情報提供の目的

道路上の各種のセンサや交通管制センターでテレビカメラなどを通して収集した交通情報は，その時点での道路交通の状況であって，これから先の状況はどのようになるかを表すものではない．しかしながら，このような情報，たとえば，渋滞発生の状況を知るだけでも，ドライバーにとっては，自主的なルート選択などに大きく役に立つため，道路上の電光式情報板，交通情報ラジオ，一般放送，電話・FAXなどで広く情報を提供している．

b．提供する交通情報の内容

交通情報は，主として出発前に（道路外で）これからの走行ルートの検討や，走行そのものの是非の検討に必要となる情報と，出発後に，道路上で進行方向に関する情報の二つの種類が考えられている．いずれの場合も，渋滞情報，工事・事故情報，所要時間情報などを対象として，前者については，テレビ・ラジオ放送や電話・FAXなどにより提供している．最近では，CATV，パソコン通信などのニューメディアによっても提供している．一方，道路上においては，進行方向に対する，最も重要と思われる内容を十数文字で表現した電光表示板，広範囲な複数の情報を音声の文章で表現した交通情報ラジオなどで提供している．最近では，主要な目的地（区間）までの所要時間情報に対するニーズが高く，図3.9のような所要時間のみを提供する専用板の設置も進められている．

3.2.5 経路選択の支援

車両の運転には，設定された目的地までの最適な走

表3.7 系統速度の設定による走行車両の速度制御例（大阪府警）

方向		速度	50 km/h			80 km/h		
			事前	事後	効果	事前	事後	効果
上り	旅行時間		51'37"	46'00"	− 5'37"	34'49"	38'29"	+ 3'40"
	停止回数		27	13	−14	15	24	+ 9
下り	旅行時間		53'34"	49'25"	− 4'09"	33'21"	39'50"	+ 6'29"
	停止回数		27	18	− 9	11	27	+ 16

大阪府警のデータによる．
国道170号（大阪外環状線）八丁畷交差点～柏原高校前交差点の間 30.6 km．

表3.8 信号機の高速走行抑止制御による効果（大阪府警）

深夜帯（23時～5時）における交通事故発生状況

区分	件数			死者数			傷者数		
	平成6年	過去平均	増減	平成6年	過去平均	増減	平成6年	過去平均	増減
全府下	2 559	2 589	− 30	81	90	− 9	3 717	3 924	− 207
実施路線	704	800	− 96	23	30	− 7	1 066	1 236	− 170

深夜帯（23時～5時）における速度関連交通事故発生状況

区分	件数			死者数			傷者数		
	平成6年	過去平均	増減	平成6年	過去平均	増減	平成6年	過去平均	増減
全事故	704	800	− 96	23	30	− 7	1 066	1 236	− 170
速度関連	123	160	− 37	13	15	− 2	206	270	− 64

図 3.9 所要時間専用表示板

図 3.10 複数路線の所要時間表示板（1）

表 3.9 複数路線の所要時間提供による路線利用率の変化

	提供前	提供後	増減	所要時間
国道 26 号	24.3%	26.5%	＋2.2%	28.4 分
阪神高速堺線	46.6%	42.7%	－3.9%	45.4 分
阪神高速湾岸線	29.1%	30.8%	＋1.7%	24.8 分
総交通量	21 201 台	23 052 台	—	—

図 3.11 複数路線の所要時間表示板（2）

行ルートの選択（システムからの決定）が不可欠であるが，そのためには，個々の車両が完全に把握できることが前提となる．ところが，現状においてはこのような状況に至ってないため，ドライバーの自主的な判断に基づく経路選択など，運転の支援となる種類の交通情報を提供している．

その中でも，並行して供用されている路線の，それぞれの主要な目的地までの所要時間を同時にドライバーに提供することにより，すいている路線を選択させる経路選択の支援については，各地で実施されており，効果もあがっているので，以下に説明する．

a．一般道路と都市高速道路での経路選択（大阪）[4]

大阪南部の堺方面から大阪市中心部へ向かうほぼ平行路線の，①国道 26 号，②阪神高速道路堺線，③同湾岸線の 3 路線のそれぞれの平行区間の所要時間を，3 路線の分岐点直前に所要時間表示板（図 3.10）を設置しドライバーに提供するシステムを設置した．

所要時間提供開始前後での交通状況の変化から本システムの効果を測定したところ，対象 3 路線の路線利用率の変化およびピーク時間帯（6：00～10：00）の平均所要時間（表 3.9）から，所要時間の長い阪神高速道路堺線の車両が，所要時間の短いほかの路線へ乗り換えていることが判明した．したがって，本システムのような複数路線の所要時間提供は，経路選択の支援を果たしているといえる．

b．都市間を結ぶ 3 路線の所要時間提供による経路選択（大阪－京都）[5]

大阪府北部の枚方市と京都市内を結ぶ路線には東側から，①国道 1 号，②府道京都守口線（旧国道 1 号），③国道 171 号の 3 路線があり，いずれも走行距離に大差はないものの，行政区域の違いによる交通情報の不連続性や途中に京都競馬場があるなどのため，どの路線を走行するか多くのドライバーが迷うところであった．

そこで，このいずれの路線についても，両地点においては，各路線の所要時間を同時に表示しドライバーに提供するとともに，両地点間では，主要な目的地までの所要時間をドライバーに提供するシステム（図 3.11）を構築した．

このシステムによる効果を測定するために，同時刻

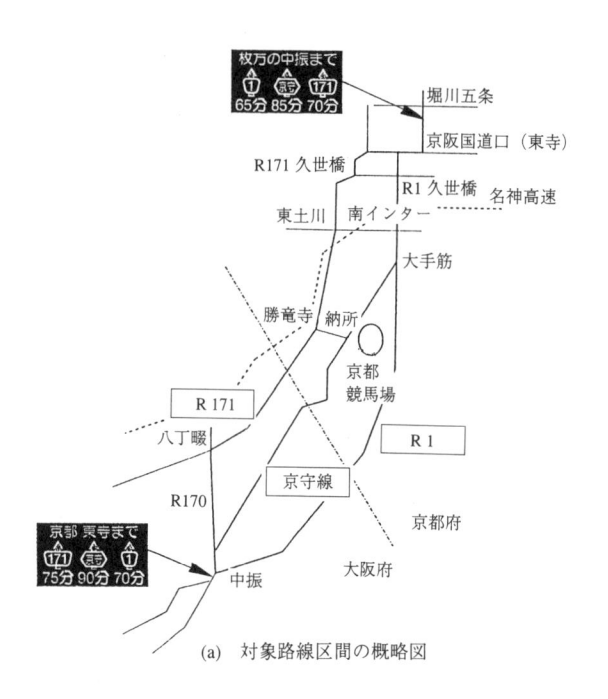

(a) 対象路線区間の概略図

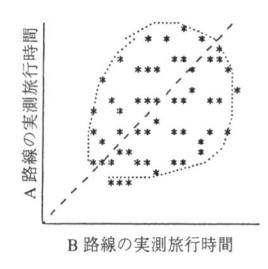

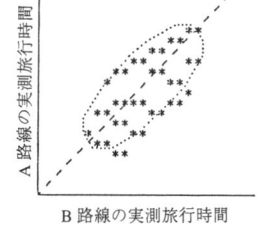

(b) 旅行時間の均等化分析の概念図

(i) 旅行時間差が大きく，バランスわるく平均旅行時間大の状態

(ii) 旅行時間差が小さく，比較的バランスがとれ平均旅行時間小の状態

実測旅行時間の路線間相関係数と路線別平均旅行時間の比較
(時間帯：6：00～21：00)

日種	前/後	実測旅行時間の路線間相関係数			平均実測旅行時間（分・秒）		
		R 1/R 171	R 1/京守	R 171/京守	R 1	京守線	R 171
平　日	事　前	0.479	0.674	0.385	51・56	56・13	57・53
	事　後	0.625	0.803	0.817	49・15	54・38	52・52
日曜日	事　前	0.759	0.703	0.559	42・22	52・14	48・29
	事　後	0.682	0.884	0.863	42・42	42・11	41・23

図 3.12　所要時間の均等化

の（実測）旅行時間の5分間平均値について，各2路線間の相関分析を行った（図3.12）．この結果，各路線間の相関の割合が高まり，つまり，所要時間の路線間の差が小さくなり，複数路線間の適正な交通流の分散化が図られている．

c．都市における駐車誘導

都市における駐車の秩序化，駐車場の空き待ち車両や駐車場探しのクルージング車両による交通渋滞の緩和，駐車場探し時の地理不案内による脇見運転に起因する交通事故の発生など駐車場に関しては問題が多かった．そのため，駐車場の位置，駐車状況，渋滞状況などに応じた経路誘導情報をドライバーに提供する駐車誘導システムが構築されている．

このシステムは，路外駐車場の利用状況を収集するための機能，収集された情報を表示可能な形に処理する機能，駐車場の配置と駐車状況などを電光式の情報板などに表示する機能などから構成されている．

このようなシステムの構築により，駐車場への効率的な到達が可能となるなどの効果があり，運転支援のための一つのシステムといえる．

3.2.6 カーナビゲーション装置を利用した経路選択の支援

近年の電子通信技術の急速な進歩により，GPSや各種のセンサを用いることにより，走行中の車両の走行位置が高精度に計測できるようになってきた．また，ディジタル地図データベースの普及が加わって，車両の走行位置・方向を車載のディスプレイの地図上に表示できるカーナビゲーション装置（図3.13）が普及してきている．

このカーナビに対して，運転に必要となる交通情報を路車間通信などを利用して直接伝送して，ディスプレイなどに表示するシステムが平成8年春から実用化されている．

これは，道路交通情報通信システム（VICS：Vehicle Information and Communication System）と呼ばれ，各都道府県公安委員会（交通管制センター）や道路管理者が収集した道路交通情報を車載装置でリアルタイムに受信することができ，そのディジタルデータを使用して，経路選択に役立てることができるシステムである．なお，本システムは，交通情報の提供を目的としており，経路誘導は行われていない．

a．VICSの目的など[6]

（ⅰ）**VICSの目的** VICSとは，旅行時間，渋滞などの道路交通情報および駐車場の満空状況などの道路交通情報を，ナビゲーションシステムなどの車載装置を通してドライバーに対してリアルタイムに提供するシステムである．VICSにより提供されるリアルタイムな情報により，ドライバーは道路交通情報を明確に把握するとともに，渋滞を避けるルートを選択することが可能となり，交通流が分散され，①渋滞の減少や解消につながり，②道路交通全体の所要時間の短縮が図られるとともに，③迷いやイライラが防止され，落ち着いた運転にも寄与する．

この結果，交通の安全，円滑はいうに及ばず，経済性の向上や騒音，排気ガスの減少といった社会公益につながると考えられている．

（ⅱ）**運営組織** このように，このシステムは公益性が高いため，運営母体として(財)道路交通情報通信システムセンター（VICSセンター）が，警察庁，郵政省，建設省の共管により設立されている．

図3.13 ナビゲーション装置

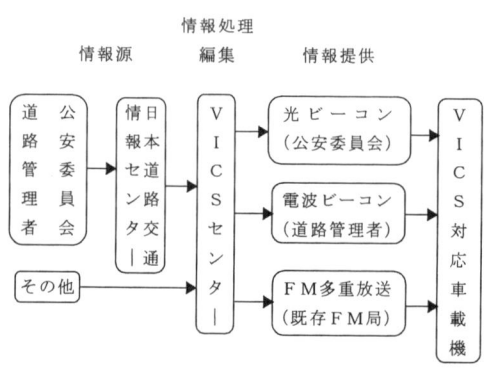

図3.14 VICSのシステム構成

文字表示型
文字により
道路交通情報を表示す
る形態。

簡易図形表示型
簡易図形により
道路交通情報を表示す
る形態。

地図表示型
車載機の持つデジタル道
路地図上に、情報を重畳
表示する形態。

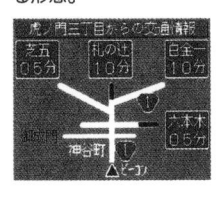

図 3.15　VICS の表示例

b．システム構成

公安委員会や道路管理者が収集した道路交通情報は，図3.14に示すように，(財)日本道路交通情報センターでまとめられて，VICSセンターに送り，ナビゲーション装置の端末で使用しやすいように情報を加工し，道路上に設置された光ビーコン，電波ビーコン（赤外線や電波を利用して，ビーコン付近を通過する車両に対してディジタルデータを送信するもの）およびFM多重放送（既存のFM放送の電波に，ディジタルデータを重ねて放送するもの）の各メディアを用いて，車両に搭載された対応受信機を通して端末装置に，文字，簡易図形および地図により情報を提供する．

車両の端末装置の実際の表示は，端末の種類によって異なるが，それぞれ図3.15のイメージとなるものと思われる．

c．情報提供メディアの特徴

光ビーコンおよび電波ビーコンによる情報提供は，ビーコン周辺の狭い範囲において行われるため，きめ細かな内容の情報が提供できる．また，光ビーコンは，情報提供のみならず，車からの情報の伝送（アップリンクという）が可能なため，これを利用して，所要時間の計測などを行うことになっている．FM多重による情報提供は，サービスエリアが広いため，広域にわたって情報提供が可能である．

これらのメディアの特性を生かし，トータルシステムとして最も効果的かつ効率的な情報提供内容および対象エリアごとの使い分けを行うこととしており，VICS情報のビーコンによる提供は，原則として，一般道路においては，公安委員会（都道府県警察）が光ビーコンを設置して行い，高速道路などにおいては，道路管理者（日本道路公団など）が電波ビーコンを設置して行うことになっている．

d．運用展開

VICSは，平成8年4月から東京，埼玉，千葉，神奈川の各地域および東名・名神高速道路の全線において，さらに，同年12月には大阪，また平成9年4月からは愛知県下において運用を開始している．

また，事業開始後7年間をめどに，愛知，京都，兵庫を加えた8都府県に運用を展開していく計画である．

e．VICS対応カーナビゲーション装置

VICSの情報を受信するためには，送信されるディジタルデータのデータ形式や，ディジタル地図に表示するための対応表（データ）が必要であるため，これらについては，VICSセンターが一括して管理をしている．

したがって，VICS情報を受信できるカーナビゲーション装置を製作する場合は，これらの技術の開示を受ける（有料）ことなどが必要になる．

これらの条件のもとに製作・販売された端末装置の使用料は無料である．

3.2.7　経路誘導

このカーナビゲーション装置では，走行位置の表示のほかに多様な機能が実現されているが，なかでも目的地までの最適（距離，時間，運転のしやすさなどの観点から）ルートを提案する機能が自動運転には有効である．最適ルートの提案に当たっては，地形的な形状など時間的に変化しない要素により最適化をする，静的経路誘導と，交通渋滞の状況やそのときの所要時間情報などの動的な情報をおもに最適化する，動的経路誘導がある．

a．静的経路誘導

カーナビの端末装置では，ディジタル方式の地図を使用しているため，地図上での目的地までの最短の距離となるルートを検索することができる．この場合，

距離的には短いかもしれないが，交通渋滞などがあり，必ずしも時間的に早いとは限らないルートであることはいうまでもない．このように，時間的に変化する要素を含まないで目的地までの経路を提案する方式を，静的経路誘導と呼んでいる．

b．動的経路誘導

動的経路誘導は，ドライバーに対して目的地までの最適経路情報を交通管制システムから提供するシステムである．交通管制システムでは，交通渋滞などのそのときどきの最新の情報を使用するため，上記の静的な経路誘導と区別しており，車両の自動運転には不可欠なシステムである．

また，動的経路誘導はさらに最終的な経路の計算（選択）を車両側で行う端末決定型経路誘導とインフラ側で行う中央決定型経路誘導の二つの種類に分かれる．いずれの方式も一長一短があるため，世界的にも見解が分かれている．日本では，現在の交通管制システムの高度化の流れの中で，警察庁が中心となり，ビーコン方式の双方向路車間通信を基本としたUTMS (Universal Traffic Management Systems，新交通管理システム) の一環として研究開発および実用化を進めている．以下では，UTMSにおける動的経路誘導を中心として説明する．

（i）サービスイメージ UTMSにおける動的経路誘導のサービスイメージは次のとおりである．

① ドライバーは車載機に目的地を入力する．
② ビーコンの通信エリアにさしかかった時点で，車載機からのアップリンク（車載機からのビーコンに対しての情報の伝送）情報として目的地を送信する．
③ ビーコンでは，あらかじめ計算して蓄積している最適経路情報の中から，当該車両の目的地までのリンク（路線）列などを編集し，車載機に対してダウンリンク（ビーコンから車載機に対しての情報の伝送）情報として提供する．
④ 車載機では，受信した情報に基づき目的地までの経路，所要時間，経由地点名などを図3.16のように表示する．

（ii）提供情報 UTMSにおける動的経路誘導は，交通流全体を最適にすることを最終目的としている．しかしながら，これを実現できるだけの車載機が普及するまでの間は，各車載機に対する個別最適の経路誘導を行うことになる．双方向通信機能をもった車載機の普及を促すためには，センターからの経路誘導が車載機単独で行う経路誘導よりも有用なものでなければならず，ドライバーの立場に立って欲しい情報を検討した結果，車載機に対しては，次の内容の情報を提供することにしている．

① 目的地までの経路：3ルート（平場のみの利用ルート，高速道路利用ルートを含める）
② 目的地までの予測所要時間
③ 目的地までの距離
④ 経由地点名

（iii）提供する情報の範囲 車載機で提供された経路を地図上に表示する場合に，経路は起点から終点まで表示されたほうがドライバーにとってはありがたいであろうが，長距離にわたる経路をビーコンから車載機へ伝送することは不可能である．道路交通におけるトリップの82.4％は30 km以内であるとの調査結果（昭和60年道路交通センサス）があることから，詳細なリンクのつながりとして提供する経路は，現在地からおおむね30 kmの範囲にとどめることとしている．

したがって，提供経路以遠に目的地をもつドライバーは，進行するとともに提供される経路は先へ延びていくことになる．

なお，上記のトリップ長は全国平均値であるため，トリップが短い大都市圏では，経路を提供する範囲をさらに短くすることも可能であろう．

（iv）車載機とインフラとの機能分担 インフラからの経路誘導と車載機のもつ経路誘導機能との役割分担として，インフラからは，交通流予測に基づいた比較的長い距離での重要道路上の経路誘導を行い，目的地に接近したらその先の目的地近辺や重要道路に囲まれたブロック内は，車載機が自分のデータベースと経路探索機能を用いて最終目的地までの誘導を行う方法をとることとしている．

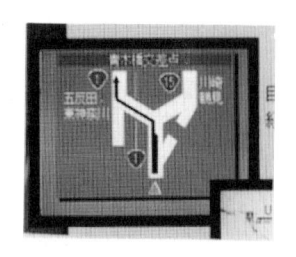

図3.16 経路誘導のディスプレイの表示イメージ

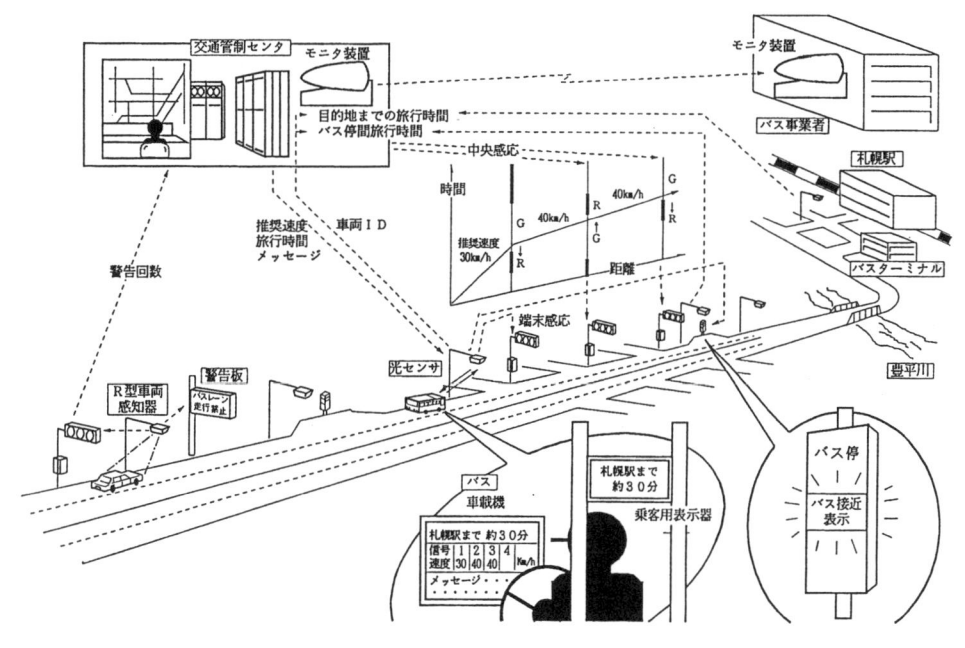

図 3.17 バス優先システム例（札幌市）

c．経路誘導システム例

車載装置へ直接ではなく，運送業，タクシー会社の基地局など主として事業所で利用することを目的とした経路誘導システムが運用されているので，簡単に説明する．

このシステムは，ATIS（株式会社道路交通情報サービス：東京都の第三セクターが運営）と呼ばれ，大型コンピュータを中央装置として，端末装置とは電話または専用線で接続して経路誘導と交通情報の提供を行っている．経路誘導は，東京都内の出発地点と目的地点を入力すると，その時点の交通管制システムの情報をもとに，中央装置で所要時間を含めた推奨経路を最大3ルートまで計算して提供している．このシステムでは，経路をすべて中央装置で行う方式であるため，将来的には，交通流全体の管理を考慮した経路誘導へ発展できる可能性がある．また，このシステムでは，（財）日本道路交通情報センターを通じて収集した首都圏の道路交通情報も併せて提供している．

3.2.8 公共車両の優先通行への支援

バスレーンの実行確保や優先信号制御などを通じて，バスなどの公共車両の定時運行の確保を目的としたシステムが構築されており，広い意味での走行の支援となろう．なかでも，札幌市内においては，図3.17に示すように，ビーコンによる双方向通信を利用して，バスと交通管制システムがデータで結合され，優先信号制御やバスの運行管理から乗客への交通情報提供まで幅広いフィールドテストを計画しており，限られた車両の自動運転へ結びつくものであろう．

3.2.9 総合管制技術の研究開発

車両の運転に不可欠である交通管制技術は，現在研究開発が行われている最中であり，一部の技術なりシステムはフィールドテストを経て実用化へ進みつつあるが，いずれの方式にしても，個別車両とインフラ側との双方向のデータ伝送の確立が前提条件となる．

[田中好巳]

参考文献

1) 社団法人交通工学研究会：交通信号の手引，平成6年7月，p.97
2) 日本交通管理技術協会：信号機なんでも読本，p.44
3) 大阪府警：交通管制システム
4) 大阪府警察交通管制課：複数路線の旅行時間提供
5) 関 文英，田中良平：複数路線の旅行時間提供による分散効果，ITS-WC第2回発表論文（1995）
6) 警察時報，平成7年9月号，第50巻，p.31-38，警察時報社

3.3 新交通システムおよび他の交通システムとの調和

3.3.1 新交通システム再考

東京にあるJR山手線の新大久保駅は，大正3年11月11日に開業された．約80年経過した今日でも相変わらず新大久保とは違和感がある．近くの大久保駅と区別するための苦肉の策であったとはいえ，いまとなってはやや安易な命名だったといいたい（ちなみに大久保駅は明治28年5月5日開業）．もっとも，安易さは新交通システムについても同断であるが，その背景はやや複雑である．

新交通システムなる言葉が，にわかに世間の注目を集めるようになったのは1960年代末のことだった．交通事故，大気汚染，道路混雑の急激な高まりに対して，人々は，それらの邪悪を断ち切る救世主のような手段の出現を渇望した．そして，まだ見ぬその夢のような交通手段を，アポロ計画で成功を収めたシステム工学にあやかり，新交通システムといち早く命名したのである．そもそも，交通システムがすでに存在していたわけでもなく，また区別されるべき具体的"新交通システム"が出現したからでもなかった．あくまでも概念的な願望であり，命名には二重の飛躍があったといえる．

ともあれ，人々の熱い期待に応えて，自動車工業会は1970年の大阪万博で計算機制御の交通ゲームを出展し，71年第18回モーターショーでは，さらに発展型の個別輸送モデルを公開実験した．そして自動車技術は1972年11月号に新交通システム特集を組み，機械学会誌でも同年5月に都市交通問題を小特集した．アメリカにおいても，SAE大会で特別セッションが設けられ，ダレス空港隣接地で大々的にTranspo'72が開催されるなど，"新交通"は世界的ブームとなった．

これらの現象に至るまで，世界各地で膨大な研究が実施されていたが，次の二つの成書が代表的成果であり，影響も大きかった．

まず通称ブキャナン・レポート．この1963年に公刊されたTraffic in Towns は，"自動車の急激な増加とその広汎な普及により起こる問題は，現代社会の直面する問題の中で，おそらく，最も解決困難なものの一つであろう"，と認識し，解決策の原則を整理して示した．

どちらかといえば都市計画論に軸足を定め，現状分析と原則列挙に比重をおいた総論的同書に対し，具体的解答となったのが，1968年に出たTomorrow's Transportationである．

この報告書は，アメリカ都市住宅省が，17の研究機関と契約し，18か月かけて実施した膨大な研究結果をさらに集約したものである．さすがシステム工学手法が駆使されただけあって，その結論はいまもって色褪せていない．

すなわち，まず利用の機会均等，サービスの質，土地有効利用など，八つの都市交通問題点を分析し，解決策として，①現在の都市交通システムの改善，②未来のための革新的システム開発，の二本建てで進むべきことを体系的に示した．改善提案の中には，バスを有効に活用するためのさまざまな改良，トンネル掘削技術の飛躍的改善など，どちらかといえば地味な，しかし現在着実に進展している方策が指摘されていたのはさすがといえよう．

さらに，②の最後に，Dial-A-Bus, Personal Rapid Transit (PRT), Dual Mode Vehicle Systems, Automated Dual Mode Bus, Pallet or Ferry Systems, Fast Intraurban Transit Links, New Systems for Major Activity Centersの七つのシステムが有望と述べた．みてのとおり，陸上交通のそれぞれの領域をカバーする，新しいコンセプトに基づくサブシステムの総合である．そしてその中のいくつかが，先のTranspo'72でデモンストレーションされていくが，決して単一の万能交通手段を解答したものではなかった．

わが国では，1994年9月に広島に導入されたアストラムが，新交通システムと称されたように，"新交通"に予断があるように感ずる．専用軌道上を，コンピュータ制御で走行する連結バス（ただしまだ有人運転）を，何となく新交通システムという．確かに従来にない要素があるから"新"を冠して悪いわけではない．しかし，これまでみてきたように，それが新交通システムそのものとは違和感を抱く．あくまでも要素の一つなのである．

JIS B 0155では，システムを"指定した機能を実行するために，所定の目的を達成するように組織的に構築した相互に依存する要素の集合"と定義する．われわれが果たすべき使命は，人と物の安全，迅速，円滑な移動であろう．この共通目的の前には，自動車とて有能であるが一サブシステムとみなされる．

交通の現状はブキャナン・レポートの記述とほとんど変わっていない．依然この困難な問題解決のためには，既存交通の地道な改善の積み上げと，技術革新をたくましく取り込んだ新しい交通の開発が必要なのである．

きたるべき明日に向けての，その新しい総体こそ新交通システムと呼ぶにふさわしい．

3.3.2 既存交通システムの改善
a．既存交通手段の利便性向上
鉄道やバスなどの既存交通手段は大量輸送という視点で優れているが，自在性や連続性など利用者の移動ニーズへの対応という視点では自動車に劣っている．運営方法の改善や部分的改良で自動車の利便性に近づくような工夫が求められている．

（i） 乗り換えの解消（door to door 性の向上）
本来，出発地と目的地は移動者によってそれぞれ異なっているが，鉄道やバスでは運行路線が固定されている．利用者は，路線と路線の結節点で，乗り換えという時間的にも行動的にも非効率的な負担をしている．出発地から目的地までの乗り換えを少なくすることで利便性の向上を図ることができる．

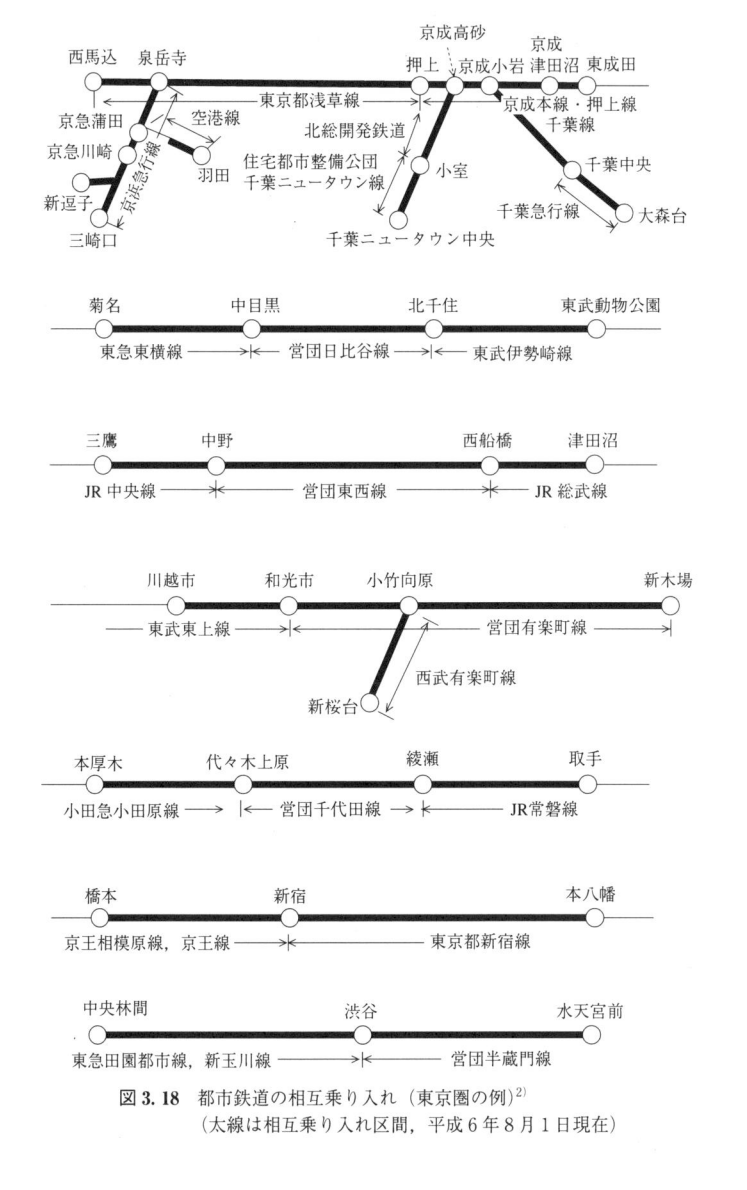

図 3.18 都市鉄道の相互乗り入れ（東京圏の例）[2]
（太線は相互乗り入れ区間，平成 6 年 8 月 1 日現在）

長距離高速バスは，高速道路を利用し多様な目的地へ直通バスを運行する[1]．数十人の車両定員程度の交通需要があれば，バスの運行が可能であることに着眼したシステムである．同一路線の運行頻度は多くないにもかかわらず，開業以来，急速に普及してきている．

鉄道路線の相互乗り入れは，運営主体が異なる郊外路線から都心路線に直通列車を運行し，乗り換えなしに都心部に乗り入れることを可能にする（図3.18）．相互乗り入れのためには，料金収入の取決めや運行車両の配備など，複数の運営主体による調整が必要なことに加え，場合によっては接続のための路線新設も必要となる．

既存路線を越えての直通運転は，従来の運行路線の枠にとらわれず，ホームターミナル駅を越えて他路線まで延長運行するもの．空港へのアクセス，スキーや観光用の列車などで延長運行されている．

（ⅱ）利用時間制約の解消　人々の移動は時間を問わず発生する．深夜の交通需要は鉄道を運行するには十分でなく，終電車後の代替交通手段が求められる．

深夜急行バスは，終電車後に大都市圏の中心部から郊外の主要鉄道駅に向けて急行バスを運行している．深夜バスは，通常のバス運行時間以降に，郊外の鉄道駅と周辺の団地などを結ぶバスを特別な運賃体系で運行しており，郊外駅からの端末交通手段の提供を行っている．

（ⅲ）利用者に応じたサービス，情報提供　移動者のニーズの多様化に対応してさまざまなサービスがなされている[3]．女性の旅行者のための深夜高速バス女性専用車や寝台特急のレディスカーの設定，グループ旅行者のための新幹線個室の設定などである．通勤者のためには，朝，晩のピーク時間帯に座席定員制の列車が運行されている．

情報提供は，乗り換えや所要時間などを知らせることで，利用客の精神的ストレスを減少させ，安心感を与えることができる．

鉄道では，車内の電光掲示板で，次の停車駅名や乗り換え線を表示したり，主要駅までの所要時間を知らせたりできる車両が増えている．プラットホームで，次に到着する電車の到着時刻や行き先，急行や各駅停車の列車が混走しているときは停車する駅などを，電光表示板や可変路線運行板などで表示している．

バスでは，新都市バスシステムの中で，バスロケーションシステムが導入されつつある．バス停の可変表

図3.19　バスロケーションシステム（横浜市BOISの例）
資料提供：横浜市交通局[4]

示板に，バスが到着するまでの時間を路線別に表示したり，主要停留所までの所要時間の目安を表示している（図3.19）．

b．公共交通手段と自動車との結合

公共交通手段の大量輸送性，定時性という利点と，個別輸送の自動車の利点とをうまく補完するような組合せが考えられる．出発地や目的地周辺の交通需要が個別的になる場所では自動車を使い，幹線などの交通需要がまとまっている場所では鉄道やバスの大量輸送手段を利用する方法である．

（ⅰ）パーク＆ライド，キス＆ライド　都市圏の周辺部において，自宅から近くの鉄道駅までは自動車を利用し，そこから交通網が整備されている都心へは鉄道を利用する．

パーク＆ライドは，自分が駅まで運転していった自動車を駅周辺の駐車場に駐車して電車に乗り換えて，キス＆ライドは，駅までほかの人に自動車で送迎してもらい，電車に乗り換えて目的地までいくシステムである．駅周辺での駐車場の整備や送迎用車両の乗降スペースの整備など，バスやタクシー乗り場などと合わせて駅周辺施設の一体的な整備が重要になる．

（ⅱ）カートレイン，フェリー　長距離の移動や海を渡るなど自動車の利用がむずかしい場合には，利用者とともに自動車を運搬するカートレインやフェリーが有効になる．

カートレインは客車と自動車を載せる貨車とを同じ列車に連結したもので，日本では，東京から九州や北海道への列車が運行（季節限定運行）されている（図3.20）．

カーフェリーは，海を渡すことを主目的とした短距離フェリーも多いが，長距離フェリーも数多く運行されている．長距離フェリーでは，運転する労力から解放されるなどの利点がある．

図 3.20　カートレイン[3]

（iii）パッケージ化　長距離の移動と目的地周辺での自動車の利用をセットで予約するソフトウェアのシステム[3]．飛行機や鉄道のチケットを購入する際に，目的地周辺でのレンタカーの予約がセットでできるジェット＆ドライブやレール＆レンタカーがある．

c．導入の状況（事例）

（i）神戸のパーク＆ライド　神戸市では郊外部に住宅地を開発するに当たり，都心部への自動車交通を最小限に抑えることを目的として，パーク＆ライドを実施している（図 3.21）．

箕谷のパーク＆バスライドを含め，地下鉄沿線に9か所のパーク＆ライド用駐車場を整備している（表3.10）．名谷，学園都市，西神中央の各駅では，平日の余裕分の有効利用を図り，商業施設の駐車場を使用している．

（ii）ブルーゾーン計画（独）　ドイツのミュン

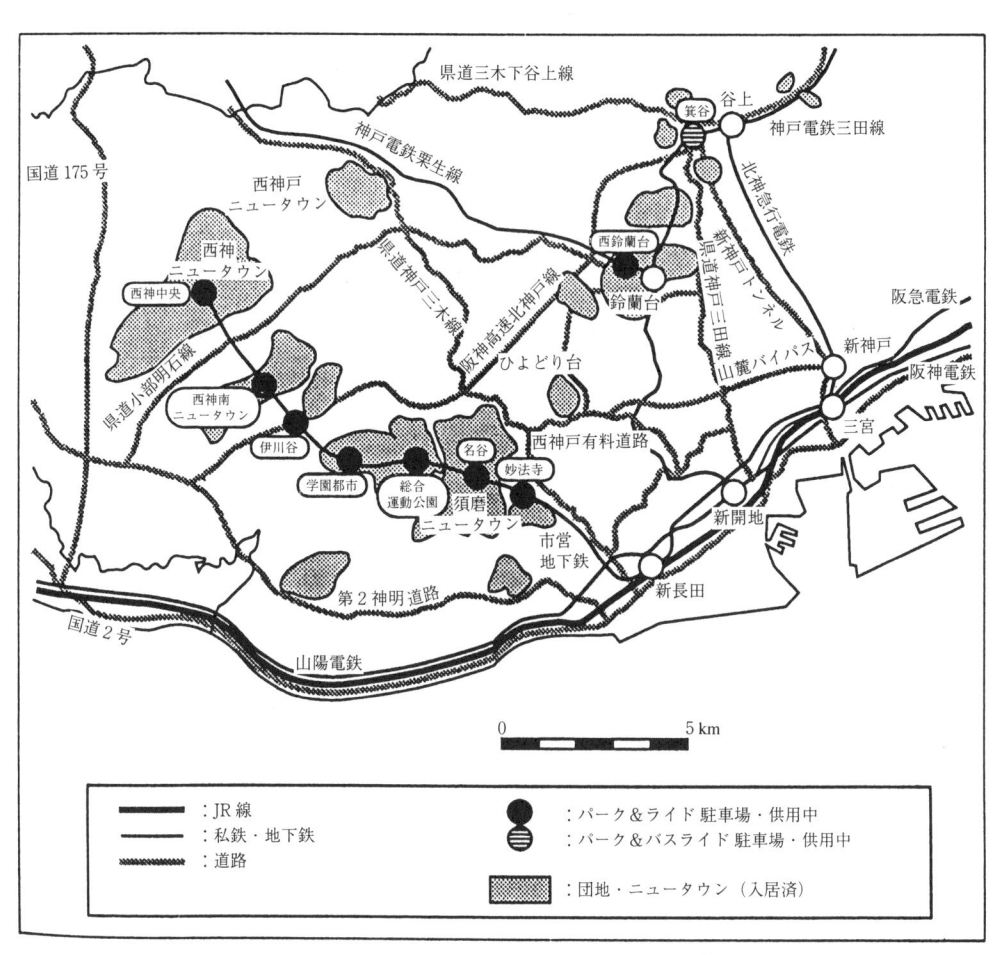

図 3.21　神戸市のパーク＆ライド駐車場位置図[5]

3. 道路，駐車，新交通システムおよびその他の交通手段との調和

表 3.10　神戸市のパーク&ライド駐車場の設置状況[5]

	供用開始	最寄り駅 (バス停)	収容台数	利用時間	内平日定期利用 (パーク&ライド)
箕　　　　谷	昭和 51 年 6 月 1 日	神戸電鉄箕谷駅 (箕谷バス停)	380 台	6：00～23：00	
名　　　　谷	昭和 52 年 3 月 13 日	市営地下鉄 名谷駅	2 000 台	6：00～24：00	550 台
西　鈴　蘭　台	昭和 55 年 5 月 1 日	神戸電鉄 西鈴蘭台駅	52 台	7：00～22：00	
妙　法　寺	昭和 57 年 7 月 10 日	市営地下鉄 妙法寺駅	340 台	5：00～24：00	200 台
総 合 運 動 公 園	昭和 60 年 7 月 20 日	市営地下鉄 総合運動公園駅	約 600 台	終　日	50 台
学　園　都　市	昭和 61 年 3 月 28 日	市営地下鉄 学園都市駅	600 台	6：00～24：00	410 台
伊　川　谷	平成元年 12 月 1 日	市営地下鉄 伊川谷駅	238 台	6：00～0：30	190 台
西　神　中　央	平成元年 11 月 24 日	市営地下鉄 西神中央駅	2 500 台	6：00～0：30	1 000 台
	平成 2 年 9 月 17 日		555 台	6：00～0：30	150 台
西神南ニュータウン駅	平成 5 年春	市営地下鉄 西神南ニュータウン駅	800 台		

(注)　収容台数には，パーク&ライド利用のほか，一般利用を含む．
資料：神戸市

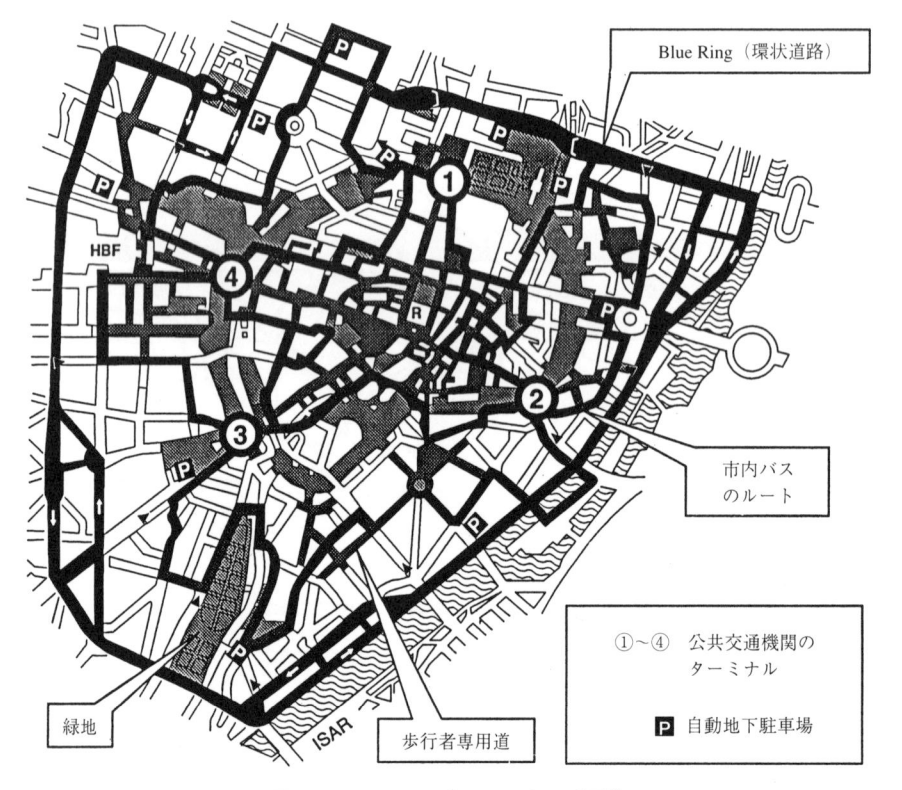

図 3.22　ミュンヘン市ブルーゾーン計画 [6]

ヘン市中心部における"ブルーゾーン"は，都市内のモビリティを確保しつつ環境面で需要可能な都市交通を構築することを目的としている．

おもな施策には，ブルーゾーン（市中心部，5.3 km²）内への自動車進入制限とブルーリング（環状道路）付近での市内バスへの乗り換え，パーク＆バスライド用の自動地下駐車場の設置，ピーク時5分間隔の頻度で市内バスの運行，緑地や歩行者専用道の拡大などがある（図3.22）．

3.3.3 新しい交通システムの開発
a．都市交通手段の適合範囲

都市の交通体系を考えると，既存の交通手段では十分な交通サービスが提供されていない領域が存在する．その領域に新しい交通システムが必要とされている．

都市における交通手段の輸送特性を，移動距離と利用者密度とを軸にして二次元的に表すと図3.23のようになる[7]．既存の交通手段では，自動車が利用者密度が低い領域で，バスが中程度の利用者密度の領域で，鉄道・地下鉄が利用者密度が高く移動距離も長い領域で適しているという分担関係がみられる．

ところが，近距離の移動で利用者密度が高い領域A，鉄道を整備するほどの需要はないがバスでは処理できない領域B，利用者密度が十分でなく固定的な公共交通サービスが困難な領域Cなど，既存交通手段が不得意な領域が存在していることがわかる．新しい交通システムはこのような領域での交通手段を提供しようとするものであり，領域Aでは動く歩道などの連続輸送システムが，領域Bではモノレールを含めた中量軌道システムが，領域Cではディマンドバスなどの無軌道輸送システムが有効と考えられている．

b．新しい交通システムの種類と特徴

新しい交通システムは1970年代から数多くの種類が開発されており，主要構成要素である移動具，通路，動力源，管理方式の特徴に応じて細かく分類することが可能である（図3.24）．しかし，ここでは運輸技術審議会答申（1971年）の分類をベースに整理[9～11]

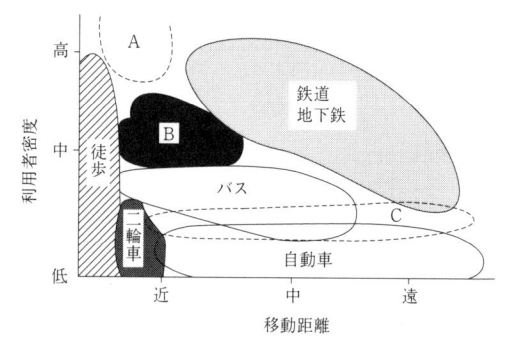

図3.23 都市交通手段の適合範囲[7]

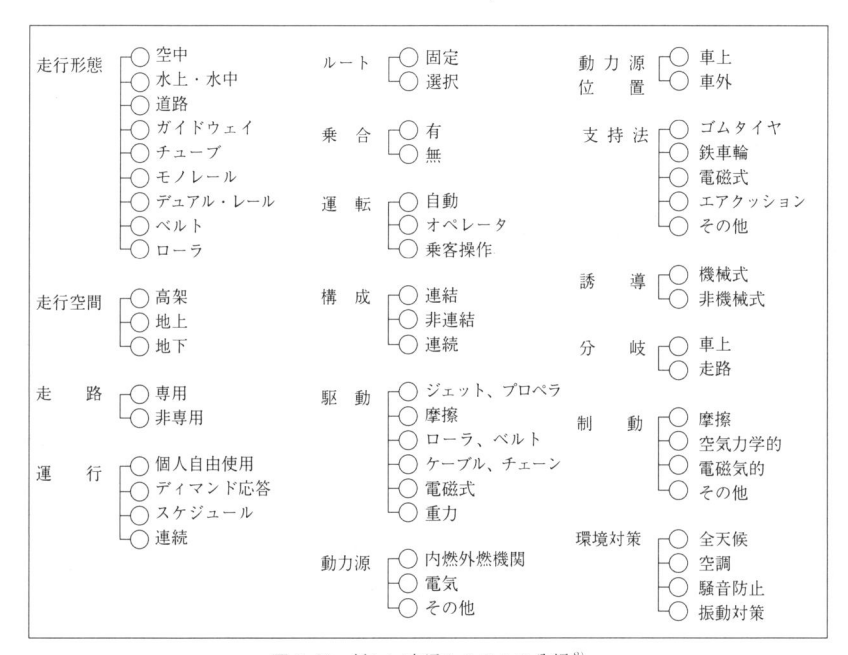

図3.24 新しい交通システムの分類[8]

表 3.11 新しい交通システムの特徴

システム分類			システム概念	適応領域	システムの特徴	開発システム・実用化路線（例）
連続輸送システム	動く歩道型		動く歩道，または動く歩道を高速化したシステム	部分的に交通密度が高く，1 km 前後以内の短距離移動を大量に輸送（5 000～40 000人/h）	連続輸送で待ち時間がない，短距離ではアクセス時間を考慮すると最も速い	加速式動く歩道 スパイラルエスカレータ
	キャビン型		キャビンがベルトコンベア上を走行したり，ロープをつかんで走行するシステム			カーレータ（日） ベルチカ（日） SKシステム（仏）
軌道輸送システム	個別軌道システム	PRT	2～6人乗りの個別車両がネットワーク状の専用軌道を自動走行するシステム	都心部などの交通密度が高い場所で，比較的広範囲をカバー	ディマンド運行，軌道タクシーのイメージ	CVS（日） キャビネンタクシー（独）
	中量軌道システム	GRT	小型バス程度の乗合制車両が，複数のルートをもつ専用軌道を自動走行するシステム	PRTとSLTとの中間的領域	ディマンドまたはスケジュール運行，軌道乗合バスのイメージ	エアートランス（ダラス・フォートワース空港）（米） モルガンタウンPRT（米）
		SLT	中型バス程度の車両が列車編成で，単純なルートの専用軌道を自動走行するシステム	バスと鉄道輸送との中間的な5 000～20 000人/hの輸送量で，5～20 kmの移動距離をカバー	スケジュール運行，列車タイプで鉄道と同じだが，建設費・運営費が安価	神戸ポートアイランド線 大阪南港ポートタウン線 横浜金沢シーサイドライン
	都市モノレール		高架に設置された1本の桁状の軌道を跨座または懸垂走行するシステム（有人運転）			東京モノレール羽田線 千葉都市モノレール
無軌道輸送システム	ディマンドバスシステム		ある一定地域内で，乗客のディマンドに対応して運行するバスシステム	ある程度の交通密度はあるが，従来のバス路線の設定がむずかしい地域	インフラに大きな投資を必要としない	東急コーチ（路線の一部区間でディマンド運行） 大阪府能勢（阪急バス）
	シティカーシステム		複数の小型車両をコンピュータで車両管理し，公共的に共用利用するシステム	都心部などの交通密度が高い場所で，比較的広範囲をカバー	自動車の共同使用による車両の有効利用	タウン・スパイダー・システム（日） ホワイトカー・システム（蘭）
複合輸送システム	デュアルモードシステム		一般道路を走行する機能と，専用軌道を自動走行する機能をもつ，複合両用システム	バスと鉄道輸送との中間的な輸送量で，5～20 kmの移動距離をカバー	乗り換えなしの一貫輸送と幹線路での迅速性を提供	デュアルモードバスシステム（日） O-バーン（独） 名古屋ガイドウェイバス

し，代表的システムの特徴を紹介する（表 3.11）.

（i）連続輸送システム 通常は乗降のためにシステムが停止せず，短距離移動の大量輸送に適したシステム．動く歩道を高速化したものやベルトにカプセルを載せたタイプがある．移動速度は高速化されたもので 20 km/h 前後とあまり速くないが，待ち時間がないなどアクセス性がよいので，都心部や交通機関の結節点などで方向性をもった人の流れが多い場所に用いられると威力を発揮する．

動く歩道タイプでは，乗降時には従来の動く歩道と同じ低速だが，加減速部で踏み板が横方向にスライドすることにより高速の移動を可能にするシステムや，豊かさや遊びを取り入れたスパイラルエスカレータ（図 3.25）などが開発されている．

キャビンタイプでは，乗降時用の低速度と高速移動

図 3.25 スパイラルエスカレータ[12]

用の高速度ベルトコンベアにキャビンを載せたものや，横浜博でも使用されたロープをつかんでキャビンが走行するSKシステムなどが開発されている[13]．

（ii）**軌道輸送システム** 軌道で誘導されるすべての車両システムをさす．当初これらのシステムはコンピュータを駆使した自動走行を念頭にしていたため，AGT（Automated Guideway Transit）という概念で分類されるようになり，個別軌道システムのPRT，中量軌道システムのGRT（Group Rapid Transit）およびSLT（Shuttle-Loop Transit）が含まれる．

個別軌道システムは，交通需要が多い都市内でネットワーク化された軌道上を，小型の車両をコンピュータ制御で自動走行させるシステムで，軌道タクシーと呼べるものである．日本では，CVS（Computer-controlled Vehicle System）が（財）機械振興協会において開発され，沖縄海洋博で供用されたが，本格的な導入には至っていない．

中量軌道システムは，バス輸送と鉄道輸送の中間的な5 000～20 000人/h程度の輸送能力をもち，5～20 kmの路線長で中程度の移動距離をカバーしている．車両の軽量化や軌道構造の簡易化により鉄道・地下鉄に比べて建設費を安く抑えることができるため，地方中核都市や大都市近郊地域での公共輸送手段として期待されている．

この中量軌道システムには，小型バス程度の車両で分岐を有する多少複雑な路線を乗客の呼出しに応じて柔軟に運行するGRTと，往復路線やループなどの単純な路線を列車編成タイプの車両がスケジュール運行するSLTとがある．日本で一般的に"新交通システム"と呼ばれ，数多く導入されているシステムはほぼSLTに相当する．

また現在では，鉄道とバスとの中間的輸送力をもち，システム形態が似ている都市モノレールも中量軌道システムの一つに含められている．

（iii）**無軌道輸送システム** 従来の自動車を利用して，運行方式や制御などのソフトウェアを改良することにより，輸送効率およびサービス向上を図るシステム．

利用者密度の低い地域での公共交通サービスを提供することをねらったディマンドバスや電話予約バス・サービス（dial-a-ride）が考えられている．日本では，大阪府能勢町のディマンドバスや鬼怒川温泉のダイヤルバスなどの営業がなされている．

また，都心部の業務交通のような面的交通に適するように，コンピュータで車両管理し，複数の小型自動車を公共的に共用利用して車両の利用密度を上げる"シティカーシステム"も考えられている．

（iv）**複合システム** 一般道路では自動車そのものの機能を有し，専用軌道上では自動走行など軌道システムとして運用される，自動車をベースとした複合両用のシステムである．幹線部のシャトルサービスは専用軌道で迅速に，周辺部では一般道路でフィーダーサービスがなされ，乗り換えなしの一貫輸送，door to door性が確保できる．

日本では，建設省土木研究所が中心になって開発した，専用軌道上では自動走行する電気駆動デュアル・モード・バスシステムがある．また，既存バス車両に簡単な案内輪を付加して自動操舵で専用軌道を走行する，デュアルモード機能を備えたガイドウェイバスも開発されている．

c．日本国内の新しい交通システム例

（i）**軌道輸送システム**

（1）**国内導入状況**： 日本国内においても数多くの新しい交通システムが，実用化導入されている（表3.12，3.13）．その多くは，単純な路線形状，列車編

表3.12 日本における導入例

○都市モノレール，☆新交通システム

事業者名・路線名	開業年月
○東京モノレール羽田線	1964. 9
○湘南モノレール・江ノ島線	1970. 3
☆神戸新交通・ポートアイランド線	1981. 2
☆大阪市・南港ポートタウン線	1981. 3
☆山万・ユーカリが丘線	1982. 11
☆埼玉新都市交通・伊奈線	1983. 12
☆北九州高速鉄道・小倉線	1985. 1
○千葉都市モノレール2号線	1988. 3
☆横浜新都市交通・金沢シーサイドライン	1989. 7
☆神戸新交通・六甲アイランド線	1990. 2
○大阪高速鉄道・大阪モノレール線	1990. 6
☆桃花台新交通・桃花台線	1991. 3
○千葉都市モノレール2号線（延伸）	1991. 6
○東京モノレール羽田線（延伸）	1993. 9
☆広島高速交通・アストラムライン	1994. 8
○大阪高速鉄道・大阪モノレール線（延伸）	1994. 9
☆東京臨海新交通・臨海線（ゆりかもめ）	1995. 11
○大阪高速鉄道・大阪モノレール線（延伸）	1997. 8
☆大阪港トランスポートシステム・南港・港区連絡線	1997. 12
○多摩都市モノレール・多摩南北線	(1998. 4)
○東京モノレール羽田線（延伸）	(1999. 4)
○千葉都市モノレール1号線	(1999年度)
○名古屋ガイドウェイバス・志段味線	(1999年度)

表 3.13 おもな新交通システムの概要

神戸新交通(株) ポートアイランド線（兵庫県）	大阪市 南港ポートタウン線（大阪府）	埼玉新都市交通(株) 伊奈線（埼玉県）
区間　　：三宮～中公園（9駅） キロ程　：6.4 km 所要時間：18分 1981年2月5日開業	区間　　：中ふ頭～住之江公園（8駅） キロ程　：6.6 km 所要時間：14分30秒 1981年3月16日開業	区間　　：大宮～内宿（13駅） キロ程　：12.7 km 所要時間：25分 1983年12月22日開業 
側方案内軌条式新交通システム， 無人運転 保有車両：72両 1編成　：6両 輸送人員：53 833人/日（1993年度） 建設費　：437億円（68億円/km） 　　　事業者施行分　211億円 　　　公共事業等　　226億円	 側方案内軌条式新交通システム， ワンマン・無人運転 保有車両：72両 1編成　：4両 輸送人員：58 186人/日（1993年度） 建設費　：420億円（61億円/km） 　　　事業者施行分　231億円 　　　公共事業等　　189億円	 側方案内軌条式新交通システム， ワンマン運転 保有車両：54両 1編成　：6両 輸送人員：32 519人/日（1993年度） 建設費　：304億円（24億円/km） 　　　事業者施行分　276億円 　　　公共事業等　　304億円
新横浜都市交通(株) 金沢シーサイドライン（神奈川県）	神戸新交通(株) 六甲アイランド線（兵庫県）	桃花台新交通(株) 桃花台線（愛知県）
区間　　：新杉田～金沢八景（14駅） キロ程　：10.6 km 所要時間：25分25秒 1989年7月5日暫定開業	区間　　：住吉～マリンパーク（6駅） キロ程　：4.5 km 所要時間：10分 1990年2月21日開業	区間　　：小牧～桃花台東（7駅） キロ程　：7.4 km 所要時間：14分55秒・15分05秒 1991年3月25日開業 
側方案内軌条式新交通システム， 無人運転 保有車両：85両 1編成　：5両 輸送人員：52 410人/日（1993年度） 建設費　：604億円（57億円/km） 　　　事業者施行分　281億円 　　　公共事業等　　323億円	 側方案内軌条式新交通システム， 無人運転 保有車両：40両 1編成　：4両 輸送人員：27 149人/日（1993年度） 建設費　：388億円（86億円/km） 　　　事業者施行分　166億円 　　　公共事業等　　222億円	 中央案内軌条式新交通システム， ワンマン運転 保有車両：20両 1編成　：4両 輸送人員：4 081人/日（1993年度） 建設費　：311億円（40億円/km） 　　　事業者施行分　155億円 　　　公共事業等　　156億円

成運行形式の中量軌道シャトル-ループ-トランジット（SLT）のシステムである．

建設コストが安く，ある程度の交通需要があれば採算がとれるという利点から，大都市圏の新規開発地域と既存鉄道駅を結ぶ路線や，地方中核都市の軌道系交通手段の一翼を担う路線として導入されている（図3.26）．

（2）ハード面での特徴：　日本で導入されている新しい交通システムの車両は中型バスの大きさで，車両の長さは 8 m 前後，重量は 11 t 前後と，一般的な鉄道車両に比べて長さで半分以下，重量で約 1/3 である[15]．このことにより，軌道や駅などの構造物を小

3.3 新交通システムおよび他の交通システムとの調和

ポートアイランド線（神戸市）

南港ポートタウン線（大阪市）

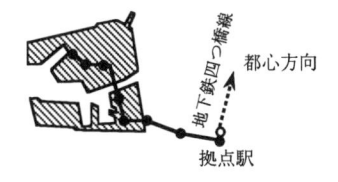

金沢シーサイドライン（横浜市）

桃花台線（小牧市）

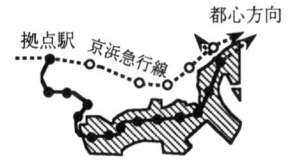

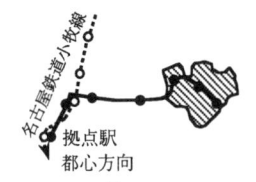

図 3.26 路線形態および都市開発形態 [14]

さくし軌道建設費を低く抑えることができる，小さな曲線半径での走行が可能になり狭い道路空間での軌道建設の自由度を増すことができるなどの特徴を発揮している．

案内方式は，側方案内と中央案内とに大別される．一部のシステムで中央案内方式が採用されているが，軌道走行面を平坦にすることが可能で走行路を避難路として使える，分岐構造を比較的簡単な構造とすることができるなどの理由から，日本では側方案内方式が標準方式として多く採用されている．

分岐方式は，地上選択分岐と車上選択分岐とがある．日本のシステムでは，列車編成タイプで路線が単純で分岐も少ないため，地上選択方式（水平可動案内板方式）が標準になっている（図 3.27）．ただし，複雑なネットワークの路線上に多数の車両を短い車頭間隔で走行させるシステムにおいては，車上選択分岐方式が適している．

アストラムライン（事例）: 広島アストラムラインは，1994 年 9 月に運行開始した中量軌道システムである．広島市中心部と広島西部丘陵地域とを路線延長 18.4 km（うち，都心部 1.9 km は地下），平均駅間距離 920 m で駅数 21 駅で，6 両編成の列車をワンマン運転でシャトルサービスしている（図 3.28）．都心部よりの区間（本通～大町）では，ラッシュ時 3 分，日中 10 分間隔で運行している．路線所要時間は 37 分，平均運行速度は約 30 km/h である（表 3.14）．

車両は長さ 8 m（先頭者は 8.15 m），空車重量約 11 t で，6 両編成での車両定員は 286 人となっている（図 3.29）．車輪には偏平率 70％，直径 940 mm の中子式気体入りゴムタイヤを採用し，車両重心高の引下げ，タイヤ接地幅の増大により走行安定性を向上させている．案内方式は側方案内で，電車線電圧は直流 750 V，運転最高速度は 60 km/h である．

既存交通機関との接続は，都心部側の本通駅と県庁前駅で路面電車ネットワークに接続しており，県庁前駅で中心部郊外バスターミナルと，大町駅で JR 可部駅とに接続している．さらに，アストラムラインと周辺市街地とを連絡するフィーダバスのターミナルが中筋，大町，上安の 3 か所の駅で設置され，不動院前駅～広域公園駅の郊外部の 16 駅には駐輪場が併設されるなど，広島都市圏の交通体系の一翼を担うシステム

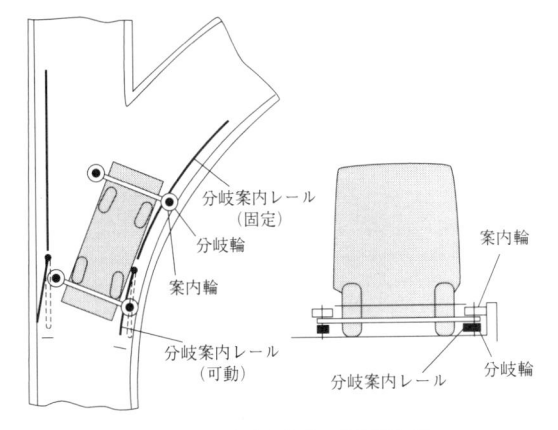

図 3.27 側方案内方式の分岐構造 [10]

図 3.28 アストラムライン路線図[16]

図 3.29 アストラムライン車両[17]

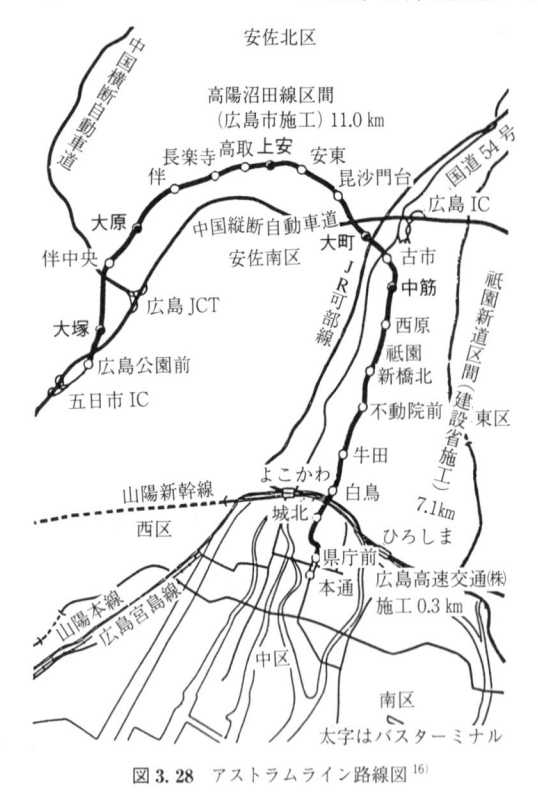

表 3.14 アストラムライン概要[17]

区間	自 広島市中区紙屋町二丁目 至 広島市安佐南区沼田町大塚
営業キロ	18.4 km
駅数	21駅（平均駅間距離 920 m）
構造形式	複線：都市部地下式 　　　　郊外　高架式
事業費	約1760億円
運行計画	運転方式　ワンマン運転 所要時間　37分 運行間隔（ラッシュ時） 　　　本通～大町間　3分 　　　大町～長楽寺間　6分 　　　長楽寺～広域公園前間　12分
開業年月日	平成6年8月20日
車両編成	列車編成　6両固定編成 車両長　先頭車 8.15 m 　　　　中間車 8 m 編成長　50.7 m 車両幅　2.38 m 車両高　3.29 m 空車重量　約11 t／車両
車両定員	先頭車 43人（うち座席 19人） 中間車 50人（うち座席 24人） 1編成 286人
走行輪	ゴムタイヤ（中子式気体入タイヤ）直径 940 mm
電車線電圧	直流 750 V
運転最高速度	60 km/h

となっている．

(ⅱ) 複合システム（ガイドウェイバス）　中量軌道システムの採算性は5 000人/h以上の需要が必要とされているが，路線バスの輸送限界は3 000人/hといわれている．バスと中量軌道システムの輸送需要のギャップを埋める役割をするシステムにガイドウェイバスがある[18]．

ガイドウェイバスは，一般道路と軌道の両方を走行できる，いわゆるデュアルモード機能を備えたシステムである．そのため，路線バスの低廉性や利便性と，軌道システムの定時性や迅速性を併せもつ．

車両は，既存のバス車両に簡易な機械式案内装置を取付けることにより，専用走行路をハンドル操作なしで走行可能にしている．案内は側方案内方式で，案内輪は機械的に前輪とリンクしており一般道路では格納が可能である．案内レールの間隔は2 900（または2 500）mmを採用しているため，中量軌道システムへの移行も可能である．

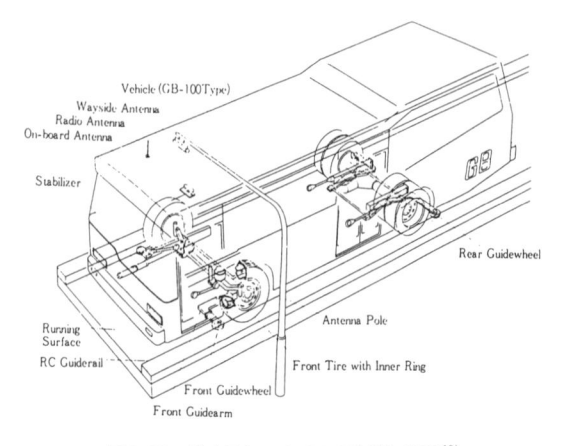

図 3.30 ガイドウェイバスの軌道と車両[19]

ガイドウェイバスは，1989年のアジア太平洋博で運行されており（図3.30），現在，名古屋市において都市公共交通としての実用化導入が進められている．

[得田与和・谷口正明]

参考文献

1) 日産自動車(株)交通研究所：自動車交通1991，日産自動車(株)交通研究所（1991）
2) 運輸省鉄道局：数字でみる鉄道'94，運輸経済研究センター，p.36-41（1994）
3) 日産自動車(株)交通研究所：自動車交通1992，日産自動車(株)交通研究所（1992）
4) 日産自動車(株)交通研究所：自動車交通1993，日産自動車(株)交通研究所（1993）
5) 建設省都市局都市交通調査室：都市交通問題の処方箋，大成出版社（1995）
6) 日産自動車(株)交通研究所：自動車交通1994-5，日産自動車(株)交通研究所（1995）
7) 建設省都市局都市交通調査室：よくわかる都市の交通，ぎょうせい（1988）
8) 欧米の新交通システム，NISSAN INFORMATION，日産自動車(株)広報部（1972）
9) 国鉄新交通システム研究グループ：新交通システム，日本鉄道施設協会（1975）
10) 井口雅一ほか：新交通システム，朝倉書店（1985）
11) 石井一郎：新交通システム，鹿島出版会（1975）
12) 松倉欣孝ほか：スパイラルエスカレータ，日本機械学会誌，Vol.89，No.808，p.255-261（1986）
13) 斉藤亨：新交通システムをつくる，筑摩書房（1994）
14) 竹内直文：新交通システム等の今後の展開，道路，600号（1991年2月号），p.28-31（1991）
15) 神崎紘朗：道路交通と最近のハードウェア3．新交通システム，交通工学，Vol.27，No.5，p.41-52（1992）
16) 門田博知：開通迫る新交通システム「アストラムライン」，土木学会誌，Vol.79，No.9，p.2-5（1994）
17) （パンフレット）アストラムライン，広島高速交通(株)（1995）
18) 神崎紘朗：ガイドウェイバス，土木技術，Vol.42，No.12，p.60-67（1987）
19) 福本陽三：アジア太平洋博覧会ガイドウェイバス，R-D神戸製鋼技報，Vol.40，No.2，p.35-40（1990）

4

物　流

4.1 輸送から物流へ　そしてロジスティクスへ

いささか唐突で申し訳ないが，筆者の所属する企業の経営ビジョンは「物流システムエンジニアリング企業を目指す」というものである．

つくれば儲かったよい時代もあったらしいのだが，現在の自動車産業を取り巻く環境はきわめて厳しく，筆者の所属する企業は，物流を標榜して，この嵐の時代を乗り切ろうという意気込みなのである．

ご高承のように，物流は元来「兵站（へいたん）」を意味する仏語の *logistique* を語源として，弾薬や食料などの補給機能を含めた総合力が，勝敗のポイントになる近代戦の幕開けとともに一般化したものである．

古くはナポレオンの欧州制圧の時代に遡ることができる"戦略性を具備した物の移動"と定義される"軍用語"なのである．

いま，この戦略性が注目されている．すなわち，成長から停滞，そして混迷への揺れ動く世界経済の中にあって，物流のダイナミズムは確実に進化し続けている．一例をあげると，アセアンを典型とする地域経済圏を物理的にネットワーク化し，発展そのものをサポートする役割を果たしているのがこの物流であり，企業レベルでみても，限界を極めつつある生産技術面での展開に代わり，物流に活路を見出し，物流をビジネスツールとする"物流先端企業"と呼ばれるエリートたちが，各業界をリードし始めている．

物流は"生き物"と呼称されるように，成長し変化を続けるその実態をとらえることは，相当困難な作業となる．

本節では，この物流について"環境の変化"からアプローチを試みたい．具体的には，至近のトレンドである"グローバル化"を起点として"国内流通構造の変化"を読み，その戦略性にフォーカスするプロセスをとった．

満足しうる結果は望むべくもないが，物流の実体に少しでも迫ることができればと思いつつ，この稿をスタートさせていただく．

4.1.1 物流を取り巻く環境の変化

物流とは何か．物が流れる，すなわち「生産から消費に至る経済活動の物理的側面」というのが一般的な定義とされている．

しかし，ここでいう生産を厳密にとらえると，原料の調達・加工（製造）・販売までの過程をも含み，これらにかかわるそれぞれの物流活動もまた，それぞれ調達物流・生産物流・販売物流と呼ばれることになり，物が流れるところには，必ず物流という側面が備わっていることになる（図4.1）．

一般的に物流は，輸送・保管・包装・荷役・情報の5機能に分類される（図4.1参照）．生産から消費に至る経済活動，すなわち物流を成立させるためには，生産者から消費者までの物理的な商品の移動が必須となる．すなわち，輸送は経済活動の基盤であると解釈できる．

物流は，かつては商品を流通させるための生産・販売に含まれる付随的な活動として位置づけられた時代

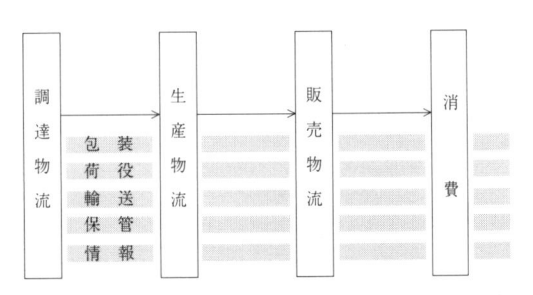

図4.1　物流の過程と機能

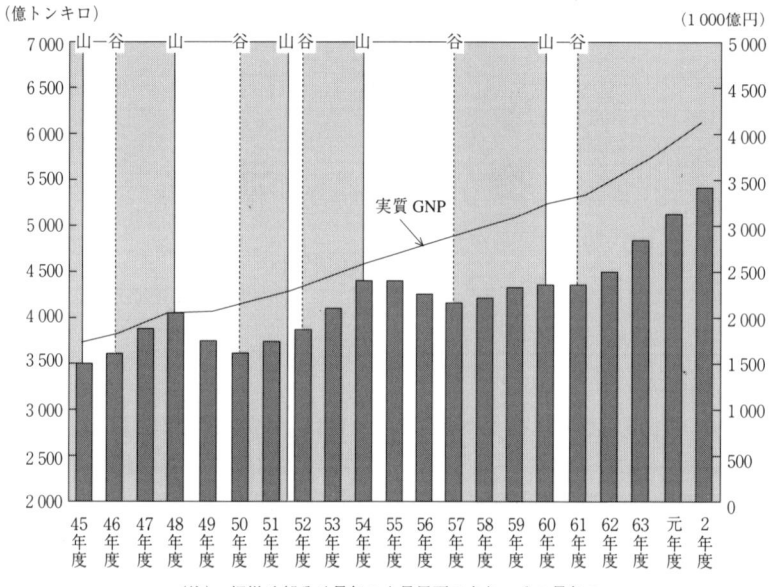

図 4.2 国内貨物輸送量と実質 GNP の推移
（運輸省運輸政策局情報管理部，図でみる運輸
白書，平成 4 年版，p.34）

(注) 網掛け部分は景気の上昇局面であり，その景気の山谷は「景気基準日付（経済企画庁）」による．

もあった．ゆえに，生産・販売というそれぞれのステージにおいて個々に管理される性格のものであった．

ところが，高度成長期を迎え，量産・量販一辺倒時代に入り，貨物流通量が増加すると（図4.2），それに伴って商品を移動させるための流通コストが増大し，物流そのものに対する問題意識が芽生え始めた．それまで物流という一つの概念に集約されていなかった多くの経済活動について，量的・費用的な問題が生じたため，物流という包括的な概念が形成されたと解釈できる．昭和30年代から40年代は，物流に対して，大量の商品をスピーディーに処理する効率性が強く求められた時代であった．

だが，昭和48年の石油ショックを契機として，日本経済は体質的な変化を余儀なくされた．それ以前にも高度成長はインフレ・国際貿易のアンバランスから，公害や都市環境の悪化などさまざまな弊害を生んでいたが，経済成長の前では，これらは決して問題視されるような存在ではなかった．

石油ショックによる世界的な経済成長の停滞は，物流量の停滞につながり，物流に対するニーズも変化した．不況による消費の停滞は，かえって販売競争の激化を招き，従来の生産者主導から消費者主導の市場への転換に至る．企業経営すなわち，マーケティングに則った戦略的な意味での物流ニーズが生まれ，物流の効率化が重要視され始めたのは，この苦境の時代ではなかったのだろうか．

その後，平成景気に支えられて内需は拡大の一途をたどる．物流量は増大する一方で，消費者ニーズの多様化傾向はいっそう強まり，商品の多品種少量化はますます進んだ．このような状況下，大量の荷物を効率的にさばくとともに，多頻度少量配送などに代表されるキメの細かい物流サービスへのニーズが急激に高まった．

だが，この過剰ともいえる物流サービスは，物流コストの上昇・労働力不足などのトラブルを引き起こし，社会問題としてクローズアップされている．

このように，日本経済の変遷とともに，経済活動における物流の意義は，大きな変化を繰り返してきた．

さらに近年，国内産業を取り巻く状況が激変し，既存の構造は大変革を迫られようとしている．

円高の進行による製造業の海外生産比率の上昇（図4.3）や輸入の拡大（図4.4）により，国内市場において，ほとんどの企業は安価な輸入品との価格競争を強いられている．

一方，国際レベルでみても，日本の物価は相対的に

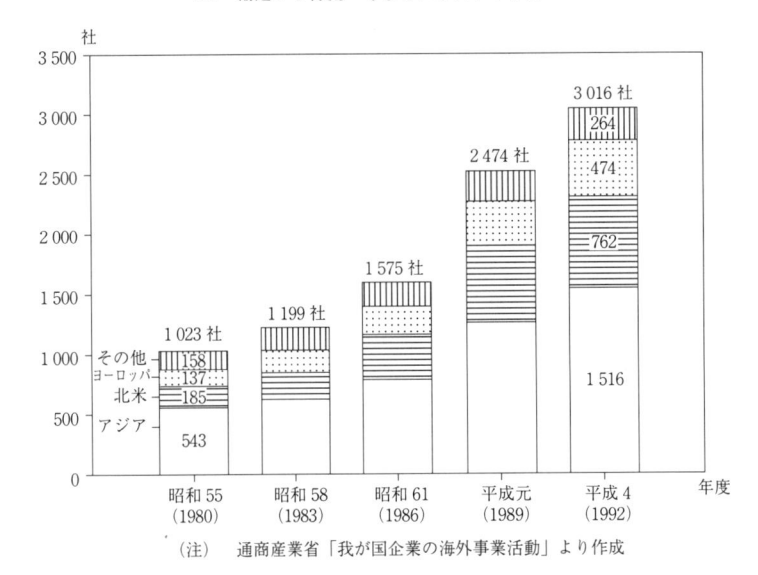

図 4.3　わが国製造業の進出状況
(運輸省，運輸白書，平成 6 年版，大蔵省印刷局，p.61)

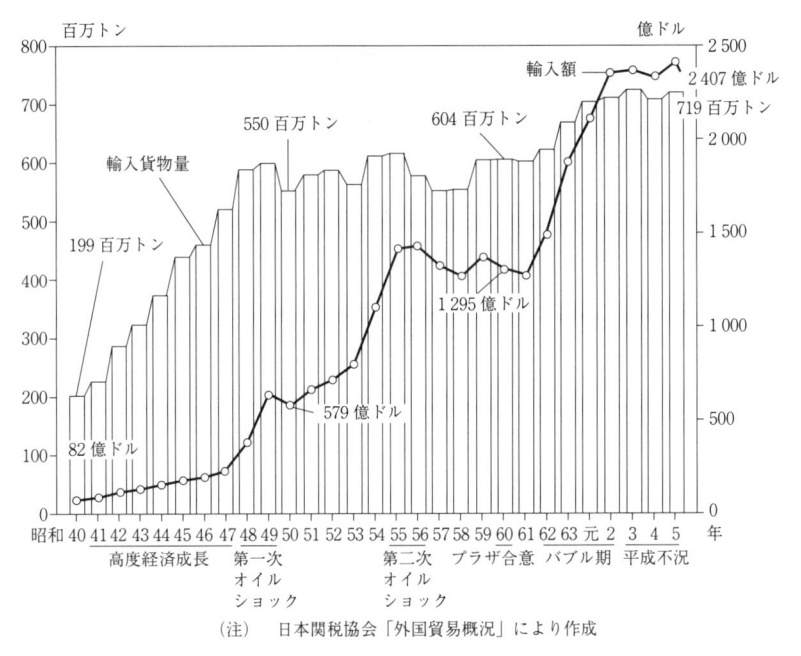

図 4.4　輸入貨物量および輸入額の推移
(注)　日本関税協会「外国貿易概況」により作成

高く，諸外国からの市場開放・内外価格差是正の要求は，日本市場における価格に対する既成概念を崩す発端となった．価格そして収益に直結するコスト構造においては，もはや製造段階でのコスト圧縮は限界に達し，コスト削減の対象は，流通段階に求められるようになった．

このようなカオスともいうべき状況下で，国内の流通形態は劇的な変化を遂げている．特筆すべきは，大手スーパーに代表される小売業の台頭とその業態の多様化であろう．小売業は低価格戦略と消費者ニーズにフォーカスしたサービスの提供によって，国内流通のイニシアチブを握り，その領域をさらに拡大しつつある．

国内産業が構造的に見直しを迫られているいま,物流はどのように変貌していくのだろうか.

4.1.2項では,市場構造の変化が物流に及ぼす影響とこれからの方向性について,輸送面からアプローチしていく.

4.1.2 市場のグローバル化への対応

生産拠点の海外シフトのあおりを受けて輸入量は急増し,従来の"原料輸入→国内生産"の常識的な構図はもはや成り立たなくなってきている.また,円高の進行を背景として,諸外国からの市場開放要求が強まる中,とくに顕著な例として,農水畜産品の輸入量は飛躍的に伸びている.

海外調達品は,ボリュームの増加に加え,品目とその荷姿も大きく変化している.

食料品を例にとると,従来,外国産の魚類・食肉

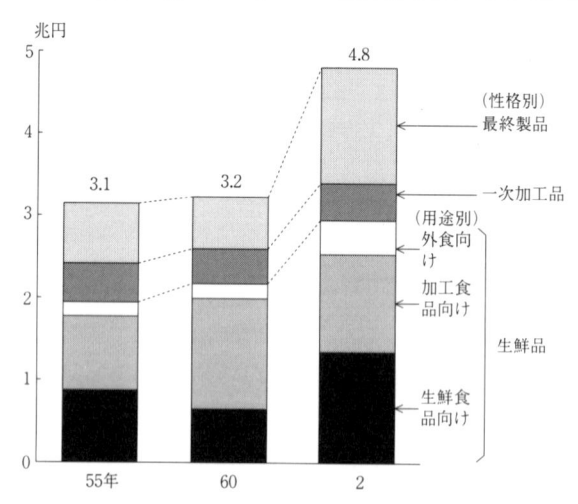

資料:総務庁他10省庁「産業連関表」から農林水産省にて試算
(注) 1. 棒グラフ上の数値は食料輸入の総額である.
2. 精穀(精米,精麦等),と畜(各種肉類),冷凍魚介類は加工食品から除き,生鮮食品として算定している.
3. 海外での飲食費支出は食料輸入額に含まれていない.

図4.5 性格別・用途別にみた食料輸入額の推移
(農林水産省,農業白書,平成4年版,p.99)

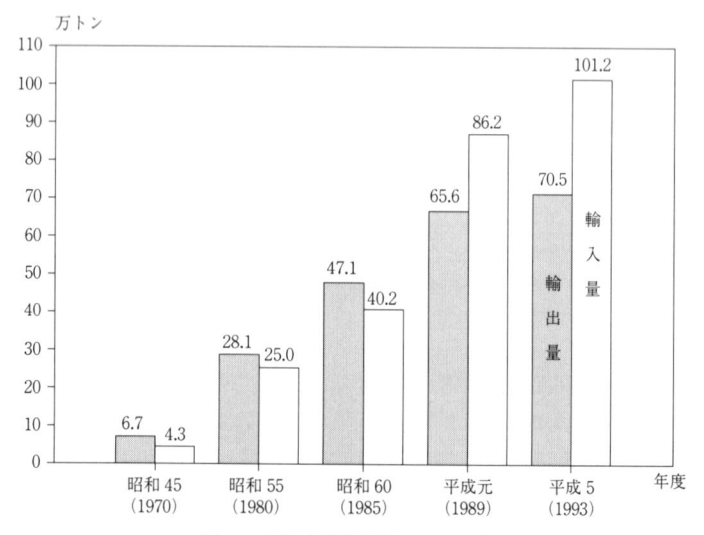

図4.6 国際航空貨物輸出入量の推移
(運輸省,運輸白書,平成6年版,p.52)

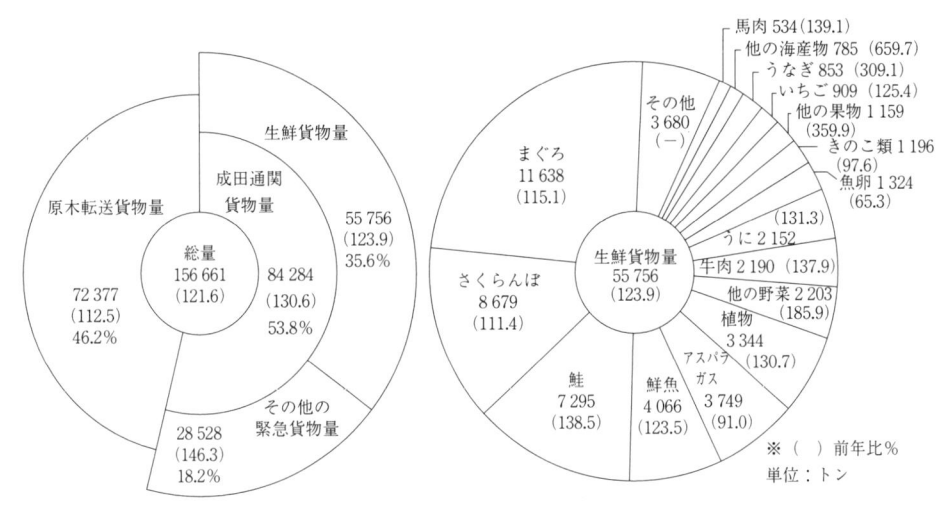

4.1 輸送から物流へそしてロジスティクスへ

図 4.7 IACT 取扱輸入貨物別取扱表 (IACT:国際空港上屋)
(横田増生:流通設計,11月号,p.23,1994年)

類・野菜類は冷凍物という概念が強かったのだが,最近では生鮮品として輸入される割合が急激に伸びている (図 4.5, 4.6).

近ごろ,スーパーなどに買物にいくと,安価な外国産果菜類が目につく.当初は消費者も,メキシコ産や中国産の文字をみただけで敬遠する傾向にあったが,量の増加と品質面での評価の高まりとともに,輸入品は着実に浸透しつつあり,逆に,国内産の文字が大きく強調されているのが目立ち始めている.

輸送モードもこの動向に敏感に対応し,航空輸送が増加している(図 4.7).生鮮果菜類は付加価値が低く,歩留りが悪いことから,従来はコストの高い空輸には不向きとされていたが,ボリュームの増大によりスケールメリットが確保されたため,航空輸送が可能となったのである.

また,製品輸入が活発な家電業界では,現地生産された商品を海上コンテナで国内の港まで運び,そのまま大型量販店の物流センターにコンテナ単位で直接納入するという輸送システムを採用するメーカーも現れた.積み替えの省略によって,荷役・保管コストの削減によるトータルの物流コスト低減をねらったものである.家電業界の販売チャネルは,従来はメーカー系列店を中心とするものであったが,近年は,大規模郊外型の大型量販店がシェアを拡大している.この輸送システムは,小売店の大規模化を考慮に入れた物流の効率化ということができる.物流は,荷物を送り出す側と受け取る側双方の立場と背景を考慮して,形態を変化させているのである.

国際物流の拡大により,今後複合一貫輸送が活発化し,陸・海・空一体となった流通・物流システムへのニーズが高まることは容易に予測できる.現に,複合一貫輸送の主要な手段であるコンテナ輸送の割合は,着実に伸びてきている(図 4.8).すでに大手物流企

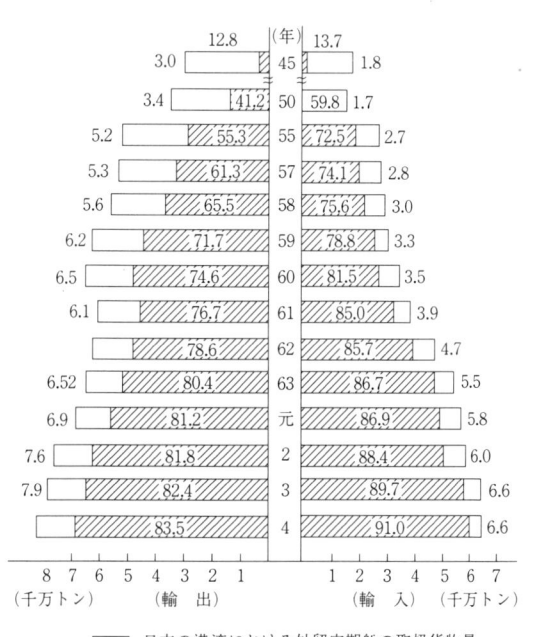

図 4.8 コンテナ化の推移
(運輸省総務審議官,日本物流年鑑,1995年版,ぎょうせい,p.230)

業の海外進出が始まっており，ハブ港を国内主要港から韓国の釜山港に移し，そこから海外の仕向地に直接輸送するシステムをとっている事業者もある．輸送コスト自身は高くなるが，その周辺機能である荷役・保管の大幅なコストダウンが見込まれ，トータルでのコスト低減が可能となった例である．

海外に目を向けてみると，国際複合一貫輸送を行う際に，ヨーロッパでは，フレイト・フォワーダーと呼ばれる運送取扱人が物流を一貫して管理しているが，日本においては船社の集荷力が強いため，フレイト・フォワーダーの取扱い輸送量はきわめて少ない．だが，船社が自社の輸送ルートにとらわれて輸送経路を自由に選択できないのに対し，フォワーダー自身は輸送手段をもたないため，かえって多様なルートを形成でき，荷主にとって全体の経費の節減につながる付帯サービスやドア・ツー・ドアのきめ細かいサービスの提供が可能となる．フレイト・フォワーダーはこのような利点を生かし，国際一貫輸送の市場において積極的な事業展開を進めている．顕著な例が，海外ネットワークの整備であろう．

前述のように，円高・対外貿易摩擦を背景とする日本企業の急速な海外進出に伴う日本への逆輸入・海外拠点間の製品・部品輸送などの国際物流の多様化に対し，荷主側のニーズも多様化・高度化しており，これらに対するフレイト・フォワーダーによる海外拠点の構築が進められている．このような海外ネットワークの整備によって，確実な情報が安定的に入手できるため，内陸輸送の手配・貨物の積み替えなどのきめの細かいサービスの提供が可能となる．今後もフレイト・フォワーダーによる一貫輸送の割合は増加していくものと思われる（図4.9）．

このように，市場のグローバル化はダイレクトに物流のグローバル化を促進する．国際的規模の物流の効率化は，今後も加速度的に進展していくことが予測されている．

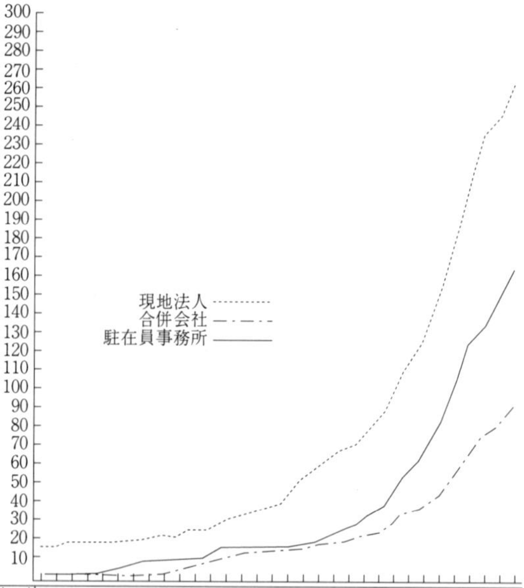

	年次	61	62	63	64	65	66	67	68	69	70	71	72	73	74	75	76
現地法人	会社数	15	1	2	0	0	0	0	1	2	0	3	0	4	3	3	2
	累計	15	16	18	18	18	18	18	19	21	21	24	24	28	31	34	36
合併会社	会社数	0	0	0	0	0	0	0	0	1	1	2	2	3	2	0	1
	累計	0	0	0	0	0	0	0	0	1	2	4	6	9	11	11	12
駐在員事務所	事務所数	0	0	1	0	0	2	2	3	0	1	0	1	4	0	0	0
	累計	0	0	1	1	1	3	5	8	8	9	9	10	14	14	14	14

	年次	77	78	79	80	81	82	83	84	85	86	87	88	89	90	91	92
現地法人	会社数	2	11	7	5	6	3	7	12	16	15	23	23	35	33	9	19
	累計	38	49	56	61	67	70	77	89	105	120	143	166	201	234	243	262
合併会社	会社数	1	0	2	1	1	3	1	3	8	3	5	12	9	14	5	10
	累計	13	13	15	16	17	20	21	24	32	35	40	52	61	75	80	90
駐在員事務所	事務所数	0	2	1	3	4	3	6	4	13	10	15	19	28	10	14	17
	累計	14	16	17	20	24	27	33	37	50	60	75	94	122	132	146	163

（注） 設立の年月が不明の会社は92年とした．

図 4.9 わが国フォワーダーの海外進出状況年次別推移

4.1.3 国内流通構造の変革への対応

製品輸入の拡大が続く中，国内におけるマスプロダクションは，付加価値の低い産業と位置づけられ始めている．つくれば売れた時代が幕を閉じて，過剰生産による物余りが問題視される現在では，多様化する消費者ニーズにマッチした商品の提供が存亡のキーファクターとなってくる．前述したように，コスト面では，製造段階における改善が期待できなくなり，流通段階に効果が求められる傾向となった．

現在，経済界・流通業界に，価格破壊・流通改革といった新語が氾濫し，既存のシステムを揺るがし始めている．

この流通変革は小売業が担っている．大手スーパーに代表される小売業の価格破壊競争・差別化競争は熾烈を極め，あらゆる方策が講じられている．

価格競争下における小売業の基本戦略としては，以下のようなことがあげられる．

- 低価格商品の品目の拡大とそれらを扱う業態の分化
- メーカーとの提携による自社ブランド（プライベートブランド）の開発・販売
- 海外小売業・商社との提携による輸入拡大
- 物流・商取引を含めた流通システムの変革

流通改革は，卸売業者が多段階にわたって介在する従来の商慣習（図4.10）を見直すことからスタートした．口火を切ったのがディスカウントストア（DS）である．この価格破壊の波は，徐々に大手量販店・一般小売店などのほかの小売り業態にも及んでいる．

低価格イメージの浸透は，さらなる価格競争を生む

4.1 輸送から物流へそしてロジスティクスへ

業の領域を越えた試みである．

PBの品目は，トイレタリーグッズ・食品・飲料から家電製品にまでその領域を拡大している．PBの開発に熱心な大手量販店では，全商品に占める割合が10％にも及んでいる（図4.11）．

PB市場の拡大は，一方でナショナルブランド（NB）の価格の引下げに拍車をかけ，メーカーはさらなるコスト圧縮を迫られるようになった．小売業の支配力が増し，相対的にメーカー側が価格コントロール力を失ったため，かつての力関係が逆転した．PBにみられるような製販同盟の動きは，この力関係を象徴するものである．

低価格化のトレンドの中で，物流・商取引などを含めた流通の仕組みも変化している．卸売業の淘汰・メーカーの価格支配力の低下が進行する中，小売業が製造から販売に至る流通をトータルで見直す動きが活発化している．某コンビニエンスチェーンでは，独自の共同配送システムを構築し，メーカー側には同社のシステムに合わせた輸配送を求めている．価格や製造の場合と同様に，物流のステージにおいても小売業が主導権を握り始めているのである（図4.12）．商品の開発・仕入・配送・販売をトータルで合理化しようという動きは今後も勢いを加速させていくものと判断できる．

このような小売り主導の流通形態の中にあって，当然メーカー側の危機感は高まってくる．製造業は自社によるさまざまな物流改善策を講じており，食品・トイレタリーグッズなどの販売競争の激しい業界では，こうした動きはとくに活発である．これらの業界では，いかに多品種商品を効率的に販売するかが売上げを伸ばす鍵になるため，消費者情報の入手が不可欠になってきている．

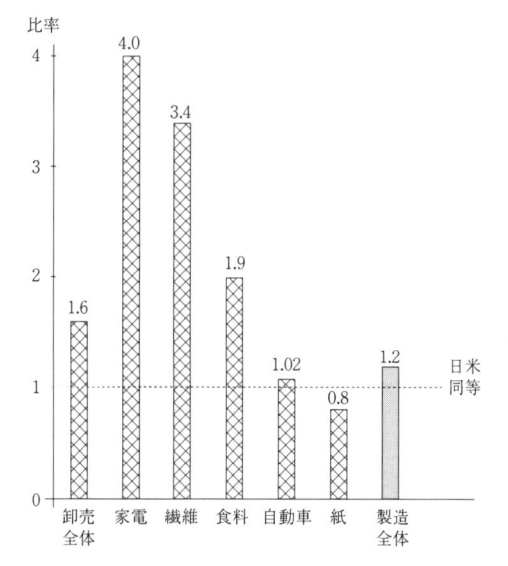

図4.10 日米卸売業の従業員比較（対米比率）

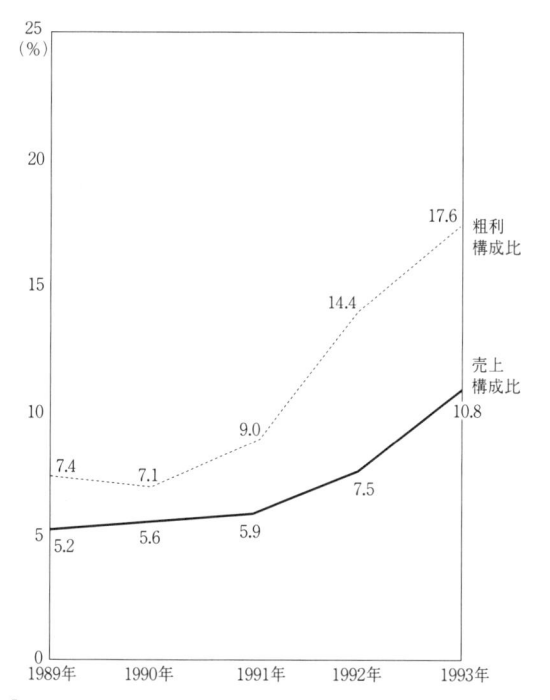

図4.11 某大手スーパーのPB売上・構成比推移
（北尾祥久：消費市場を席巻するPBの大躍進，流通設計，11月号，p.103, 1989年）

 こととなった．現在紙面を賑わしているプライベートブランド（PB）のシステムにおいて，小売業は商品の開発段階にまで影響を及ぼし，商品の流通におけるイニシアチブを掌握し始めている．これは従来の小売

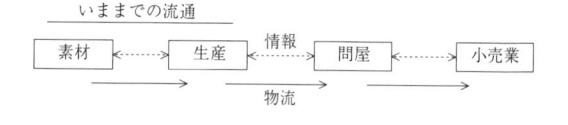

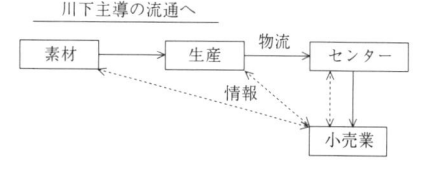

図4.12 小売主導の流通形態へ

某トイレタリーメーカーでは，調査員が1週間のうち4日間，担当エリアの小売店に直接赴いて商品の売れ行きをチェックし，本社への出社は，採取した情報の整理と交換会を行うための週1日のみといったシステムをとっている．このダイレクトな情報は，商品企画から製造・販売の一連のビジネスフローに反映されることになる．単に物流をトータルで管理してコストダウンを進めるだけではなく，企業戦略として生産・販売に統合させる方向に進化しつつあるといえよう．

流通の変革は物流の変革に直接的につながる．物流に対する意識は，消費者に近い流通の川下から川中・川上へと浸透しつつある．商品は，川上から川下へと流動するが，物流の情報源・市場の中心はあくまで消費者である．

さて，輸送業界において消費者ニーズに特化した例としては，トラック事業者による宅配事業があげられる．不況下にもかかわらず，同市場は堅調な伸びをみせている（図4.13）．消費者情報の収集から加工・編集まで，物流をサービス化させる動きは今後も強まるであろう．だが，このような新しい輸送商品が開発され，安定成長が見込まれると同時に，同業他社の参入が集中する．現在ではネットワーク・資金面からの淘汰が進み，数社による寡占状態で落ちつきをみせている．

引越しやトランクルーム事業においても同様である．従来存在しなかった市場を開拓し，サービス化したというコンセプトの点で，画期的であるが，システム的には容易にほかの参入を許すイージーなものであった．

流通変革が進む中で，物流に対するニーズは多様化・高度化する反面，低価格化の実現のために，物流コストのいっそうの圧縮が求められ，輸送業を取り巻く環境は厳しさを増している．輸送量の増加が見込めない現状では，輸送事業者にとっては，積み荷を確保することがトップマターであり，対荷主差別化対策として，運賃の値下げに走らざるをえない状況にある．だが，いつまでも荷主の物流コスト削減の対象という地位に甘んじていては，輸送事業の見通しは暗い．

流通変革下で，商品開発・仕入れ・配送・販売を総括したいわゆるインテグレートシステムを構築しようという動きがあり，その担い手は現在のところ小売業に限られている．物流は，この一連のフローに付随する機能ではなく，フロー自体を編むメインストリームの重要な要素となっているため，小売業主導で統括さ

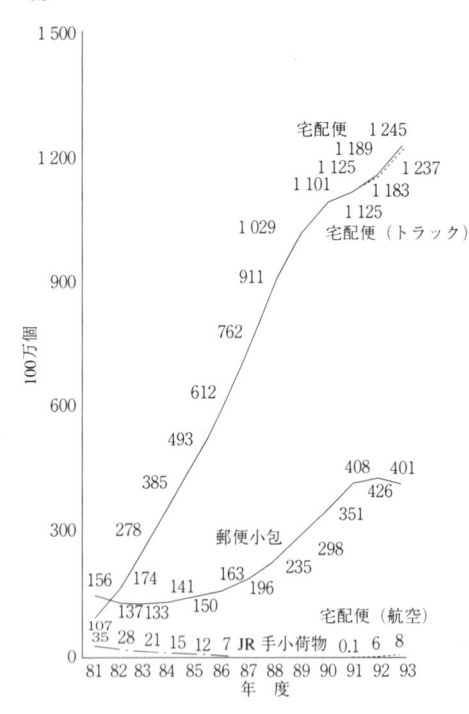

(注) 1. 郵便小包は「郵政統計年報」，JR手小荷物は「鉄道統計年報」より作成（JR手小荷物は昭和61年度で廃止）
2. 宅配便（航空）は，平成3年12月から取扱い開始

図4.13 宅配便取扱個数等の推移

れる傾向にある．小売業の勢力拡大に対抗して，メーカー側も独自のシステム構築に懸命に取り組んでいるのである．

前述したように，荷主主導の流通形態の中で，輸送を含む物流のシステムまで荷主が構築し，輸送事業者はただ安価な輸送を提供するというスタンスでは，輸送事業者の将来性は保証できない．

物流において，輸送は製造・販売をつなぐ機能であって，最適な輸送システムの提供のためには，その前後の物流機能を十分考慮することが必要不可欠となる．この動きは輸送事業者の間に徐々に広がりつつある．既存の業種間の複合化・乗り合い化が進む中，将来的には物流もそれぞれのステージの枠を越えて，システム全体を見通して設計されるべきであり，強力な物流オーガナイザーの出現が求められている昨今の状況である．

4.1.4 輸送から物流へそしてロジスティクスへ

物流ニーズの変遷については前述したとおりであるが，ここでは輸送の変遷にスポットを当ててみたい．

かつて，輸送は経済・産業の変化への対応に従属

4.1 輸送から物流へそしてロジスティクスへ

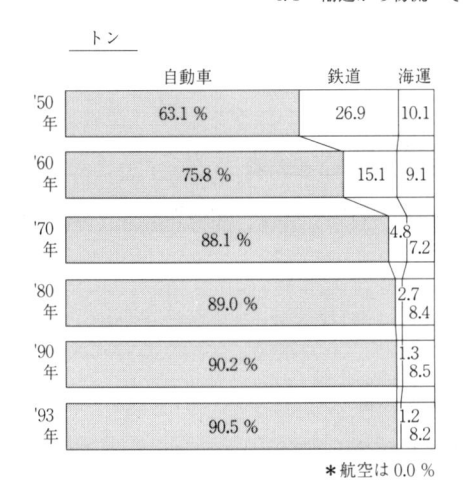

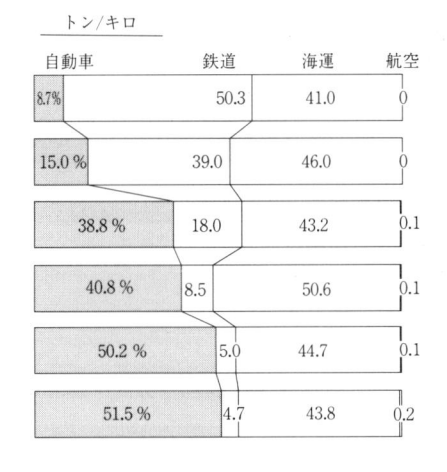

	トン				トン/キロ			
	自動車	鉄道	海運		自動車	鉄道	海運	航空
'50年	63.1%	26.9	10.1		8.7%	50.3	41.0	0
'60年	75.8%	15.1	9.1		15.0%	39.0	46.0	0
'70年	88.1%	4.8	7.2		38.8%	18.0	43.2	0.1
'80年	89.0%	2.7	8.4		40.8%	8.5	50.6	0.1
'90年	90.2%	1.3	8.5		50.2%	5.0	44.7	0.1
'93年	90.5%	1.2	8.2		51.5%	4.7	43.8	0.2

＊航空は 0.0%

図 4.14 輸送機関別輸送分担率
（運輸省運輸政策局情報管理部編:陸運統計要覧，日本自動車会議所，平成 5 年版，p.11，1993 の表をもとにグラフ作成）

し，需要者に物を届けるためだけの必要最低限の機能，つまり必要な距離を必要な量だけ運ぶことを満たすだけでよかった．当時の輸送モードは，鉄道・海運が主力であったが，現在では利便性・自在性をセールスポイントにしたトラック輸送がそれらにとって代わり，輸送トン数では 90% 以上を占めるに至っている（図 4.14）．ただ運ぶという機能にドア・ツー・ドアの利便性，小回り性が付加されたトラック輸送は，日本の高度成長を支えてきたといっても過言ではないだろう．

だが，経済成長を支え続けてきたトラック輸送は，そのメリットと裏腹に，さまざまな問題を引き起こしている．物不足時代の終焉とともに，消費者の時間や質に対する意識が高まり，トラック輸送もこの新しいニーズへの対応に注力した．消費者ニーズの多様化に伴って，輸送品目も多様化し，多頻度少量配送が進展した結果，輸送回数は増加し，排気ガスによる地球の温暖化，都市部における公害や交通渋滞などの環境問題がますます深刻化している．

これらのトラック輸送が引き起こす諸問題の解決策として，「モーダルシフト」の推進が運輸省によって提唱されている．輸送形態（モード）を転換（シフト）するという意であり，すなわちトラックから鉄道・海運へと輸送手段を転換させようという試みである．労働力・道路混雑・環境・エネルギーなどにかかわる諸問題を考慮すると，鉄道・海運はトラック輸送と比較して効率性が高い（図 4.15．にもかかわら

ず，現実的にはモーダルシフトは進んでいるとはいえない状況にある．環境問題に対する意識は高まっているものの，市場メカニズムを中心として経済が動いている以上，トラック輸送の利便性なしには現在の社会生活は維持できないのである．

現在，円高経済を反映して，日本の経済・産業は停滞の色を隠せない状況にある．市場のグローバル化が進み，消費の拡大が見込めない状況下では，国内輸送量の減少は不可避の事実であり，量の上での輸送業界の成長は当面見込めない．さまざまな課題に直面しているトラック輸送事業者は，付加価値をもたらす新たな事業展開を模索する必要に迫られているのである．

一口に新規事業といっても，宅配便のようなヒット商品の開発はそうたやすくはない．トラックターミナルを例にとると，近年は単なるターミナル・荷さばき作業のみならず，倉庫や流通加工などの機能を兼ね備えたものが多く登場しているが，ビジネススケールから判断すると物流分野における業容の拡大にとどまり，新規事業と呼ぶには相応しくないものであろう．

メーカー・小売業といった荷主企業が経営戦略の一環として物流を位置づけ始め，物流のプロ化が進む中，物流事業者はつねにその先を読まなくてはならない．しかし一方で，先端物流企業といわれる独自の高度な物流システムを構築運用している荷主企業は，ほんの一握りにすぎない．多くの企業が物流の重要性を認識しながらも，アクションに移すに至らない状況にあるといえよう．物流分野に着手しようとしても，未

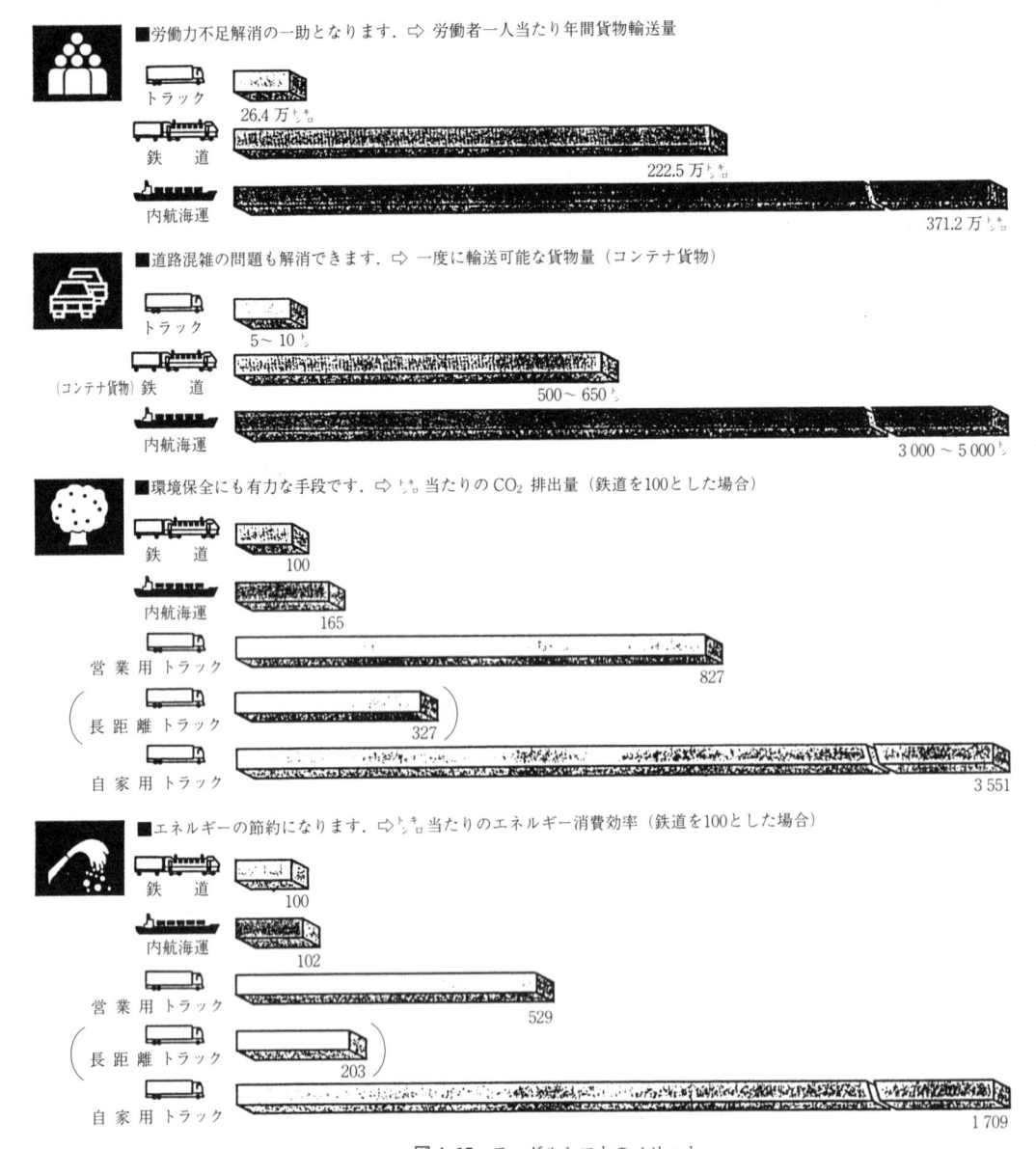

■労働力不足解消の一助となります．⇨ 労働者一人当たり年間貨物輸送量
- トラック　26.4万トンキロ
- 鉄道　222.5万トンキロ
- 内航海運　371.2万トンキロ

■道路混雑の問題も解消できます．⇨ 一度に輸送可能な貨物量（コンテナ貨物）
- トラック　5〜10 t
- （コンテナ貨物）鉄道　500〜650 t
- 内航海運　3 000〜5 000 t

■環境保全にも有力な手段です．⇨ トンキロ当たりの CO_2 排出量（鉄道を100とした場合）
- 鉄道　100
- 内航海運　165
- 営業用トラック　827
- （長距離トラック　327）
- 自家用トラック　3 551

■エネルギーの節約になります．⇨ トンキロ当たりのエネルギー消費効率（鉄道を100とした場合）
- 鉄道　100
- 内航海運　102
- 営業用トラック　529
- （長距離トラック　203）
- 自家用トラック　1 709

図 4.15　モーダルシフトのメリット
(運輸省運輸政策局複合貨物流通課：モーダルシフトのメリットは－，モーダルシフト推進のために，p.4, 1993 年 3 月)

開発の分野であるだけに，はじめの一歩を踏み出せないのである．依然として物流は，生産・販売に付随する経済活動の一環として扱われている場合が多く，企業戦略にインテグレートされている例はまだまだ少数派ではないだろうか．

経済の変遷とともに，物流の役割と位置づけは大きく変わってきた．市場構造の大変革期といえる現在，物流が企業戦略としてインテグレートシステム化される動きが進展する競争社会では，物流の主導権を握ることが，輸送事業者が物流事業者として生き残ることができるか否かを決定するキーファクターとなってくる．ゆえに，荷主側の物流のプロ化が浸透する以前に，物流のプロとしての早急な対応が求められる．物流分野の改革に踏み出せずにいる荷主企業に対しては，それぞれに適したきめの細かい輸送サービスを提供するとともに，輸送を核とした物流システムのコンサルティングを展開することが，これからの輸送事業者のビジネスターゲットとなるであろう．

これまで，輸送事業者を取り巻く環境の変化とその方向性について言及してきたが，これはわれわれトラックメーカー側にも当てはまることでもあり，顧客に対するサービスとして，物流改善提案につながる車両の提供を行うことの重要性を認識し始めている．

物流の位置づけが変化する中で，従来の量産体制にしがみついているだけでは，顧客にとって単なる物流コスト圧縮の対象，すなわち"トラックを買い叩かれる"存在になることは必至である．単純に，顧客の顕在ニーズに対応するだけでなく，その潜在ニーズを引き出し，アピールしうる改善提案につなげるためには，顧客とのコミュニケーションを強化するとともに，物流のプロとして顧客をオーバドライブする情報を早期に入手する必要がある．

ただし，一方で物流を経営戦略としてインテグレートさせようという動きが確実に進展しつつあり，そのおもな担い手が小売業であることは，前述したとおりである．物流が企業戦略の一環として重要性を帯びたマターになり，自社内で完結したシステムを構築する動きが浸透すれば，物流事業者あるいはわれわれトラックメーカーが荷主の物流改善に介入することは，きわめて困難な作業となるであろう．

だが，従来の領域に限られたビジネス展開では，トラックメーカーの将来は危ういというしかない．平たくいえば，荷主の物流にどこまでつっこめるかが，われわれトラックメーカーの存亡の鍵を握っているのである．物流がその位置づけ・形を変えようとしているいまをチャンスととらえ，新しいマーケットを開拓していくことが求められているのではないだろうか．当然のことながら，その際，前述した車社会に起因する環境問題への配慮も怠ってはならない．効率を優先するビジネスニーズへの対応のみならず，環境問題を考慮し，社会的に貢献しうる物流システムを提案することが，われわれトラックメーカーを含めた物流に携わる者に，使命として要請されているのである．

繰り返すことになるが，時代の流れの中で，物流は経済の変革に対応しつつ形を変えてきた．従来は経済の維持のために，縁の下の力持ちの役割を果たしてきた物流が，第3の利潤源として評価され，企業戦略そのものとして生産・販売にインテグレート化されるようになってきた．だが，この利潤源は，いわば未開の分野であって，経営にどれだけの利益をもたらすかを具体性をもって直言することは，現時点ではむずかしい．冒頭で，物流は"生き物"であると記述したが，まさに未開のうちに成長し，変化を続けている分野であるといえよう．

この変貌を続ける"生き物"を誰が手なずけ，利潤に結びつけるかは，まだカオスの状態にあるのだが，この生き物を生かすか殺すか，すなわち調教の仕方が"飼い主"の将来を大きく左右することだけは，断言してはばからない．

先ほどから「物流を生産・販売にインテグレートし，システム化する」という表現を幾度となく用いてきたが，これこそ期待されるべき物流の位置づけであり，このトレンドが着実に進展することは容易に想像がついてしまう．この"インテグレートシステム"は，もはや物流という使い慣らされてきた言葉でカバーできる領域には存在せず，ここで初めてロジスティクスというビジネスの浮沈を担うキーワードが登場してくるのである．

〔上村幸恵〕

4.2 ロジスティクス

4.2.1 ロジスティクスとは

ロジスティクスとは，日本語で「兵站」（へいたん）という訳語が当てられるが，これはもともと軍事用語である．兵站には「戦場にある各部隊に対し，その戦闘力の維持・増強を図るためにその後方より必要な食糧，武器，弾薬，衣服などの軍需品を継続的に供給することを任務とした機関」という意味がある．

物流業界におけるロジスティクスの意味は時代による経営環境や定義した人の問題意識などの変化とともに，その力点の置き方や範囲により異なっている．

現在では，アメリカロジスティクス管理協議会が定義した「ロジスティクスとは，顧客の要求に適合させるために，原材料，半製品，完成品ならびにその関連情報の，発生地点から消費地点に至るまでのフローと保管を，直接的，間接的効果を考慮して計画，実施，統制することである．この定義は入出荷，社内外での移動を含む．」[1]が一般的である．

すなわち，「顧客の要求に合わせて，モノを調達から販売まで効率的に，効果的に，さらに迅速に流すこと」，さらに「企業の経営戦略の一環としての位置づけをもっている」という解釈が広く使われている．その概念図を図4.16に示す．

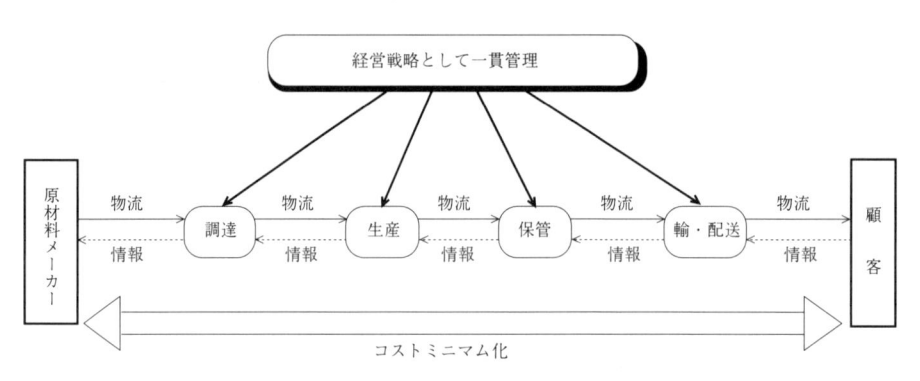

図 4.16 ロジスティクスの概念図

4.2.2 ロジスティクスへの歩み

かつてトラック輸送業者や倉庫業者など社外の物流業者への支払物流費だけに着目していた．しかし，物流費が製造原価や仕入原価にかなり含まれていることに気づき，製品や原材料などの保管・配送に伴う人件費，土地建物の減価償却費，修繕費等の中の物流にかかわる費用の算定を行い，物流コストの見直しが行われるようになった．その後，運送料の高騰や消費者ニーズの個性化・多様化に伴う多品種少量化の動きに対応するために，物流コストの把握，在庫・配送の見直し，物流の情報化などを検討し，対策を行い積極的に物流見直しに取り組む企業が多くなった．さらにJIT（Just In Time）に代表される物流サービスの質の向上が求められるようになると，サービスレベルを維持しながら物流コストを抑える効率化が推進されるようになってきた．

近年にはよりいっそう消費者ニーズの多様化・個性化の要求が高まり，それに対応した多頻度・少量配送サービスが求められている．しかし，配送効率向上の低迷，輸送に従事する要員，物流費の高騰，さらに大都市での交通渋滞，駐車スペース等々の多くの問題がある．このような状況のもと物流部門内での物流コストの削減に限界を感じ始めている企業が増えている．

これらの問題解決の糸口の一つとして自社流通センターの統合・集約化，同業・異業種での共同配送センターの運営，共同輸送などの試みがなされている．これは，物流を従来のような企業の物流部門の効率化としての視点から調達，生産，物流，販売とトータルの活動としての視点に立った全体最適へのアプローチ（すなわち，ロジスティクス）の試みが行われ始めているということである．

以下では，わが国の物流からロジスティクスへの変遷についてもう少し詳しく触れる．日本およびアメリカにおけるロジスティクス化への変遷の概要については図 4.17 に示すとおりであるが，日本における企業の物流活動の取組みや考え方は明らかに米国のそれに大きく影響されている[1〜3]．

a. 物流概念の萌芽

昭和 30 年代には，企業は必要な輸送力の確保にほぼ全神経を注いでいた．そして，物流は単なる輸・配送，保管といった業務にほかならなかった．

しかし，この時代の後半は，大量生産，大量消費が生んだ高度成長の時代であり，需要に供給が追いつかない，つくれば売れるという時代に突入していった時期でもある．大量輸送を実現するため，それまでの単なる輸・配送，保管といった業務からの脱却が求められるようになった．

そして当時，アメリカで研究やシステム導入が活発であった PD（Phisical Distribution）の概念がわが国に導入された．これにより包装，保管，輸送，荷役など各工程ごとに管理するのではなく，これらのプロセスを一貫して考える動きが芽生えた．当初，PD は「物的流通」と翻訳されたが，後に「物流」と用いられるようになった．

b. 物流の導入

昭和 40 年代に入ると，国の経済計画の一環として大量の製品を効率よく輸送することを目的とした物流の近代化が取り上げられるようになった．この時期は高度経済成長の真っただ中にあり，産業界は大量消費に対応するために大量生産，大量流通を目指していた．

昭和 30 年代末期に芽生えた物流の概念の浸透に加え，「物流は第三の利潤源」という強烈なキャッチフ

4.2 ロジスティクス

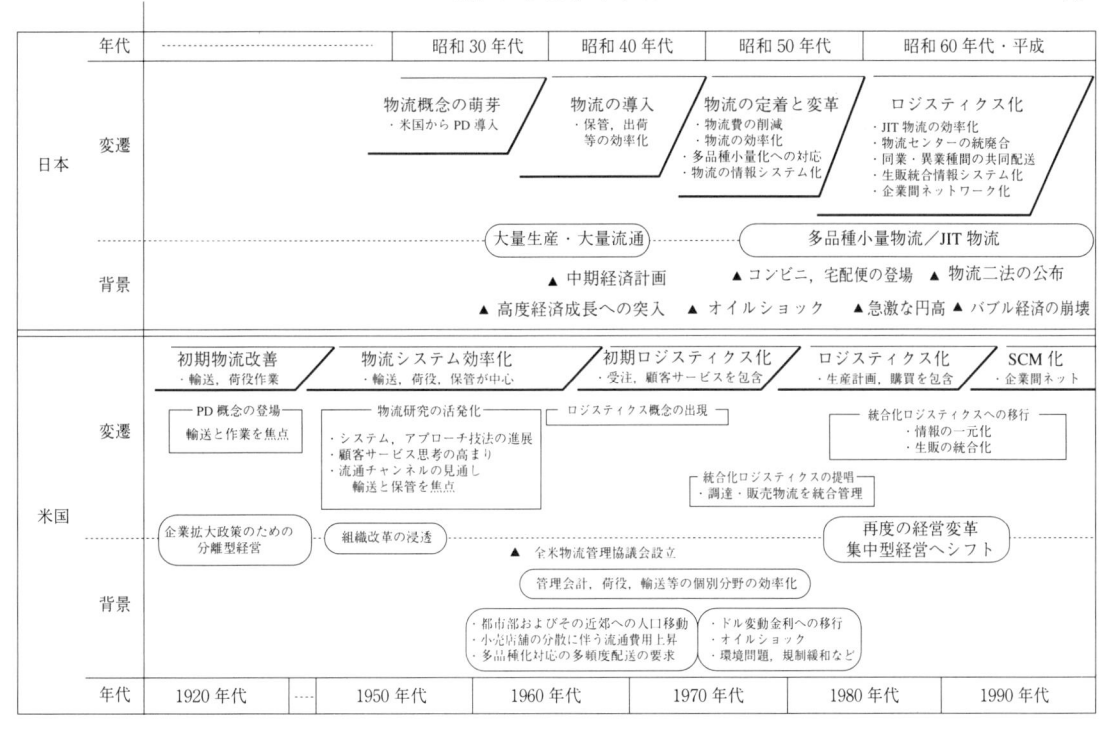

	年代		昭和30年代	昭和40年代	昭和50年代	昭和60年代・平成
日本	変遷		物流概念の萌芽 ・米国からPD導入	物流の導入 ・保管，出荷等の効率化	物流の定着と変革 ・物流費の削減 ・物流の効率化 ・多品種小量化への対応 ・物流の情報システム化	ロジスティクス化 ・JIT物流の効率化 ・物流センターの統廃合 ・同業，異業種間の共同配送 ・生販統合情報システム化 ・企業間ネットワーク化
	背景		大量生産・大量流通		多品種小量物流／JIT物流	
			▲中期経済計画	▲コンビニ，宅配便の登場	▲物流二法の公布	
			▲高度経済成長への突入	▲オイルショック	▲急激な円高	▲バブル経済の崩壊
米国	変遷	初期物流改善 ・輸送，荷役作業	物流システム効率化 ・輸送，荷役，保管が中心	初期ロジスティクス化 ・受注，顧客サービスを包含	ロジスティクス化 ・生産計画，購買を包含	SCM化 ・企業間ネット
		PD概念の登場 輸送と作業を焦点	物流研究の活発化 ・システム，アプローチ技法の進展 ・顧客サービス思考の高まり ・流通チャンネルの見直し 輸送と保管を焦点	ロジスティクス概念の出現	統合化ロジスティクスへの移行 ・情報の一元化 ・生販の統合化	
				統合化ロジスティクスの提唱 ・調達・販売物流を統合管理		
		企業拡大政策のための 分離型経営	組織改革の浸透	▲全米物流管理協議会設立	再度の経営変革 集中型経営へシフト	
	背景			管理会計，荷役，輸送等の個別分野の効率化		
				・都市部およびその近郊への人口移動 ・小売店舗の分散に伴う流通費用上昇 ・多品種化対応の多頻度配送の要求	・ドル変動金利への移行 ・オイルショック	・環境問題，規制緩和など	
	年代	1920年代	1950年代	1960年代	1970年代	1980年代	1990年代

図4.17 ロジスティクスへの変遷

レーズのもと物流を見直す気運が高まり，物流コスト削減の活動が積極的に行われ始めた．

物流は第三の利潤源なる考えは早稲田大学の西澤教授が提唱したものである．当時，ほとんどの企業の経営者は，利潤源は売上げの増大と製造原価の低減にあるという認識にあったが，物流がこの二つに次ぐ第三番目の利潤源であることを唱えたものである．

この，物流は第三の利潤源論により企業は，それまでのコストを度外視した単なる輸・配送，保管という物流の考え方を改め，合理化しうる領域であるという認識にたち，本格的な物流コスト管理に取り組むようになった．

しかし，一部の先進企業を除いて多くの企業では，生産・販売部門の一部署内での合理化を進めているに過ぎず，部門を横断的にとらえたトータル的な物流の見方では行っていなかった．

昭和48年のオイルショックを契機として物流の役割・見方が大きく変わった．

c．物流の定着と変革

昭和50年代はそれまでの高度経済成長が終わりをつげ，低経済成長の時代へと移り変わった時期である．これにより，売上げ拡大や大量生産をベースとした製造原価低減活動のいき詰まり感を背景として物流への期待が高まった．また，数次のオイルショックに伴う石油製品の高騰による輸送費の上昇や，その後の消費者ニーズの個性化・多様化による多品種少量化への対応が必須となった．

これまでのような物流部門内のみでの合理化では，物流コストの低減は頭打ちとなるどころか逆に増加するようになった．そこで，多くの企業は，物流の合理化を最優先とし，物流コストの把握，在庫の見直し，輸・配送システムの見直しなどの検討を行い，対策を打ってきた．このころ，先進企業では物流の情報化を強力に進めたり，物流子会社の設立により大幅な物流コスト削減をねらった．

また，大型コンビニエンスチェーンストアが登場し，必要とするものを，必要なときに，必要なだけ供給するというJIT（Just In Time）物流が盛んにいわれるようになった．これにより少量・多頻度などといった物流サービスの質の向上が求められ，従来のような合理化だけではうまくいかなくなってきた．さらに，コストダウンおよびスピードアップの要求に応えた宅配便の登場により，消費者個人物流が一変したのもこの時期である．

販売競争の激化とともに商品の差別化だけでなく物流の差別化を進め，販売戦略の一環とした物流を展開した時期ともいえよう．

d．ロジスティクス化

昭和60年代・平成にあっては，ロジスティクス化の時代といえる．

この時期，国内経済は急激な円高ドル安を背景に，製造業の人件費削減を目的とした生産拠点の海外流出や海外ブランド品の輸入の増加などにより景気が一時低迷した．しかし，対米貿易摩擦に対応した内需拡大政策により順調な回復をみせ，高度経済成長期に迫るほどの好景気（平成景気）となった．地価・株価の高騰，建設ラッシュ，金余り，国民の中流意識層の増加・高級志向，マネーゲーム，海外企業買収などのキーワードで代表されるバブル経済の時期である．

このような経済状況のもと消費者ニーズの高級化志向とともに個性化・多様化がいっそう強まり，物流は多品種少量化への対応である多頻度・少量配送サービスの拡大が求められた．しかし，好景気に伴う国内産業での人手不足のなか，輸送に従事する要員の確保がままならず，人件費の高騰などにより物流コストの上昇を余儀なくされた．さらに，輸送の多頻度化が大都市圏での慢性的な交通渋滞や環境破壊に拍車をかける一因となった．

企業は，これらの問題に対して輸・配送システムの見直し，物流の情報化の強化をはじめ，自社の物流センターの統廃合，同業・異業種間での共同配送センターの運営などに着手していった．さらに，物流を生産，販売の要望を充足するだけの機能ではなく，調達，生産，販売と関連づけて考え，経営戦略の一環として位置づけるようになってきた．すなわち，ロジスティクスが求められるようになったのである．

そして正確な販売情報の把握から流通，生産，調達へと一貫した情報流と，それらと連動した物流があいまって，最小限の保管にとどめ適量のモノを適切な時期に供給が効率よく実現することを目指している．これにより企業は顧客サービスの高度化と質の向上，さらには競合企業との差別化をねらっているのである．

4.2.3 ロジスティクスの課題

現在，わが国の経済はバブルの崩壊以降，長期の低迷をみせている．回復のきざしがあるとはいえ阪神大震災や急激な円高ドル安などの影響が懸念され，まだ厳しい状況にある．

こうしたなかで，多くの企業はバブルのツケともいえる放漫経営や過剰な投資・在庫にメスを入れており，組織のスリム化，強体質化などを図るための生き残りをかけたリストラクチャリングを実施している．なかでも，需給ギャップや競争の激化による売上げ低迷，さらには物流に要するコストアップなどは経営上の大きな問題となっており，ロジスティクスの実践が急務である．

ここではロジスティクス実践への障害になっているともいえる課題について述べる．

a．部門内コスト低減の限界

これまでの物流部門のコスト低減活動は，包装・保管・仕分けの省人化や自動化，輸・配送の見直し，物流拠点の再配置等々のできる限りの効率化の努力を図ってきている．これは物流部門の使命である包装，保管，輸・配送などの範囲だけで，すなわち，物流部門内のみでの効率化によるものといって過言ではない．

しかし，物流部門の活動は生産部門や販売部門の動きに左右されることがつねであり，コスト低減活動もこれに大きく影響されることになる．そこで生産部門や販売部門との連携がさらなる物流コスト低減のポイントとなる．

b．他部門との連携の悪さ

いままでの物流部門への認識は，あくまでも，第三の利潤源論が底流にある．すなわち，売上げ増大を使命とする販売部門，製造・製造原価低減を使命とする生産部門の次に位置するのが物流部門ということであり，生産・販売のしわ寄せ部門から脱していない．このため，生産や販売の都合が優先され，互いの連携による問題解決の場がほとんどない状態であった．

c．全体意識の欠如

概して不動・過剰在庫に対して，物流部門の責任がないと思い込んでいる場合が多い．この原因は，物流をモノそのものの流れを効率よく行うことであるという観念が強く，生産が勝手につくるからとか，販売が売らないからなどと責任の転嫁や被害者意識が強いためではないか．しかし，不動・過剰在庫に対する物流部門の責任は大きいはずである．なぜならば，在庫（保管）を担当する部門であり，その状況を詳細に生産や販売に知らせ，不動・過剰在庫への対応を求める立場にあるからである．

各部門とも自部門の使命を最優先とするあまり，そ

して部門の立場を重視するあまりトータルとしての効率化の意識が希薄であったといえる．これは上述の連携の悪さにもつながっている．

d．実需対応の認識不足

少量多品種の商品を市場ニーズに即応して供給することが求められているが，今日のように市場が読めない状況にあって事前の販売見込みに応じて在庫をもつことは不動・過剰在庫や欠品を生む弊害をもたらすことになる．このような弊害を回避するには，必要なモノを必要なだけ必要なときに供給するという実需対応がポイントとなる．

しかし，生産では安くつくればいい，物流ではモノを間違いなく流せばいい，販売では売れるものだけ売ればいいというような従来の認識が根強く残っている．すなわち，各部門の使命として，いま最も必要とされる実需対応への意識が希薄なのではなかろうか．

4.2.4 ロジスティクス・システム

ロジスティクスのねらいは，市場における販売動向にリンクして生産し，物流を行うことであり，企業活動にとって不要な物流を排除することである．

そしてロジスティクスの特徴は，
① 顧客サービスの高度化
② 実需に応じた製品の供給
③ 調達，生産，物流，販売と全流通活動への適用
④ 部門最適から全体最適への移行
⑤ 売上増大，利益拡大といった成果重視
⑥ 情報を軸としたモノの動きの一元管理
などである．

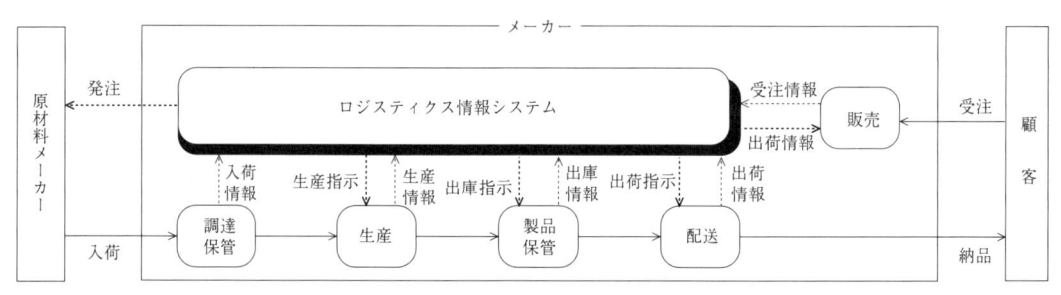

ここではロジスティクス・システムの基本概念やその管理概念，アプローチなどについて述べる．

a．システムの基本概念

メーカーにおけるロジスティクス・システムの基本概念は，図4.18のようになる．ロジスティクス・システムは，情報を基軸として原材料と製品のフロー，保管から構成される．すなわち，販売からの顧客受注の情報をはじめ，原材料の調達・保管，生産，製品保管，配送の各指示などにかかわる情報のコントロールを，ロジスティクス情報システムが統合的に行っている．これがこのシステムの最大の特徴である．

なお，この概念図では，実需対応をよりスムーズに実現するための顧客ニーズの把握および予測の仕方などが明記されていない．しかし，この情報システム自体が経営戦略上欠くことのできないマーケティングシステムの機能を含んでいること，最低でも受注情報をベースとしたシステム，を前提としていることに注意して頂きたい．

b．マネジメントの役割

ロジスティクスの目的が，企業活動での無駄な物流を排除することにあることは，すでに述べたとおりである．究極のロジスティクスの姿は，在庫を全くもたず顧客の要望するリードタイムに間に合わせて，JIT仕入れ・JIT生産を行い，これを届けること（JIT物流）が最適な体制を構築・運営することである．しかし，このような体制の実現は非常にむずかしい．そのため，現実には顧客と企業の需給のギャップを在庫でカバーすることとなる．

現実のロジスティクス・マネジメントにおいては，全社の在庫を最適にコントロールすることが主要機能となる．換言して，ロジスティクスは仕入れから顧客の手もとまでの全社の在庫コントロールにより市場の販売動向に過不足なく，効率的に，効果的に製品を供給するマネジメントともいえる．

在庫コントロールのためには，市場の販売状況や見通し，さらに現在の在庫量をベースとした生産量，仕入れ量などの把握や指示の機能が必要となる．なぜな

図 4.18 ロジスティクス・システムの概念

ら，市場の販売状況や見通しがつかないということは，欠品などにより顧客満足の得られるリードタイム内に製品を供給できないことにつながり機会損失を生む．逆に，販売量を上回る生産や仕入れは，過剰在庫，不動在庫を生むこととなりコストアップの原因となるのは必至である．

また，もてる在庫をいかに顧客のリードタイムに最適に合わせるかということが重要である．そのためには拠点配置を物流システム化の核とし，在庫の有効配置を行わなければならない．

このようにロジスティクス・マネジメントには仕入れ・生産・販売を統合した在庫管理，仕入れ・生産の計画・指示，最適な拠点配置による在庫の有効配置管理などが求められる．

c．ロジスティクス化のステップ

ロジスティクスの変遷でも述べたように，物流はその効率化・合理化を目指したシステムからロジスティクスへと向かっている．すでにロジスティクス・システムを導入・運営している企業も着実に増えているようである．しかし，いまだに従来の概念や管理・運営手法などから脱却できていない企業が多いことも確かである．

そこで，企業の活動レベル・実力に合わせたロジスティクス化へのステップについて簡単にまとめる．

まず，第一に自企業の活動レベル・実力を評価することから始める．たとえば，

① 情報システムの現状がどうなっているのか？
② 調達部門，生産部，販売部門，物流部門の情報がそれぞれ独立に存在していないか？
③ 調達，生産，販売がそれぞれ，物流を無視して行われていないか？
④ 企業の戦略としての物流の位置づけはどうなっているか？

などをベースとして評価する．

次に自企業の活動レベル・実力にあったステップ，すなわち，現在レベルの一つ上のステップを目指す活動へと進めていく．そして，企業戦略としてトップダウンでの活動とし，情報のシステム化，物流のシステム化，さらにロジスティクス化へと邁進していく．

ここで，調達から納入までのフローの中にある在庫をリアルタイムに把握し，その情報を各部門が共有し，さらには部門間の連携により顧客の要求に応えつつどれだけ在庫圧縮という効果を出せるかが最も重要である．そして，その基盤としての情報システムの構築がポイントといえる．説明は省略するがシステムの基本型とその構築ステップの例を図4.19に示しておく．

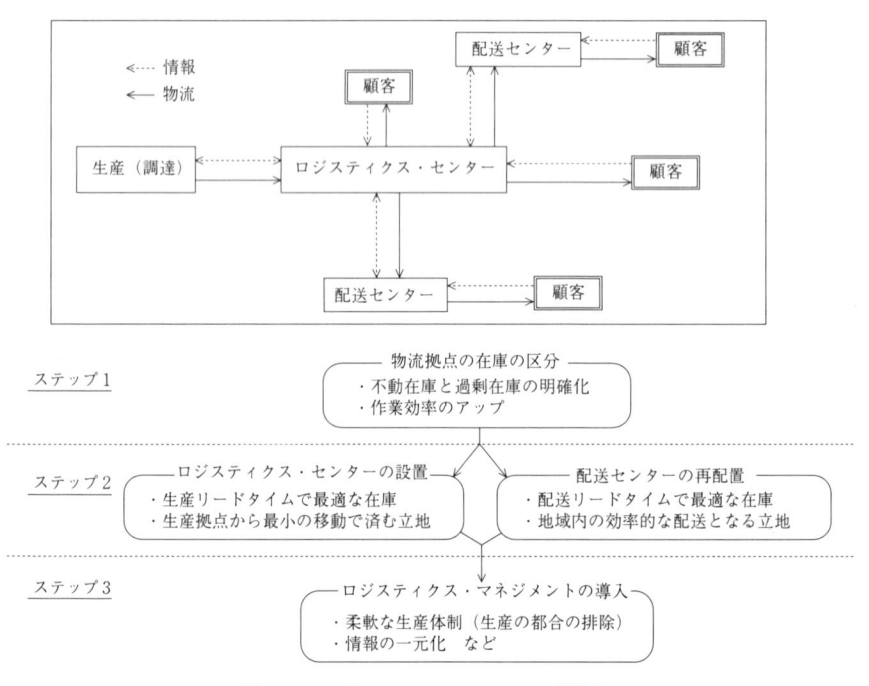

図4.19 ロジスティクス・システムの構築例

4.2.5 ロジスティクス情報システム

ロジスティクスが情報の一元化を実現する情報システムを基盤としていることから，その情報システムの側面からロジスティクス化へのステップをまとめて図4.20に示す．この図では，システムの発展のステップが大きく4段階に分けられている．

a．事務合理化システム

この段階は情報システムの最も初期の段階で，受注伝票の発行から製品の発送までの事務作業の合理化・効率化を主眼としたものである．このシステムは，本部に設置したホストコンピュータを中核として受・発注や入出庫指示を行うものである．

b．物流合理化システム

第二の段階としては，初期の段階では未着手であった物流作業の合理化および顧客サービスの向上を目指したものである．このシステムでは企業内の物流作業の計画・立案，作業の省力化・平準化・迅速化，緊急配送対応などが可能となる．さらに配送リードタイムの短縮，顧客への在庫状況の提供などのサービスが可能である．

c．リアル在庫管理システム

本部の事務合理化システムと物流合理化システムをリアルタイムで接続したシステムである．事務合理化システム側から物流合理化システムの在庫がリアルタイムで把握でき，生産や仕入れを適切に行えるようになる．また，販売では，顧客からの問合せに対し，在庫状況や製品の移動状況についての情報提供が速やかに行える．

物流では，倉庫や仕分け作業の自動化・省力化機器の導入がさらに進み，物流合理化システムとの連動により作業環境の改善やよりいっそうの効率化・合理化が図られる．

d．統合化システム

これまで構築した本部の事務合理化システム，物流合理化システム，さらには生産システム，販売システムを含めた社内の個別情報システムおよび協力企業・顧客企業をネットワークで結び，本部システムを中核とした全情報の一元管理を行う．これにより生産・物流・販売の一貫した管理が可能となり，それぞれが有機的に結合されるため全体最適の実現へと進められる．

このシステムでは，販売は顧客に対して在庫状況をはじめ製品移動状況，納入リードタイムなどを正確かつ迅速に提供できる．また，物流では，販売状況をもとに在庫の最適配置や最適配送計画の立案・実行および納入リードタイムの削減などが可能となる．生産では，正確な在庫の把握や販売情報により仕入れ・生産を実需に適合させて行うことができる．

つまり，原材料仕入れから製品納入までのフローに

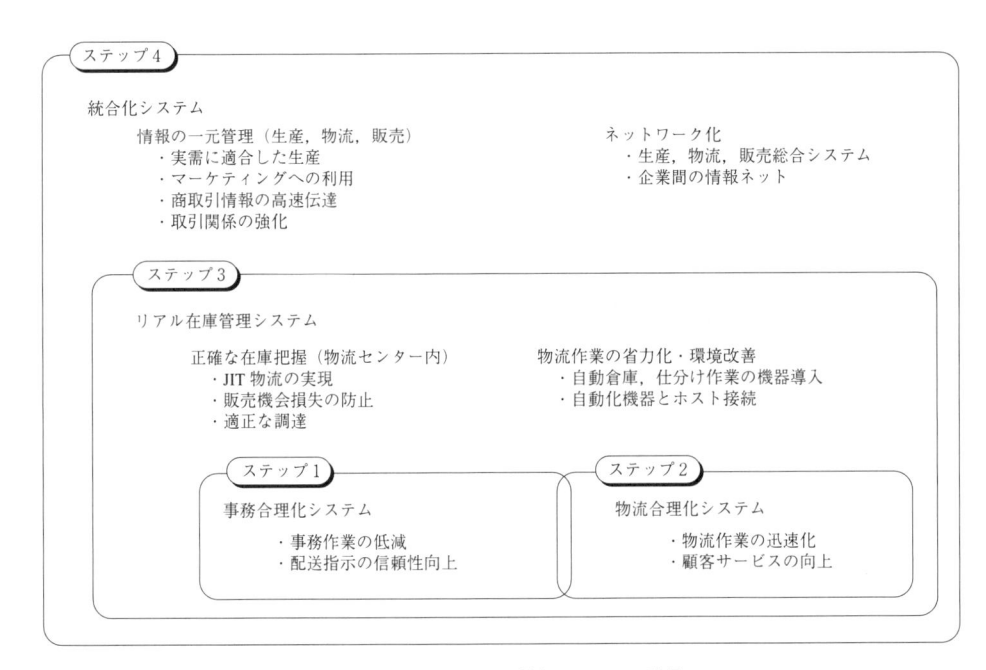

図4.20 ロジスティクス情報システムの発展

- ステップ4：統合化システム
  - 情報の一元管理（生産，物流，販売）
    - ・実需に適合した生産
    - ・マーケティングへの利用
    - ・商取引情報の高速伝達
    - ・取引関係の強化
  - ネットワーク化
    - ・生産，物流，販売総合システム
    - ・企業間の情報ネット
- ステップ3：リアル在庫管理システム
  - 正確な在庫把握（物流センター内）
    - ・JIT物流の実現
    - ・販売機会損失の防止
    - ・適正な調達
  - 物流作業の省力化・環境改善
    - ・自動倉庫，仕分け作業の機器導入
    - ・自動化機器とホスト接続
- ステップ1：事務合理化システム
  - ・事務作業の低減
  - ・配送指示の信頼性向上
- ステップ2：物流合理化システム
  - ・物流作業の迅速化
  - ・顧客サービスの向上

おいて，過剰在庫および不動在庫をなくし，必要最小限の在庫で効率よく効果的に流すことができる．その結果として，顧客の必要とするモノを必要なとき必要なだけ安く供給することが可能となる．

上述のように情報化のステップが進むにつれ，企業内情報ネットワーク化から次の段階である協力企業・顧客企業との情報ネットワーク化へと進められることとなる．このようなネットワークを通して，企業間で物流情報などを含めた商取引の情報データをコンピュータ間で交換することをEDI（Electronic Data Interchange）[5]という．EDIは，同業他社との差別化を目的とし，同業他社の参入を食い止め，取引関係を強化するものであり，戦略的情報システム化のキーとなると考えられる．

企業間のデータを交換し合ううえでそのフォーマットやコードが独自に決められていることが多い．しかし，物流業者などのように多くの企業と取引関係にある場合，EDIを個別に実現していこうとすると，すでに構築したシステムでは独自のデータフォーマットやコードの変換が必要となり，重複投資や効率の低下などが発生することが少なくない．このような問題を解決するためには，EDI実施企業全体で合意された規格化が求められる．

自動車業界では円高克服のための部品共通化やメーカー間OEM供給などの系列を越えた取引が増えはじめたことを背景に，日本自動車工業会がEDIの業界標準を95年度中に作成する予定である．また，本年に入って開発，生産から保守点検までのあらゆる情報を電子化し，オンラインで交換して徹底したコストダウンを目指すCALS（Continuous Acquisition and Life-cycle Support）の実用化研究組織の設立に伴い，その動きが活発になってきた．

4.2.6 ロジスティクス・コスト

企業経営の主目的である利益を出すためには採算性の検討が不可欠である．採算に合わない商品や顧客を明らかにし，それらに対策を講じる必要がある．また，企業における効率化・合理化の活動は，企業の生き残り・発展のために不可欠な活動といえる．そしてその活動のメジャーとしてコストを用いることが最も現実的かつ効果的である．そのためには，製造原価はもちろん物流，販売トータルでのコスト算定を欠かすことができない．

つまり，生産・物流・販売という企業活動で全体最適を目指すロジスティクスにおいては，トータルのコストを把握することが非常に重要なことである．そのため各段階での製品別・顧客別コストの把握が求められることになる．とくに，JIT物流などの対応においては多頻度少量配送を余儀なくされるため，これらのサービスに対して顧客の適切な評価が得られることをサービス提供者は求めている．すなわち，サービスによる違いをコストで算定し，それに見合ったコストを回収すること（サービス格差の反映）が求められているのである．

現在，生産での製造原価の把握についてはどんな製造業者でも比較的詳細に算定されているようである．しかし，調達・配送・販売の面では個別の製品に対するコストの算定はほとんどされていない，もしくはされていたとしても包装，輸送，保管，流通加工などの機能別にされていることが多い．

いま，サービス格差の反映を可能にする一つの手法としてABC（Activity-Based Costing）[6]が注目されている．

ある商品1個当たりの梱包にかかるコスト，といった詳細なコスト把握を，包装などという活動（作業）に焦点を合わせて行う方法がABCである．たとえば，物流においては，その活動として受注・発送処理，入庫，保管，ピッキング，検品，梱包，積込みなどがあげられるが，コスト格差が出る最小単位のものとすることが有効なコスト算定につながる．図4.21

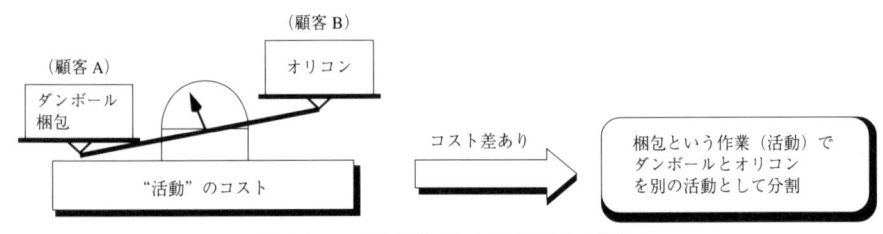

図 4.21 コスト算定のための最小単位の活動

は梱包における活動の設定例である．同じ商品の梱包でもある顧客はダンボール梱包，また，ある顧客はオリコンとしてよいという場合は，これらの梱包に要するコストの違いは明らかであり，それぞれ別の活動として設定する．そしてそれぞれの活動の総量の把握とその活動に要した人件費，スペース費，設備機器費などの費目別のコスト割当てによって顧客別のコスト算定を可能とするものである．

これにより，顧客の要望しているサービスの違いによるコストの違いが明確になり，物流サービスの妥当性の検証を行うことができる．さらに，従来の包装，保管，輸送といった機能別コスト把握では限界となりつつある物流システムの合理化に対し，このような製品別・顧客別のコスト把握によっていままでとは違った切り口からの合理化推進のアプローチが可能となる．

4.2.7 ロジスティクスの新分野

最近アメリカでは SCM（Supply Chain Management），ECR（Efficient Consumer Response），QR（Quick Response），ER（Efficient Replenishment），CRP（Continuous Replenishment Program）が叫ばれている．これらはいずれも消費者にいかに適時にかつ効率的に商品を供給するかをターゲットとしたものである．以下では，これらのいくつかを紹介する[7]．

a．SCM

これまでロジスティクスが段階を経てその範囲を拡大しながら効率化を進めてきたことはすでに述べたとおりである．

企業内の効率化によるコストダウンの限界感を強めている企業にとって新たなる発展への挑戦目標は流通統合システム化である．その中心概念が SCM と呼ばれる管理手法である．

SCM は図 4.22 に示すように，一つの企業の物流と情報が直接取引のある企業にとどまらず，その直接取引企業が取引関係のある企業，さらにその次へと連鎖的に広めたものである．

つまり，原材料の仕入れから消費者が購入するまでの調達・生産・保管・配送の一連の活動を自社のみだけでなく，前工程や後工程に位置する企業と連携して総合的に流通コストの低減を図ろうというものである．

これは自社のみの在庫コントロールという観点から流通過程にある全企業の在庫のコントロールを統合的に行うという観点に立ったマネジメントともいえる．

b．QR

ドル高によりアメリカのアパレル業界は，海外からの輸入製品に対するコスト競争力を低下させていたが，流通段階までの費用を入れたトータルコストでのコストダウンを図ったことにより競争力を回復，高めた事例に基づく概念である．

その目的を整理すると，消費者満足度の向上，流通コスト削減による競争力のある価格，消費者ニーズに合わせた品揃えによる販売機会損失の削減などとなる．

わが国では通産省「繊維産業情報化プロジェクト」による QR の導入基盤の構築が始められており，大いに期待されている．

c．ECR

ECR は食品，日用雑貨版の QR であり，スーパーマーケットによる低コスト商品供給システムの概念である．したがって，その目的も QR と同様である．

d．VMI

VMI（Vendor Management Inventory）とは小売業の発注業務を納入業者に移管することである．これは納入業者側の実需対応システムと小売業の POS 情報をベースとしてサプライ・チェーン全体の効率化をねらうものである．

本節ではロジスティクスの歩み，概念，システム化

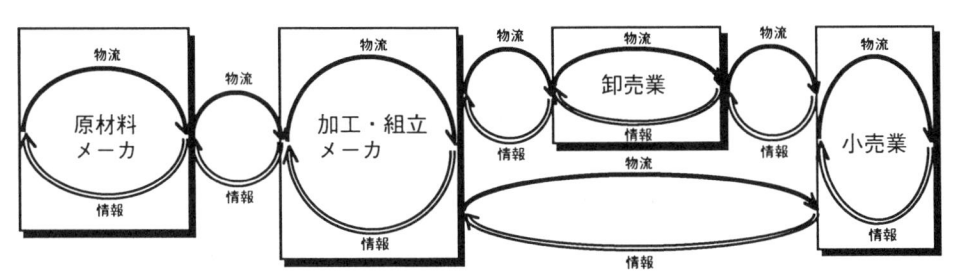

図 4.22 SCM の概念図

などについて説明してきた．企業における物流の役割は非常に大きく，いまやその職種も品質管理，法務対策と並び花形職といわれるほど重要な位置を占めることとなった．そして物流力のない企業，つまりロジスティクス化に立ち後れた企業は，市場のニーズへの即応力やコスト競争力に欠ける結果となり，市場からの脱落を意味するといっても過言ではないであろう．

4.3 自動化の現実とその展望

4.3.1 ロジスティクスと自動化

前節でも述べたように，ロジスティクスでは調達，生産，保管，輸・配送，販売といった企業活動において，最小限の在庫で必要なモノを必要なときに必要なだけ供給することを目指している．そして，ロジスティクスの実現には情報システムを基盤とした情報の一元化がポイントとなっている．このシステムでは，一元化された情報をもとに意思決定を行い，さらにその決定内容を受け，作業者および機械が確実に実行し，その報告を行うことが必要である．換言して，意思決定のための情報が，入力や伝達の過程で誤ったものとなったり，決定後の作業が正確さを欠いたり，滞ったりしていてはシステムの目的を果たすことはできない．そのため，包装，保管，荷役，配送，流通加工などといった物流における作業や，それらに関する情報の入力と伝達などの確実性，迅速性などが求められる．

ロジスティクスを支える物流業界は総じて労働集約型産業の色彩が強く，3K（きけん，きつい，きたない）職種といわれて久しい．とくに国内物流の大半を担っているトラック輸送業界では，ドライバーの労働条件が平均年間2628時間という長時間労働で，賃金は賞与を含めて平均年間483万円と全産業でも最低レベルの収入となっている（平成4年度実績）[8]．このため，景気低迷のなか一時ほど顕在化していないとはいうものの労働力確保難や高齢化の進展などといった問題を抱えている．また，一方では企業のロジスティクス化に呼応した多頻度小口配送，JIT配送の要求とともに，顧客サービスや緊急対応サービスなどのよりいっそうのサービス向上が強く求められており，輸送コストアップの一因となっている．

これらの要求や問題に対する一つの回答が自動化にあると考えられる．物流という労働集約型の活動をいかに省力化，機械化，自動化するかによって，雇用確保や高齢化への手当てとなろう．さらに，これらの実現により輸送コストの低減，作業の進捗情報などの入力，伝達の確実性，迅速性の向上へと発展できるといえよう．

本節ではトラック輸送を中心に，ロジスティクス活動における自動化の現実と今後の展望について述べる．

4.3.2 自動化の現実

現在，物流すなわちロジスティクスにおける自動化の現状はいかなるものであろうか．

ここではロジスティクス活動の中の輸送，保管，荷役および情報システムの側面からみた自動化，機械化について紹介する．

a．輸　　送

周知のとおり輸送を担当する機関は鉄道，自動車，船舶および航空である．なかでも自動車つまりトラック輸送は表4.1に示すとおり，国内の輸送トン数では全体の約9割，輸送トンキロでは約5割を占めており，輸送の中核となっている．つまり，トラック輸送は経済活動のうえで欠かすことのできないものであり，国民生活に果たす役割は非常に重大なものになっている．

しかしながら，トラック輸送業界では，前述のように労働力確保難，高齢化，賃金レベルなどの問題を抱えており，これらの克服が急務となっている．このため，従来のような人手による労働集約型の活動を省力化・自動化機器の導入により，効率化を図ろうとする

表4.1　トラックの国内貨物輸送量

年度 項目	輸送トン数（百万トン）			輸送キロトン（億キロトン）		
	平成3年	平成4年	平成5年	平成3年	平成4年	平成5年
国内貨物総輸送量	6 919.3	6 725.4	6 430.5	5 599.5	5 570.7	5 356.6
トラック輸送量	6 260.9	6 101.7	5 821.5	2 837.8	2 816.0	2 758.8
トラック輸送比率	90.5%	90.7%	90.5%	50.7%	50.5%	51.5%

資料：運輸省「各輸送統計」

動きが活発になっている．

（ⅰ）**輸送荷役**　輸送荷役は倉庫やターミナル，ロジスティクス・センター，配送センターなどの荷役を担当する人員や機械を備えられるところ，およびそれ以外の不特定の場所における積み卸しも必要となる．トラック輸送の最大の特徴は，ドア・ツー・ドアであるが，人員や機械が備えられない不特定の場所における荷役の自動化，機械化が重要である．そのための装置，ボデーなどには

① 自動式コンベア
② 車載クレーン
③ テールゲートリフタ
④ ボデー
　・ウィングボデー
　・ウォーキングフロアボデー
　・セルフローダボデー
　・バランスボデー
　・ケーブルフロアボデー
　・カルーセル装置車
　・二段積み車
　・ウィンチ車
　・ダンプトラック
　・自動排出装置付きバルク車
　・脱着ボデー車
　・コンテナ輸送車

などの種類があり[9]，用途に合わせて数多く利用されている．

（ⅱ）**運転支援・自動化**　トラック輸送において，トラックを運転するドライバーの負担軽減や省力化，安全のための運転支援・自動化機器の状況は以下のとおりである．

（1）**オートクルーズ装置**：　高速道路などの比較的一定速度が保たれやすい走行条件においてドライバーの入力操作により，自動で一定速度を保ち走行する．これはアクセルワークを電子制御装置がドライバーに代わって行うもので，トランスミッションの変速は行わない．車間距離センサやブレーキアクチュエータなどを追加し，先行車との車間距離を自動的に保ちながら走行制御（追従走行）を行うアダプティブクルーズも乗用車で商品化されている．こうしたものが今後トラックにも適用されるものと予想される．

（2）**オートマチックトランスミッション**：　トラックのオートマチックトランスミッションには，トルクコンバータ方式，機械式電子制御方式がある．トルクコンバータ方式は，乗用車では現在多くの車両に搭載されているが，国内トラックではトルクコンバータ方式は伝達効率や装置のコストの問題などからあまり普及していない．機械式電子制御方式は，伝達効率の面で有利であるが，コスト，性能の面ではまだ広く普及する条件を満たしていないようである．また，一部の状態で変速時の判断をドライバーに委ねるセミオートマチックタイプのものが市場に入りつつある．

（3）**障害物警報装置**：　レーザーレーダを用いた前方障害物警報装置が市販されている．これはおもに居眠りや漫然運転による追突事故の防止をねらいとしたもので，トラックへの装着が多くみられる．レーザーでは雨や霧に対して精度上問題があり，これらに強いミリ波の応用研究が欧米および日本で進められている．

近距離障害物警報装置としては，超音波を用い後退時の壁との距離を知らせるバックソナーなども商品化されている．

また，後方および側方からの接近する車両との衝突を防止するために車両の左右に取り付けた障害物センサにより後方車両を検知し，警報を行う後方/側方障害物警報装置の開発が進められている．

（4）**居眠り運転警報装置**：　ドライバーの目の開閉状況，ドライバーのハンドル操作状態および車両の挙動などの情報をもとに運転中のドライバーの居眠りを検知し，警報などにより覚醒する装置について研究，開発が行われている．10年ほど前にステアリングの操舵角の変化から居眠りを推定し，警報を出すシステムが乗用車で商品化されたこともあるが，普及するまでには至らなかった．

（5）**後方確認モニタ**：　バンボデー架装などによって後退時の後方視野が確保できない場合にボデー後方にカメラを取り付け，室内のモニタに後方視界を映し出すものであり，バン型トラックでは非常に多く装着されている．

（6）**自重計**：　自動車，とくにトラックの走行制御には重量というファクターは不可欠である．トラックの自重計にはロードセル，ひずみゲージ，スプリングたわみ変位計などを用いたものがあるが，コストやメンテナンス，取付け，精度などに問題が多い．これらの問題解決に向けたセンシング技術の研究が進行中である．

（7）ナビゲーションシステム： 自動車を運転し目的地まで走行するには，ドライバーはあらかじめ目的地までの経路やその選択が必要となる．ナビゲーションシステムはディジタル地図をもとに車両の現在位置とその周辺の地図を表示し，目的地までの経路案内などの運転支援情報を提供するシステムである[10]．これも乗用車での装置がおもでトラックにおいてはほとんど装着されていないようである．これは道路をよく知ったプロドライバーが多いためであろう．しかし，新人ドライバーの教育や乗用車での効用の経験から装着する例もある．

道路交通情報（VICS）センターが96年春から開始しているサービスにより提供される渋滞，事故，工事，規制，駐車場などの情報の表示機能をもつシステムが商品化されている．これらの普及によりトラックでも輸送の効率化が大いに期待でき，装着率も増加すると考えられる．

（8）その他： トラックにおけるドライバーの負担軽減のための構造や機器はその他にも多数あるが，
・パワーステアリング
・パワーウィンドウ
・電動ミラー
・電動格納式ミラーアーム

などもその一部であり，広く普及している．

一方，将来の自動車の高知能化による安全性，使いやすさを飛躍的に高めることを目的として運輸省が推進を図っている先進安全自動車（ASV）計画の中で
・車両危険状態モニタシステム
・警報灯火自動点灯システム
・車線逸脱時警報システム
・事故回避自動動作システム
・事故発生時自動通報システム
・ドライブレコーダ等運転操作

などの実用化を目指している．これらの研究開発は，インフラとの協調システムである次世代道路交通システム（ARTS），スーパースマートビークルシステム（SSVS），新交通管理システム（UTMS）などの計画推進とともに現在官民協力のもとに進められている．

究極的な輸送の姿は，自動運転が実現されることであり，専用道路での無人トラック輸送の実現は省人化，安全，輸送効率に大きなメリットを与えるであろう．

（iii）事務処理の自動化 輸送における事務処理は輸送計画（配車），輸送実績に大別できる．

（1）輸送計画： 輸送においては，自社条件，客先条件，運行条件，環境条件のもとで物資をいかに効率よく輸送するかを計画することがポイントとなる．これらの諸条件を設定することでコンピュータ処理により輸送計画を行うシステムがある[13]．また，後述するAVMシステムにより車両の運行状況の把握，運行の指示・変更などをリアルタイムに行い，積載率向上や顧客サービスにつながる配車，帰り荷確保など実現するシステムも出現してきた．しかし，これらのシステムでは処理能力の大きなコンピュータや通信メディア，通信機器などを必要とし大きな投資を要する．このため，一部の大手メーカー，大手輸送業者がそのようなシステムを導入しているが，多くの輸送業者は従来のように担当者の勘や現有の機器に頼っているのが現状である．

（2）輸送実績： ドライバーの事務処理項目としては受領・納品伝票などの授受にかかわるものや輸送実績の報告，すなわち運行日報の作成，提出にかかわるものがある．

伝票処理はOCR（Optical Character Reader）による読取りが数多くの場面で使われており，出先などではハンディスキャナなどもよく利用されている．

輸送実績の報告は従来，法によって取付け義務のある運行記録装置（タコグラフ）と所定の記入用紙にドライバーが記入するものがほとんどであった．しかし，物流の効率化やロジスティクス化の実現に当たってコンピュータ処理の必要性が生じ，これらの報告の形式も電子化されつつある．そして車載機による車両の走行状況とともにドライバーが直接入力した，電子化データで報告できる方法の一つとして運行管理システム[11,12]が利用されている．

現在の運行管理システムの車載機は，法規上タコグラフ（アナログ式）と並列で取り付けられており利用者にとっては二重投資となっている．現タコグラフの速度，距離，時間の3要素に加え，ブレーキ回数，エンジン回転数，GPSによる位置などの付加的なデータを記録するディジタル式タコグラフとして統合することで二重投資を避け，データのコンピュータ処理による運行改善を実現していくことも重要であろう．

b．保　管

現実のロジスティクス活動では，即時対応には限界があり，物資が生産されて消費されるまでに時間の経過，すなわち保管（在庫）が必要となる．

倉庫，ロジスティクス・センター，配送センター，トラックターミナルは，おもに保管の機能をもつ．これらの保管施設では，保管のための倉入れや輸・配送のための倉出しといった荷役の省力化，効率化が求められる．

ここでは保管物資を倉庫内などに積み付ける設備として主たるものであるラックについて紹介する[9]．

（ⅰ） 動力式流動ラック 動力式のコンベアを利用してパレット積み物資の移動などを行うタイプである．

（ⅱ） 移動ラック 床に埋め込まれたレール上を電動により移動できる構造をしたラックである．これにより入出庫作業など必要に応じてラックを移動し，通路の確保が可能で倉庫内のスペースを有効に活用できる．

（ⅲ） 回転ラック ひとつながりのラックが回転運動をし，入出荷場に面するようにした電動ラックで，図4.23に示すように水平式と垂直式がある．このラックは，入出荷のために作業者や荷役機械がラック間を移動しなくてすむため，労力やスペースを節約できる．

（ⅳ） 自動ラック倉庫 立体自動倉庫ともいわれ，高層ラックの中にパレット単位で物資を扱うラックである．おもにスタッカクレーンによって作業を行うものが多く，コンピュータ遠隔制御装置により品物の出入れを自動的に行う．特徴としてはラックを構成する柱と建物の柱を共用して建築費用を節約しており，単位面積当たりの保管効率が高く，在庫管理の容

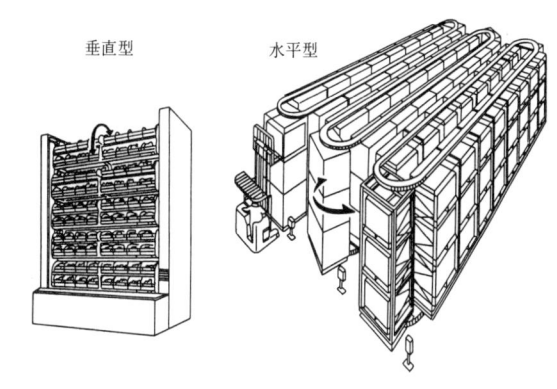

図4.23 回転ラック[9]

易さや省力化といった利点がある．

c．荷　役

荷役は主として人手に頼る部分が多く，省力化，効率化の対象として最も機械化，自動化が図られるべきところである．

輸送，保管の項で荷役に密接に関連する項目についてはすでに紹介してきたが，ここではそれらと重複しない部分の荷役に関する省力化・自動化機器について取り上げる[9]．

（ⅰ） フォークリフト フォークリフトは取出し，運搬，積み卸し，積付けの複合作業ができ，最も代表的な荷役機械である．その種類も豊富でパレチゼーションなどのユニットロードには不可欠であり広く普及している．

（ⅱ） クレーン クレーンには大別して天井クレーン，ジブクレーン，橋型クレーンなどがある．こ

表4.2 コンベアの種類と用途

コンベアの種類	用　　　途
ローラコンベア ホイールコンベア	比較的軽量品物を重力や人力で搬送など
ベルトコンベア	穀物類，セメントなどの粉粒体，バラ物の運搬，移送パレット積載物，コンテナなどのユニットロードの運搬など
チェーンコンベア	穀物類，セメントなどの粉粒体，バラ物の運搬，移送パレット積載物，コンテナなどのユニットロードの運搬など
チェーントロリーコンベア	製造工場組立ラインへの部品供給や半製品の移送など
空気コンベア	穀物類，セメントなどの粉粒体，バラ物の運搬など
動力式ローラコンベア スラットコンベア	移送パレット積載物，コンテナなどのユニットロードの運搬など
トウコンベア	無動力の運搬車の無人運行など
垂直コンベア エレベータ	パレット積載物，コンテナなどのユニットロードの垂直搬送

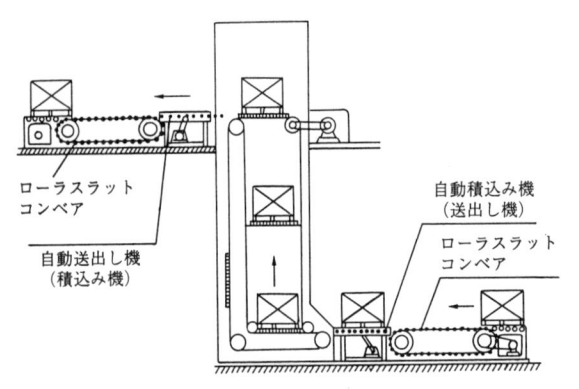

図 4.24 ユニットロード用垂直コンベア[9]

れらは主として重厚長大な物資の荷役に利用されることが多い．

(iii) **コンベア**　多量のものを 1 個ずつあるいは少量ずつ連続的に運ぶ機械であり，運搬のための往復移動が省力化できるなどの長所をもっている．そして目的によって多くの種類があるが，その種類と用途の概要を表 4.2 にまとめる．また，垂直コンベアを図 4.24 に示す．

(iv) **パレタイザ**　パレットへの積付けを行うものであり，機械式パレタイザとロボットパレタイザがある．図 4.25 に示すロボットパレタイザは産業用ロボットを用いて多品種の品物の積載を自動的に行うことができる．

(v) **無人搬送車**　運搬に使用される機器として最近急速に普及してきている．そして自動化とともに，知能化による誘導方式から自立式への移行も始まっている．

(vi) **自動仕分装置**　多品種小口配送，JIT 配送などの要求に応えるべく，高性能の自動仕分装置がロジスティクス・センターなどに導入されている．運輸業では宅配などを扱う大手の業者を中心に荷物の仕分け作業の省人化をねらった高速仕分システムが普及している．また，最近では多様な品物を扱うため，その使用目的に合わせた機能・方式をもつ各種の装置が開発，導入されている．

(vii) **自動ピッキング**　自動倉庫や回転ラックとコンピュータなどの自動制御を組み合わせたピッキングが自動ピッキングである．ロボットによるケース・単品ピッキングや，品物の自動切出しとコンベア連動によるピッキングのシステムもある．

これらの自動化装置ではバーコードリーダ，バー

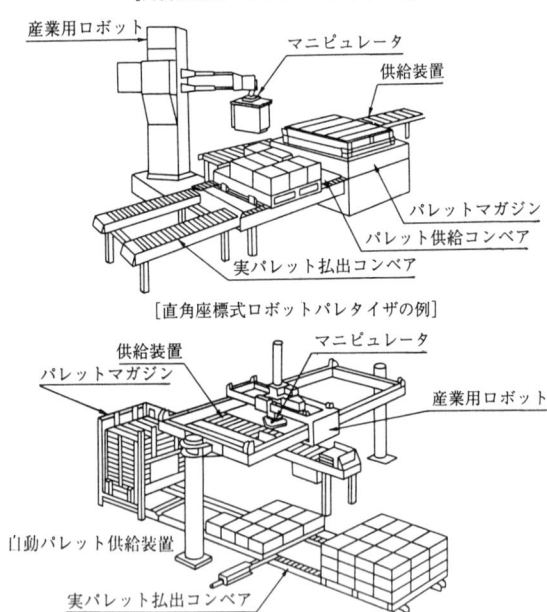

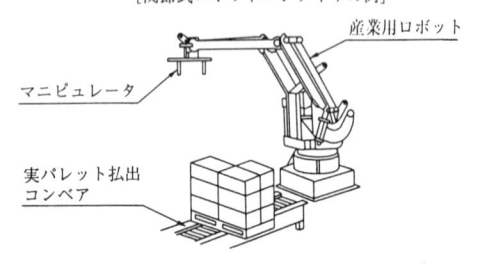

図 4.25 ロボットパレタイザ[9]

コードスキャナ，ラベルプリンタなどとともにコンピュータと結合して運用されている．

d．情報システム

ロジスティクス活動の根幹を支えるのは情報システムといって過言ではない．情報システムのいかんによっては社会の変化，需要の変化への対応や企業戦略面における意思決定などに大きく左右されるため，変化の激しい今日その役割もますます重要性が増している．

(i) **POS**（Point Of Sale）　POS システムは昭和 40 年代に登場したが，当初は小売り店でのキャッシャーの労働軽減と業務ミス防止のためのレジスター機能のみのものであった．現在では，これらの機能はもちろん，ホストコンピュータと接続することにより，どのような商品がいつ，どれだけ売れたかが正確かつ迅速に把握されるようになっており，スーパーやコンビニエンスストアなどに広く普及している．

（ⅱ）**バーコード** バーコードはPOSシステムや流通過程での商品認識のためのシンボルでJANコードが広く使われている．また，最近物流バーコード（ITFコード）が使われ始めている．これにより，物流ミスの防止，検品作業の簡略化，効率配送計画などの効果が得られる．また，荷送人から荷受人に至るまでの荷物の所在が常時管理される貨物追跡システムに利用されている．

（ⅲ）**電子タグ** 電子タグを車両にもたせ，車両の情報や積荷の情報を読み書きすることで車両の運行管理や荷物の入出庫管理を行うシステムや，コンテナ追跡システム，航空貨物搭載管理システム，海外では高速道自動課金システムなどに利用している例もある[17]．

（ⅳ）**AVMシステム** MCA無線，衛星通信を利用して車両と運輸会社の運行管理センターの間でデータ交換などを行い，車両の位置を確認したり，運行にかかわる指示，報告をリアルタイムで交信し，運行効率を向上するシステムが運用されている．

（ⅴ）**集荷・配送情報システム** MCA無線，衛星通信やパソコンネットワークなどを利用して，基幹輸送情報システム，帰り荷斡旋システム，集配集荷自動斡旋システムなどの各種システムが運用されている[17]．

（ⅵ）**VAN**（Value Added Network） VANは同報通信，通信スピード変換，メディア変換，プロトコル変換，フォーマット変換，要状交換などの付加価値を加えたネットワークサービスで取引先とのデータ交換を行う企業間ネットワークが普及している．

（ⅶ）**ISDN**（Integrated Services Digital Network） 音声・画像・データを一元的に取り扱えるISDNの普及によって，個別VANを主流とした企業間ネットワークが，関連企業総合VANが浸透しつつある．さらに地域，業界のネットワーク化へと進み，EDI（Electronic Data Interchange）[5]を行うシステムが出現し始めている．また，これらの情報を使って製品の利益計算を行うDPP（Direct Product Profit），製品の費用計算を行うDPC（Direct Product Cost），オンラインで受注を行うEOS（Electronic Ordering System），さらには自動倉庫や自動仕分け，自動ピッキングの制御などを行うシステムの事例も増えている．

ここまで紹介してきた自動機器や情報システムを導入し，効率化を図った近代的なロジスティクス・センターの例を図4.26に示す．

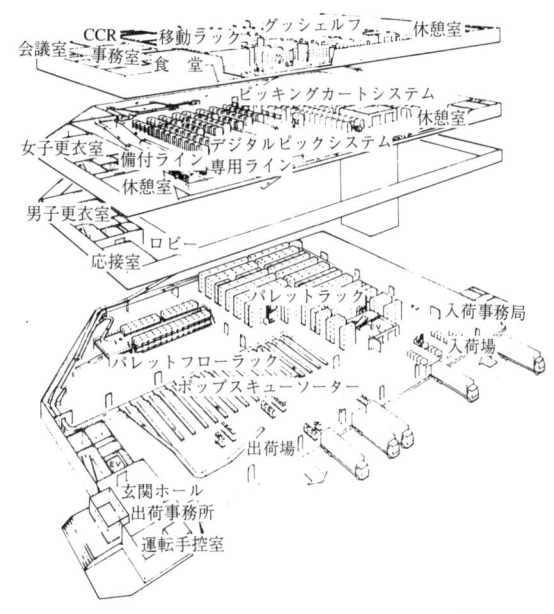

図 4.26 近代的なロジスティクス・センター[3]

以上，ロジスティクス活動における省力化，効率化を目指した機械化，自動化の現状について紹介してきたが，この活動の中枢を担っているトラック輸送業界では，基本的に企業規模で中小零細企業が圧倒的に多い[10]．そのため十分な設備投資が行えず，上述した自動化の導入が遅れている企業が多いことも確かである．

4.3.3 自動化の課題

ロジスティクスにおいて自動化を進展させるうえでの課題は，次のようなものがある．

a．標準化

荷役の効率化の面では，フォークリフトやクレーン，自動倉庫，自動仕分け装置などを利用できるユニットロードが有効である．これはパレット積み，コンテナ積みの物資を輸送するもので，積み替え荷役などを必要とするモーダルミックスの実現や共同輸送などには欠かせないものといえる．そのためすでにJISなどの規格はあるものの，すべての輸送業者で共通に簡単に取扱いができるようになっていないため，パレットやコンテナ，オリコンなどの標準化が必要である．

また，前項で紹介した近代的なロジスティクス・センターの実現や発展には，コンピュータ接続による自動機器の制御が望まれ，そのためのデータの交換が必要である．そのためには前節で述べたとおりプロトコ

ル，フォーマットなどの標準化も重要である．

b．センシング・制御技術

情報の入力，物資や車両の識別，運転や操作は，人間を介したものがほとんどである．そのための労力や負担が大きく，きたるべき高齢化社会においては大きな問題となっていくことと考えられる．

そこで現在実用化されているレーザーレーダをはじめとするレーダの性能向上や低廉化，画像処理技術を応用した安価な車両や障害物センサ，重量センサ，電子タグなどのセンシング技術などの開発，実用化が必要である．また，人間の負担を抑え，さらには人間が介在することなく運転や操作を可能とするような制御をはじめとしたメカトロ技術の研究，開発も必要であろう．

c．企業投資

自動化の対象としては荷役などの従来の人手に頼っていた作業の自動化が最も重要な課題である．ロジスティクス・センターや配送センター内に自動ラック，ピッキング装置や仕分け装置の導入などを図り，輸送における省力化機器や情報入力・伝達などの省力化・自動化機器を導入することが，効率化，コスト低減を実現することを踏まえて十分な投資を行うことが肝要であろう．また，投資を抑えるためには共同化などの施策を考慮した打開策を探ることも忘れてはならない．

d．社会施策

上記のような省力化・自動化機器の導入には多額の投資が必要である．しかし，既述のとおりトラック輸送業界はその大半が中小業者であり，省力化・自動化のための十分な投資が困難な状況にある．そこで，これらに対応する税制や資金制度，さらにそのような企業の共同化，組織化の推進などの社会施策が必要である．

また，交通渋滞や環境破壊といった問題に対して道路整備，乗入れ制限，排気ガス規制などの施策を実施してきているが，十分な効果をあげているとはいいにくい状況にあり，これらの解決のために抜本的な社会システムの変革をもたらすような社会施策が急務である．

4.3.4 今後の展望

今後の自動化の展望について述べる．

a．自動化・機械化

・保管，荷役の自動化　ロジスティクス・センター，配送センター内などでの自動化は逐次進められよう．さらにこれらを支えるメカトロ技術の進展とともに情報システムとの接続はもちろん，高度化，知能化が進むであろう．

・輸送荷役自動化　従来のような省力化の機器やボデーに加え，さらに効率化が図れる高度な機器の開発が進められるであろう．

・運転支援・自動化　車両の運転の面では自動追従走行装置や自動運転装置を実現することが近い将来実現しよう．とくにトラック輸送では長距離，夜間走行におけるドライバーの負担が非常に大きくこれらの要求は高い．そのため車両ではセンシング技術，通信技術，制御技術などの多くの高度なメカトロ技術の確立が急がれよう．

・インフラ　車両が道路側の設備に頼る面もありその整備や通信インフラも重要である．このため高度な道路設備や通信インフラの整備が進められ，車両のインテリジェント化や交通流制御などの高度化が進められるであろう．

ここで車とインフラの調和がなされず，どちらかに偏ったシステムとなってしまうと，コスト高の原因となる可能性が高い．そこで双方の調和のとれたシステムが求められる．

したがって，このような技術の確立を目指すASV，ARTS，SSVS，UTMSなどの研究開発への期待も高まり，同時にインフラ整備などを含めた社会施策での対応や官，民，学が協力した対応が要求されよう．そしてこれらのプロジェクトとともに，運輸省が展開を図っている「物流ネットワークシティ構想」や「サテライト型物流拠点構想」，建設省が研究中の「ロジスティクス・インターチェンジ構想」[14,15]（図4.27）などが進展し，早期の実現が望まれるところである．

b．情報システム[16]

前述のとおりロジスティクス情報システムの重要性は，ますます増大している．

・ネットワーク化　社内拠点間，取引先や関連企業などのネットワーク化が着実に進んでいる．今後も通信インフラや情報通信技術の進展とともに企業内，企業間のネットワーク化やその再構築，さらに地域，全国の各ネットワーク化が加速すると思われる（図4.28）．

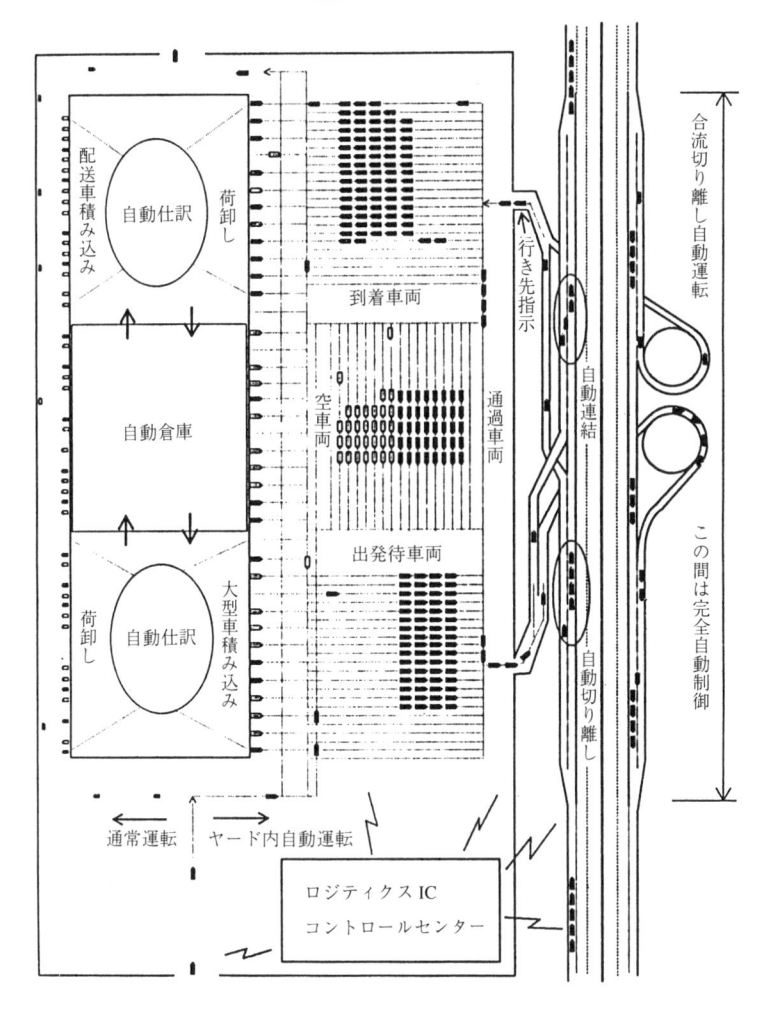

図 4.27　ロジスティクス IC のイメージ [17]
（ロジスティクス・センターと高速道路の結合）

・通信メディア　MCA 無線，自動車電話，衛星通信などのメディアを利用した移動体通信が頻繁に行われ，顧客サービスの向上や輸送の効率化に寄与している．しかし，これらの通信メディアにはそれぞれ高い通信料金，遅いデータ通信速度，限定されたサービスエリアなどという問題点を抱えている．これに対して，PHS（パーソナルハンディホン），FPLMTS（次世代移動通信システム），IRIDIUM 構想の開発および実用化，さらにはマルチメディア化をにらんだ光ファイバ高速通信網などの整備が進められており，その期待も大きい．

これらのサービスの実現により，トラック輸送業者は現有メディアによるシステムをしのぐ，輸送の効率化，ドライバーの負担軽減・走行安全，到着予測などへの幅広い利用が可能となろう．

この節では，ロジスティクスにおける自動化の現実と今後の展望について述べてきた．

国民生活や経済活動においてロジスティクスの果たす役割は大きく，その影響も大きい．そしてロジスティクス活動における自動化のもつ意味もまた重要である．とくに流通業，輸送業においては 3K の払拭が急務であり，これを実現する糸口を輸送，保管，荷役などの労働集約による活動の機械化，自動化に求めようとするのはごく自然のことといえよう．

ロジスティクスはその重要性から一企業の経営戦略

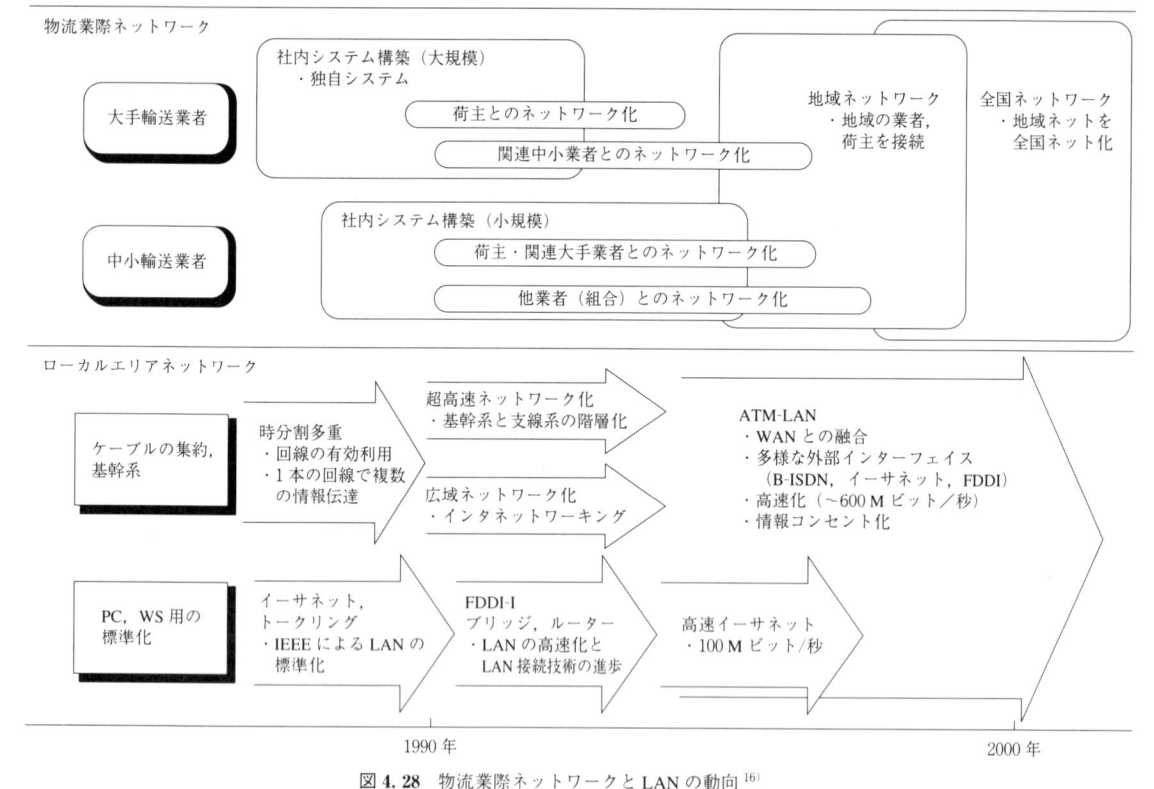

図 4.28 物流業際ネットワークと LAN の動向[16]

を越え，社会全体の施策へと波及し，さらには国際的視野での広まりをみせることとなろう．

[佐藤　司]

参 考 文 献

1) 梶田ひかる：定義にみるビジネスロジスティクス，輸送展望，No. 225, p. 108-115 (1993)
2) 阿保栄治：ロジスティックス・システム，税務経理協会 (1992)
3) 阿保栄治：ロジスティクス，中央経済社 (1992)
4) 佐藤修司：生販統合化へのロジスティクス戦略，輸送展望，No. 227, p. 96-103 (1993)
5) 加藤光一：物流業界における情報化の現状と課題，輸送展望，No. 226, p. 80-89 (1993)
6) 湯浅和夫：ABC（活動基準原価計算）による物流管理の新展開，輸送展望，No. 230, p. 12-18 (1994)
7) 梶田ひかる：ロジスティクスの新しい分野，輸送展望，No. 231, p. 28-34 (1994)
8) トラック輸送産業の現状と課題（平成6年版），全日本トラック協会 (1994)
9) 梁瀬　仁：荷役合理化のキーワード，ファラオ企画 (1992)
10) 熊谷信昭：自動車用ナビゲーションシステムの現状と将来展望，技術図書出版 (1991)
11) 流通研究社：トラック運送に見るソフト開発とシステム化の実態，無人化技術，Vol. 29, No. 8 (1988)
12) 佐藤　司ほか：電子手帳を用いた運行管理システム，自動車技術，Vol. 46, No. 8, p. 25-30 (1992)
13) 阿保栄治：新版物流の基礎，税務経理協会 (1990)
14) 運輸省貨物流通局：新時代の物流戦略，ぎょうせい (1991)
15) 中田信哉：多頻度小口物流，中央経済社 (1992)
16) 佐藤　司：トラック輸送の情報システム展望，自動車技術，Vol. 48, No. 8, p. 53-58 (1994)
17) 自動車走行技術協会：スーパースマートビークル（SSVS）の開発と関連技術に関する調査研究報告書，機械システム振興協会 (1993)

5

自動車と道路の知能化

5.1 交通情報システム

5.1.1 自動車と道路の知能化の沿革
a. 自動車交通のシステム化の芽生え

自動車と道路のよりよい協調を目指して自動車交通のシステム化を進め，自動車交通の課題である，道路資産やエネルギー資源，さらには交通に従事する人的資源の活用，交通渋滞や交通公害の軽減，交通安全の向上を達成しようとする発想は，有識者の間ではすでに1960年代に芽生えたものであった．その実現の方法としては，当時すでに次のいろいろな形態が考えられていた[1]．

① 自動車運転者に交通情報を提供し，その判断によって適切な行動を求めるシステム
② 交通管制によって運転者に勧告または指示を行い，自動車の運行を誘導または規制するシステム
③ 道路と自動車を一体化し，その究極の姿として自動車の自動運行を行うシステム

この目的のために，自動車交通のための新しい情報・通信システムを開発しようとする試みは，アメリカなどで，早くから取り組まれていた．

ゼネラル・モータース（GM）社が1966年に開発したシステム DAIR（Drivers Aid, Information and Routing）は，

① 緊急時における救援のための，運転者とセンターの間での音声または符号による双方向通信
② 交通状況，前方道路の異常などの音声による情報提供
③ 道路標識の車載ディスプレイ装置への表示
④ あらかじめセットされた経路への案内

など，現在開発が進められている各種システムと基本的にはあまり相違のない機能を有していた．

また，アメリカ運輸省（Dept. of Transportation）が1970年に発表した ERGS（Experimental または Electronic Route Guidance System）は，双方向個別のスポット通信により，全米のハイウェイを対象とする個別経路誘導のシステムを構想したもので，次に述べる CACS や ALI の原型となった．

日本では，通商産業省が80億円の国費を投じて1973年から大型プロジェクト自動車総合管制技術 CACS（Comprehensive Automobile Control System）を遂行し，1978年から1979年にかけて，東京都心部西南の約90か所の交差点・高速道路インターチェンジを含む道路網と1330台の装置搭載車による経路誘導その他の実験を行った．

ドイツでは，ジーメンス（Siemens）社が1970年ごろから PDS（Programmed Driving System）を独自に開発した後，研究技術省が CACS と同様の大規模なプロジェクト ALI の開発を遂行し，1979年から1981年にかけてルール地方の8都市を結ぶ都市間高速道路網で実験を行った．

b. 知能化交通システム ITS（Intelligent Transport Systems）に至る道程

1970年代における上記のような試みは，これを支える技術的・社会的基盤が十分でなかったため，すぐには実用化に結びつかなかった．その後，日米欧の各地域では，それぞれ次のような経過をたどった[2]．

（i） **日本の自動車情報通信システム**　わが国では，1960年代から1970年代における急激なモータリゼーションによって生じた諸問題に対応すべく，交通安全施設整備事業五か年計画などによって，交通管制センターの全国的な配置と整備，街路や都市内・都市間高速道路における交通情報収集・提供機器の拡充などが継続的に行われ，交通の管制や情報化のための多くの施設が設置された．また，CACS の開発成果のフォローアップとして，路車間通信や車車間通信，旅行時間計測などの技術の開発が地道に行われた．一方，

公害や安全対策で培われた自動車のエレクトロニクスや制御の技術は，1980年代における車載AV機器の進歩と，これを応用した自動車ナビゲーション装置の開発をもたらした．これらの成果をもとに，わが国では1980年代においても数多くの自動車情報通信システムの開発が進められた．なかでも，建設省と警察庁がそれぞれ主導した路車間情報システムRACS（1984～89年）と新自動車交通情報通信システムAMTICS（1987～88年）は，それぞれ多数の民間企業が数十億円に及ぶ資金を投入して参加し，国際的にも知られている．

(ii) **ヨーロッパのプロメテウス（PROMETHEUS）計画とドライブ（DRIVE）計画**　ヨーロッパでは，1960年代から交通信号制御や交通情報提供，経路誘導，ロードプライシング（道路賦課金制度）などの技術の検討が行われていたが，実用化の進展はさほどではなく，自動車へのエレクトロニクスや制御技術の導入も積極的ではなかった．プロメテウス・ドライブ両計画は，これらの改善を目指し，ヨーロッパ諸国の官庁，大学，企業が協調して共同研究を行い，世界に対する先端技術の競争力を高めようとしたものである．プロメテウス計画は，自動車産業の提唱により，自動車の情報化・ハイテク化を目指して，AI・マイクロエレクトロニクス・路車間通信・車車間通信など七つのサブプロジェクトを1986年から1994年にわたって推進し，ヨーロッパ共通デモンストレーションへの発展を試みた．また，ドライブ計画は，ヨーロッパ連合EUの主導する交通インフラ整備の研究開発として，第1期（1989～91年）に研究・技術開発，第2期（1992～94年）に12のパイロットプロジェクトなど，多数のプロジェクトを同時並行的に遂行し，引き続いて第3期（1995～97年）の計画を進めている．

(iii) **アメリカのITS（IVHS）計画**　アメリカでは，1960年代に芽生えた道路交通の知能化の動きは，1970年代から1980年代前半までは，宇宙技術の発展などの蔭にあってはぐくまれることがなく，施設の整備も遅れがちであった．この状況に対し，1980年代の日本の活動やヨーロッパの計画に刺激を受け，1987年にMOBILITY 2000と呼ばれる有識者の会合での討議を経て，IVHS（Intelligent Vehicle-Highway Systems）計画が提唱され，1990年には推進組織である団体IVHS AMERICAが発足した．1994年には，包含する領域を広げるため，IVHSはITS（Intelligent Transportation Systems）と改称された．

この計画は，アメリカ運輸省が主導して，全米のインターステートハイウェイの整備計画の区切りを機会に，1991年にISTEA法を成立させ，年間2億ドルの連邦予算を投入し，連邦政府と地方自治体，産・官・学の連携のもとに，アメリカ社会を支える道路交通の基盤を整備しようとするものであり，軍需産業からの先端技術の転換や，標準化活動を通じての国際的な影響力の強化をも意図している．

ITS計画では，道路交通における安全性の改善・強化，生産性の向上，交通流の改善，大気の浄化を目標に掲げ，次の七つのシステムを提唱している．

① ATMS（先進交通管理システム）
② ATIS（先進旅行情報システム）
③ AVCS（先進車両制御システム）
④ CVO（業務車両運用システム）
⑤ APTS（先進公共輸送システム）
⑥ ARTS（先進地域交通システム）
⑦ AVSS（先進車両安全システム）

すでに数十のプロジェクトやフィールド運用実験が遂行され，解析・評価が行われている．当初は，1995年の時点でわが国のRACSやAMTICSに匹敵する成果を得るとの控えめな見通しが示されたが，これを上回る成果が得られ，今後は，さらに多くの着目すべき成果が期待される．

(iv) **国際的なITS社会の形成**　アメリカでの1990年のITS（当初はIVHS）AMERICAの成立に続いて，ヨーロッパでは，各国の官庁・民間団体を連携する組織ERTICOが1991年に発足し，実用化推進のための戦略的分析と計画立案の導入，研究開発成果の評価と統合，標準化活動などを行い，1994年12月には，パリで第1回のITS世界会議を主催した．わが国でも，このような動向に対応して，1994年1月にVERTIS（道路・交通・車両インテリジェント化推進協議会）が発足し，1995年11月に横浜で第2回のITS世界会議を主催した．さらに，1996年10月にはITS AMERICAの主催によりオーランドで，また，1997年10月にはベルリンで，引き続いて世界会議が開催されることとなり，道路交通の情報化・知能化へ向けて活動する国際的なITS社会が形成されようとしている．

5.1.2 交通情報システムの概要
a. 交通情報の目的
　自動車を運転し，旅行する者にとって，運転や旅行の助けとなる情報はきわめて大切である．このため従来，道路標識や案内板，地図などが用いられ，時には，立ち寄り先や路上で人に尋ねたりして，必要な情報を入手する．しかしこれらは，情報の新しさや量，適合性などでは十分とはいえず，情報化社会の進展とともに，自動車が情報の欠落した空間にあるという認識が広まり，交通情報に対する要求が強くなった．

　運転者・旅行者にとって，運転者の目と耳だけではカバーしきれない局所的な交通情報を得て，より適切な運転行動をとることにより，運転の安全性・快適性を高め，また，広域的な交通情報を得てより効果的な旅行計画を立てることにより，旅行の円滑性・効率性を高めることができる．

　道路や交通の管理者にとっても，交通情報の提供によって，交通の円滑化や事故の軽減を通じて，よりよいサービスを提供し，使命を達成することができる．また，交通情報を提供するためには，まず情報を収集する必要があるが，情報の収集・処理・把握によって，管理者自体にとっても，計画建設・維持補修・運用管理の全般にわたって有用な情報を得ることができる．

b. 情報の内容
　本来の交通情報に加えて，多くの関連情報があり，最近は，新しい情報提供手段によって，多様な付加価値をもつ情報の提供が着目されている．

交通情報：
　渋滞・事故・工事などの事象
　生起地点または区間，生起時刻や予想継続時間，渋滞長・遅れ時間・閉塞車線数などの程度，最適経路や経路旅行時間

関連情報：
　風向・風速，降雨・降雪，霧，積雪・路面凍結などの気象情報
　駐車場の位置や空塞などの情報，駐車スペースへの誘導情報
　空港・港湾・鉄道駅などの関連交通施設やフェリー，パーク＆ライドなど乗継ぎに関する情報
　給油・食事・宿泊など関連施設の利用案内情報
　各種イベントに関する情報

c. 情報提供時点・場所と提供手段
　交通情報の提供時点・場所は，次のようにさまざまである．
① 旅行出発前（旅行計画時・出発直前）：自宅，オフィスその他
② 旅行中（走行中・駐車休憩時）：道路上，サービスエリアなど

　これらに応じて，それぞれ異なる情報提供手段が用いられる．旅行の出発前には，地図や新聞/ラジオ/電話/FAXなどの通常のメディア（情報媒体）が利用でき，パソコンのターミナルなども用いられる．出発後でも，駐車休憩時は同様である．サービスエリアに設けられた掲示板，情報ターミナルなどの情報提供施設も利用できる．

　車両走行中は，交通情報システム特有の情報提供手段が必要である．原則的に，車外からあるいは車内で，視覚あるいは聴覚に訴える組合せにより，四つの手段がある．

車外－視覚
　路上の施設から色灯・記号・文字・図形などを用いて情報提供を行う．文字や図形による可変情報板が，多く用いられる．

車外－聴覚
　路上の拡声放送装置が用いられることがある．

車内－視覚
　ディスプレイ（車載表示）装置が，最近，ナビゲーションシステムのために多く用いられるようになった．地上との交信により，交通情報を伝達・表示させることも行われようとしている．運転時の視線の移動を少なくするよう，前方に画像を表示するヘッドアップディスプレイ装置も研究されている．

車内－聴覚
　音声による情報提供は，運転者の負担を大きくしない点で優れており，カーラジオによる放送，交通情報専用の路側通信などが普及している．自動車電話の利用には，接続・情報選択などの操作が運転の支障とならない工夫が必要である．

d. 交通情報システム
　交通情報システムは，情報の収集・処理・提供の三つの機能を果たすサブシステムによって構成される．

　交通情報収集システムは，車両感知器・気象センサなどの機器による自動的な情報収集，管制員によるテレビカメラを用いる監視，パトロールカーとの無線による交信・ドライバーからの通報などの機能を果た

す．他機関からの連絡や情報伝達の機能もつけ加わっている．

交通情報処理システムは，車両感知器から100 ms程度の間隔で得られる原始データの平均化と誤り補正などを行う一次データ処理，1分ないし5分間隔で交通量，オキュパンシー，速度などの交通諸量を算出する二次データ処理，渋滞長，区間旅行時間などを求める状況判定などの処理を行う．管理者の判断による状況判定の変更，アドバイスや指示などが，これに重畳される．

利用者個々の要求に応じた高度の情報サービスを行うには，情報プロバイダの手を経て，これらの情報をさらに加工したり，新たな情報をつけ加えたりすることも行われるようになるであろう．

交通情報提供システムは，このように収集・処理された情報を，前に述べた各種の情報メディアや可変情報板，カーラジオ，車載ディスプレイなどに提供し，あるいはこれらのサービスを行うほかの事業体にデータの形で提供する．

以上述べたように，交通情報システムは，とくに交通情報の収集と処理の点ではかのシステムと多くの共通点がある．これらの点について他システムとの共用を進め，あるいは複数システムの統合を図っていくことが肝要である．

5.1.3 交通情報システムの事例

これまでに実用され，あるいは実用が予定される交通情報（提供）システムについて，わが国の事例を中心に述べる．前述のように，わが国は1970年ごろ以降の継続的な努力によって，技術的にも，普及の程度においても，世界で最も先進的な位置にあるといって過言ではない．

a．可変情報板による情報提供システム

可変情報板（variable message sign）は，路上の道路標識（案内板）を可動化して，時間帯ごとに，あるいは動的に変化する情報を伝達する．回転式・字幕式・磁石式など，限定された単語や図柄を入れ換える簡単なものから，発光素子群を配列し，文字・図形あるいはドットパターンの組合せにより多様な情報を表示するものまでさまざまである．

（ⅰ）**文字情報板** 1970年ごろ，ロサンゼルスのサンタモニカ・フリーウェイでは，英文16字2段の電光式可変情報板による情報提供システムが設置さ

図5.1 文字情報板（首都高速道路）

れ，手動操作により運用されていた．同じころ，わが国では首都高速道路と阪神高速道路において，類似のシステムが設置された（図5.1）．1973年に首都高速道路では，情報の収集・処理・提供の全過程を自動化したシステムを世界に先駆けて実施した．このシステムは漢字10文字（4単語）のメッセージにより，

① 事象生起地点："銀座"など
② 事象の原因："事故"，"工事"など
③ 事象の種類："渋滞"など
④ 事象の程度："3 km"（渋滞長）など

を表示した．渋滞の程度を示す量としては，渋滞長，旅行時間（あるいは遅れ時間）の現在値または予測値を用いることが検討され，このうち渋滞長の現在値を用いることとなった．

情報の収集・処理・提供のアルゴリズムは，次のものが用いられた．

（1） 500 mごとに設置された超音波車両感知器によって収集された交通量・オキュパンシーなどのデータから，区間ごとの渋滞（速度20 km以下）判定がなされ，事象ごとの渋滞長が算出される．事故，工事など事象の原因は，管制員の入力と照合して抽出される．

（2） 情報板に表示する事象は，事象の重要度，事象発生地点と情報提供地点の関連度をそれぞれ指標で表し，その積を優先度として優先順位を定め，選択する．

当初のシステムの問題点としては，車両感知器の設置間隔が大きく，区間長の精度が粗い，通信回線が低速・小容量で情報伝達の遅れが大きい，渋滞判定が単純なため，渋滞長表示が利用者の期待する渋滞の程度と一致しない，機器の制約上，最優先の事象のみが表示されるため，マスクされる事象があって，利用者の

図 5.2 図形情報板（首都高速道路）

予想を裏切ることがある，などハード・ソフト上の欠点が判明した．これらを解決するため，車両感知器の標準設置間隔を 300 m，処理時間の単位を 1 分とし，情報板の 2 方面化，渋滞の先頭と末尾の表示，渋滞長および優先度算出方法の手直しなどの改良を重ねて，有効なシステムに成長された．

（ⅱ）**図形情報板** 図形情報板は，道路網の主要部分を線図形で表し，渋滞などの事象を色と長さで表現するもので，首都高速道路では，1980 年ごろ本線上に設置した当初から要望が高かったが，大きさと価格の点で問題があった．半導体発光素子の採用や，利用者の視認性，理解容易性などの検討により，本線上あるいは入路近傍で用いる小型の情報板などの開発と普及が進んだ（図 5.2）．

（ⅲ）**旅行時間表示板** 旅行時間情報の提供は，渋滞長と比較して客観的で的確な情報として，当初から期待されていたが，情報収集技術やシミュレーションによる予測技術の進歩によって現実的なものとなり，1986〜90 年ごろに行われた研究開発の成果を踏まえて，文字や図形による旅行時間表示板として，街路，阪神高速道路，首都高速道路などで相次いで実用化された．

b．路側通信システム

路側通信システム（highway advisory radio）は，道路上に比較的限定された通信ゾーンを設け，その地点特有の交通情報をカーラジオの音声によって伝達するシステムである．交通情報ラジオ，ハイウェイラジオなどとも呼ばれる．可変情報板と比較して，運転者の負担を大きくせずに多量の情報を伝達できる点で優れており，一般のラジオ放送と比較して，情報を必要とする地点で，必要とする情報のみを高い即時性で伝達できるという特徴を有する．

このシステムは，1940 年のニューヨーク世界博の機会に，ニューヨークとニュージャージーを結ぶジョージワシントンブリッジに設置して，デモンストレーションが行われるなど，長い歴史をもっている．1971 年にアメリカ連邦道路局（FHWA）が研究調査を開始し，1972 年にはロサンゼルス空港に実験局を設置して，周辺道路，駐車場，航空便の運行などの状況の案内を行った．わが国では，建設省土木研究所が 1980 年に国道 17 号線三国峠付近で実験を行い，日本道路公団が 1980 年から 82 年に研究調査を行った後，試験運用を経て，1983 年から 1 620 kHz を用いるシステムの運用が開始された．現在では，全国の街路，一般国道，都市間および都市内の高速道路で広く用いられている．

図 5.3 は路側通信システムの構成を示す．センターシステムでは，交通情報収集システムから得られる交通情報・気象情報・その他をもとに，提供情報の選択と情報提供地点の設定とを行う．次に，情報の内容に基づいて定形的な文章パターンと挿入単語のライブラリーを利用して文章を自動編集し，音声データファイルを用いて音声信号を合成する．ディジタルまたはアナログの音声信号は，情報提供地点に設置された端末装置に伝送され，アンテナを介して，電波としてカーラジオに届けられる．アンテナは，ふつうの中波標準放送とは異なり，効率の低い垂直ダイポールアンテナや，道路沿いに設置された平行 2 線または漏えい同軸ケーブルが用いられる．送信電力は 10 W 程度で，送信範囲はアンテナの近傍 100 m 程度，または道路沿いに限定されるので，同一周波数を用いて，異なる地点では異なるメッセージを伝えることができる．送信文の長さは，220 字 40 秒程度で，2 km の区間を時速 60 km/h で走行した場合，始めから終りまで 2 回繰り返し聴取できる．

わが国への導入は，アメリカの HAR システムやヨーロッパの ARI システム（FM 放送を利用し，交通情報を自動選択受信する制御機能をつけ加えたシステム）より約 10 年遅れたが，多数の情報提供区間を道路網に沿って組織的に配置するとともに，文章編集や音声合成を含めた情報提供の自動化を実現し，また，各区間での情報提供内容の整合性に留意して，利用者の便を図る一方で交通管理上の効果をあげた点で，他国に先んじたシステムとなっている．

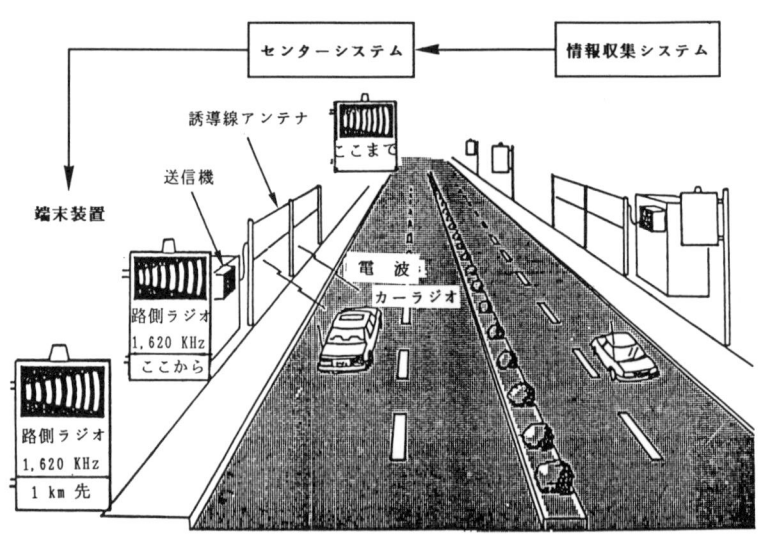

図5.3 路側通信システムの構成

c．ATIS による交通情報サービス

わが国では，各都道府県の交通管制センターや高速道路の交通管制システム，これらと結んで全国的に交通情報サービスを行う日本道路交通情報センターなどにおいて，従来，利用者が電話や FAX により交通情報を入手するサービスを行ってきた．最近は，自動応答システムの導入により，サービスの向上と利用の拡大を図る工夫もなされている．ATIS（Advanced Traffic Information Service）は，東京都の道路利用者への情報サービスの一環として，東京都ほかの出資により事業化されたもので，警視庁が200億円の巨費を投じた新交通管制センターの運用開始とともに，1995年に本格サービスが実施された．警視庁交通管制センターおよび首都高速道路交通管制システムなどが収集した交通情報は日本道路交通情報センターを経由してATISセンターに送られ，データ処理・加工がなされ，電話回線によってオフィスや公共施設などに設置されたパソコンのターミナルに伝達・提供される．また，自動車電話や携帯電話を介してナビゲーションシステムの入力データとすることもできる．

提供情報は，一般道渋滞情報，首都高速道路渋滞情報，経路所要時間情報，事故情報・工事情報・通行止め情報・ランプ閉鎖情報・駐車場満空情報・鉄道情報・航空情報・イベント情報・気象情報などである．利用者は，ATIS の会員として端末設備を用意し，入会金および月々の会費を支払ってサービスを受ける．利用者が経費を負担する形態の交通情報システムとしては，イギリスのトラフィックマスターがあるが，比較すると，公共的な交通情報収集システムのインフラを活用しており，広域的で大規模なシステムに発展できることが特徴である．

c．道路交通情報通信システム VICS

道路交通情報通信システム VICS（Vehicle Information & Communication System）は，わが国の20年にわたる自動車情報通信システム研究開発の一つの結実として，1996年から実施されている，世界でも初めての本格的な先進旅行情報システムの実現の例である．1980年代に開発された路車間情報システム RACS と新自動車交通情報通信システム AMTICS は，実用化に当たって次のような問題点を有していた．

（1）わが国は，道路維持管理が国（建設省），地方自治体または高速道路公団，交通管理は各都道府県公安委員会（警察）が担当し，高速道路については公団が管制実務の多くを行っている．上記のシステムは，対象道路と管理機関について，現状との整合性を考慮していなかった．

（2）メディア（通信媒体）について，RACS は局所通信を行うマイクロ波ビーコン，AMTICS は移動データ通信の一形態として考案されたテレターミナルの利用を構想したが，前者は高機能ではあるが早期実現には行政上の問題があり，後者は，早期普及の見通しが外れ，実現が困難となった．

（3）両システムとも利用者からみた機能，車載機の構成など共通点が多く，両者の統合が強く望まれ

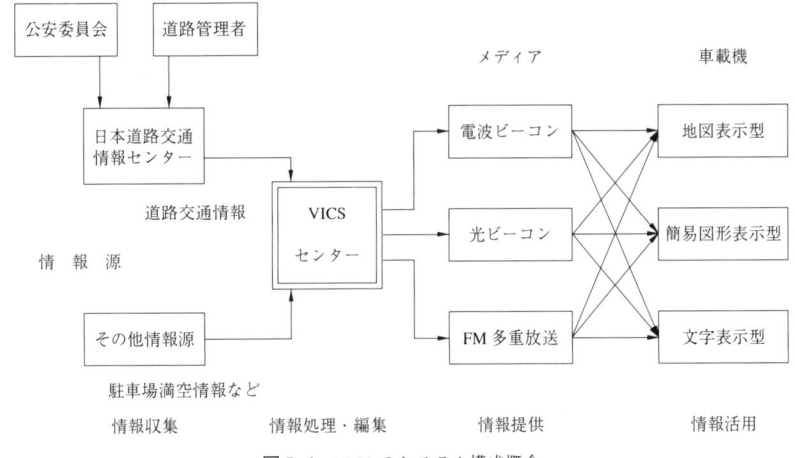

図 5.4 VICS のシステム構成概念

た．
　このような問題点を解決すべく，両者を統合したシステム VICS が構想され，VICS 推進協議会の設立（1991 年 10 月），研究開発（1991〜93 年），公開デモ実験の実施（1993 年 11 月），事業化の検討（1994〜95 年）を経て，VICS センターの設立（1995 年 7 月）に至った．
　図 5.4 は VICS のシステム構成概念を示す．都道府県警察，高速道路公団などの道路交通管理者からの交通情報を，ATIS の場合と同様に日本道路交通情報センターを経由して VICS センターに収集し，その他の情報を付加・加工する．さらに，種々の通信媒体（メディア）を介して走行中の自動車に伝送し，車載装置によって利用者に伝達する．
　上記の問題点の解決を図るため，次のような原則がとられる．
　① 複数の情報源から得た情報の一元化
　② 複数のメディアの利用
　情報の収集と伝達には公共機関を含むほかの組織を活用し，社会的な，あるいは利用者の便益に応じた費用負担を図る．メディアとしては，マイクロ波と赤外線の 2 種類のビーコン，FM 多重によるデータ放送を用いる．今後に残る問題としては，それぞれのメディアの構築主体となる公共機関が担当する対象道路の範囲と，利用者からみた各メディアのサービス範囲の調和を図ることがあり，システムの展開の過程での工夫によって，システムの発展を目指すことが望まれる．

5.1.4 交通情報システムの展望

　道路交通の情報化・知能化への志向の中にあって，交通情報システムは早くから着目され，とりわけ，わが国は実用化と研究開発の両面で活発な取組みがなされた．アメリカの ITS（IVHS）計画の中でも，先進旅行情報システム（ATIS）は，カリフォルニアのPATHFINDER，フロリダの TravTek などが，すでに実験を終了して成果をあげている．これらの実験，とくに TravTek では，単に交通情報の提供にとどまらず，不慣れな地域での旅行者の道案内と緊急時のサポート，各種サービスの提供など，総合的な旅行情報サービスを志向して，ハイテク技術を駆使した新しいビジネスの開拓に取り組んでいる．
　一方，交通管理の面でも，情報提供にとどまらず，動的経路誘導や信号制御との組合せによる交通処理能力の向上，さらには，異常事態へのより高度な対応など，今後の発展に期待されるところが大きい．
　交通情報システムの実用化・高度化の実現過程としては，まず基幹となる交通情報収集機能の確立を図り，次にシステムの高機能化によって利用者に対する付加価値の創生を図り，利用者の費用負担や車載機によるシステムのサポートを導き，安心と安全や生産性の向上など，ITS の目指す目的への進展を図ることが望ましい．
　　　　　　　　　　　　　　　　　　　［高羽禎雄］

参考文献

1) 高羽禎雄：自動車の情報伝達と収集のシステム，自動車エレクトロニクス講習会，(社)自動車技術会（1973. 7）
2) 高羽禎雄：自動車の情報化とその将来像，自動車技術会シンポジウム '90-No. 11，(社)自動車技術会（1991. 2）

5.2 交通管理

5.2.1 道路交通空間の整備・運用
a. 道路の機能階層化
居住，文教，福祉，就業，商業，工業，レジャー等々種々の社会活動，都市活動の場の骨組み形成の役割を道路網は担っている．したがって道路網は都市構造に応じて組み上げられるべきであるが，既成道路網と急激な進展をみせた車社会とのギャップは大きい．そこで安全，円滑な交通場面をつくり出すための交通管理は，次のような各道路の機能階層化によって，地域全体からみた道路の使われ方のあるべき姿の基本的枠組みをまず明確にすることから始まる．

主要幹線道路：終日，通過交通の処理が主．
幹線道路：ピーク時は通過交通の処理，その他は近隣地区出入の業務交通へのサービスが主．
準幹線道路：時間帯を問わずその地区へ出入する業務交通へのサービスが主．
区画道路：もっぱら近隣地区住民の出入りに用いられる．

b. 地域的環境整備
車社会といわれる今日の，良質な交通環境の第一条件は，人と車の分離である．一つの地区や地域を単位としてこの原則の具現化を図ることがまず基本とされる．本来これは都市構造的にあるべき姿であり，その理想像として初めて提示されたのが，ニューヨーク市の郊外住宅都市ラドバーンにつくられた"ラドバーン方式"であり，自動車は住宅地を取り巻く集散路から引き込まれたクルドサック（袋小路）によってのみ出入り可能である．わが国でもこの思想を取り入れたニュータウン整備がみられるところである．

しかしながら既成市街地ではその構造上，上述の運用は困難である．そこで一方通行，通行禁止，右折禁止など各種交通規制の有機的な組合せと，若干の道路改良および各種交通安全施設の整備によって，自動車の地区内通過を困難にし，また歩行者に対する車の脅威を排除する方策がとられる．この場合の交通規制を別称"TU規制"ともいうが，これによって地区内の交差点が実質上T字交差点化されて安全性が高まり，あるいはまた侵入した通過交通がU字形経路で元の幹線に戻される作用を象徴している（図5.5)[1]．この方策を"ゾーン規制"といい，住宅地のほかに盛場地区などにも適用されている．

以上のことは，歩行者と自動車の空間分離の原則を実現するための戦略的方策であるが，居住区内での自動車の存在を完全に否定できないという現実から，歩車共存を容認しつつ，またそれゆえにより積極的に歩行者優先を貫く戦術的方策が導入されている．この原点はオランダのデルフト市で1972年に始められた"ボンネルフ"（住む庭）と称するものである．ここでは歩行者はどこを歩くのも自由であり，自動車は路上で遊んでいる子どもが道を空けるまで待たなければならない．また自動車を低速で走らせるために，車道の曲折，狭窄部，ハンプ（盛り上げ舗装）の設置や，ストリートファーニチャーの配置など，物理的な工夫がこらされる．わが国においても同様な思想の下に，コミュニティー道路の名称で交通安全施設等整備事業と

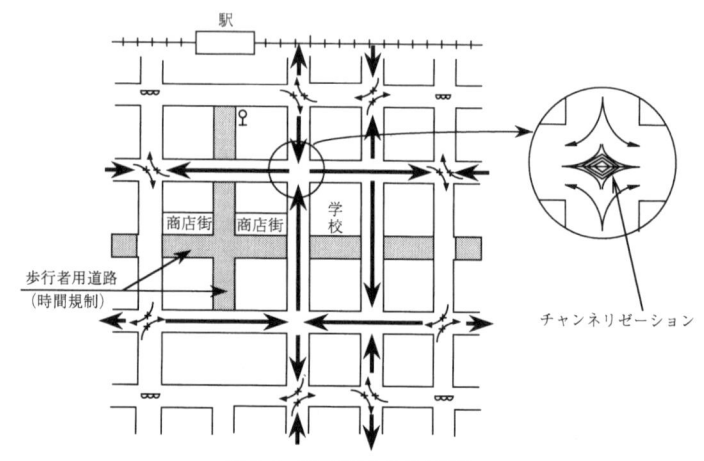

図5.5 TU規制のモデル図[1]

して推進されている．ただしコミュニティー道路の車道部は法的には人との共存空間にはなっていない．

c．道路網の利用形態に関する運用

前述の方策が整ったところで，道路空間が自動車によってうまく利用されるように，ネットワークを視野に入れた運用を必要とする．その手法として一方通行，中央線変移，右折禁止がある．いずれも交通流の方向を規定するものである．

（i）**一方通行**　一方通行の利点として，交差点での錯綜削減，対向流との錯綜除去，横断交通との錯綜減少，車道幅員の有効利用，信号の系統効果の向上などがあげられ，逆方向に対する代替道路が確保できれば効果的な運用手段となる．他方，短所としては，広幅員道路での右左折に伴う織り込み現象，経路の迂回（とくに路線バス）による不利益，端末箇所の処理のむずかしさ，あるいは高速道路出入口や駅前ターミナル施設の改造など，多くの問題も条件によっては抱えることになりやすい．とくに都市内幹線では期待しうる効果も大きい反面，負の作用も伴いがちである．他方，駐車禁止が困難な所や歩車分離を図る必要がある所で，道路幅員の有効利用の手段としては効果的であり，広く活用されている．また変形多枝交差点の容量増にも効果的である．一つの道路を，午前と午後とで逆方向の一方通行路として運用する場合もある．

（ii）**中央線変移**　一日のうちの特定の時間帯に，相対する方向の交通需要が著しく不均衡（一般に2：1以上）となるようなパターンを示す場合に，車道幅員の利用効率がこれに対応するように，中央線の移動による運用が行われる．一般には車線単位で中央線を移してその車線の利用方向が可逆となるので，可逆車線運用ともいう．また往復4車線の車道で，中央線の変移量が1車線の幅員に満たないような運用の場合もある．

（iii）**右折禁止**　双方向通行の道路では，右折車が関係する事故の構成率は高く，また対向車のための右折待ちによる遅れのみならず，同方向直進車の進行が妨げられる場合もしばしばある．そのために右折専用車線や右折専用信号による処理が行われるが，いずれにしても交差点の交通処理能力を損なう要因に変わりはない．これを排除して右折車をほかの経路に転換させるほうが全体として効果的な場合は，そこの右折禁止が行われる．この場合，排除された右折車のほかの交差点への集中，裏通りへの侵入，迂回距離の増大などの逆効果についての十分な検討が必要である．

d．局所的摩擦排除のための空間整備

上述までの運用方策で道路空間利用の戦略的基盤が整ったところで，さらに局所的な空間利用，車の走行の容易性および交通流の整序性を高めて，最大限の交通処理能力を発揮させるためのきめ細かい処理が行われる．

これらを列挙すると，駐車禁止，停車帯，車線構成，バス優先・専用車線，右折・左折専用車線のような車道の横断構成の整備に関するものと，横断歩道，停止線，交差点内導流路および交差点指示標示のような平面交差の空間整備に関するものなどである．それには，歩行者，自転車，大型車などの交通主体種別の構成，沿道条件および速度など，交通流と環境条件に対する巨視的な状況把握が必要であると同時に，車線幅員が25 cm違ってもその影響は無視できないことから，精細な吟味が肝心である．

5.2.2　速度規制

速度規制は交通の安全性の確保と居住環境の保全に必要であり，このためにドライバーに対して適正な速度の目安を指示するものである。安全性に関しては，事故発生の抑止，事故発生時の被害の軽減，歩行者など交通弱者に対する脅威の除去がねらいである．適正な速度規制によって車どうしの速度の均一性が保たれるということが，事故抑止の要因ともなる．速度分布の正規分布からの乖離の度合いが，事故発生率に関係することが示されている．したがって，規制速度の適正さが重要であり，不適正な規制速度は速度のばらつきを大きくして事故の要因となる．

速度規制は法定速度と指定速度の2通りの方法で定められる．法定速度は，法によって車両の種類によりそれぞれ最高速度，最低速度を定めたものである．指定速度は，公安委員会や警察署長等が道路標識や道路標示によって，最高速度，最低速度を指定するものである．

規制速度は，信号やバス停などの影響のない所での，オフピーク時間帯（雨天を除く）における地点速度（瞬間速度）分布の85パーセンタイル値をもとに，道路，交通および沿道環境の諸条件を勘案して決定される．

5.2.3 交通信号制御

a. 交差接続部の交通制御

同一空間で交錯し合う交通に対しては，どちらかに優先権を与えて，非優先側は優先側を妨害しない条件で交錯点を進行できるとするルールによって運用する形態と，交通信号を用いて時間分割による通行権を明示する形態とがある．前者を"優先型"（プライオリティ・タイプ）といい，一般に道路幅員の広いほうまたは交通量の多いほうの道路を主道路として優先権を与え，そうでないほうを従道路とする．また信号で処理される交差点においても，右左折車に対しての歩行者優先や対向直進車優先のように，局所的には優先型の制御が含まれている．自動車専用道路や高速道路のオンランプあるいは本線どうしの合流部などと異なり，見通しのよくない一般道路交差点での優先型制御では，非優先側に対して一時停止制御が行われる．

この場合に従道路から入れる最大交通量つまり交通容量は主道路の交通量によって決まり，それ以上の交通需要がある場合は渋滞が発生することになる．同じ交差点を信号で制御すると，従道路の交通容量は一時停止制御の場合と比べるとはるかに高くなる．このことから，交差点の交通需要が一時停止制御の交通容量以上であるか否かが，信号制御を行うべきかどうかを決める一つの基準となる．しかし信号制御が，交差点における待ち時間（遅れという）の点でもつねに優れているわけではない．一時停止制御の処理能力より低い交通需要のほとんどの領域で，信号制御より一時停止制御のほうが遅れは小さく，そこでは一時停止制御が当然効果的である．

また信号制御によって排除できる性質の交通事故が特異的に多い所では，その事故防止が信号機設置の要件となる．

b. 信号制御方策

(i) 信号制御パラメータ 同時に通行権を与えられる交通流のグループおよびそれらに対する信号表示のグループを"現示"という．たとえば十字交差点で，南北方向の流入交通に対してまず通行権が与えられるとするとこれを第1現示，次にそのうちの右折交通に専用青矢印が表示されるとこれを第2現示，最後に東西方向に通行権が与えられるとこれを第3現示などという．

これら現示が一巡して繰り返されるその周期を"サイクル"といい，そのサイクルの中で占める各現示の青時間またはその割合を"スプリット"という．

一つの路線において隣接し合っている一連の信号機の現示を同期させて，交通流ができるだけ赤信号で止められることなく通過できるように，一定の適切なタイミングによる連携を保たせる制御を"系統制御"という．そしてこの場合，各交差点の青表示時期の相互のずれを"オフセット"という．

(ii) 信号制御方式の分類 制御には種々の方式がとられており，大きくはまず地点制御と系統制御に分けられる．系統制御は上述のとおりで，これに対して，隣接信号機との距離が離れて系統効果が期待できない場合（一般に 800 m 以上）や，その交差点のサイクル長やスプリットを独立に制御する効果のほうが重視される場合に，その交差点単独で行う制御を地点制御という．

また，これらはいずれも定周期制御と交通感応制御に分けられ，前者は，交通需要の日時による変動パターンが定型的なところで，それに合わせて設定した制御パラメータが日時に応じて選択される方式である．後者は，需要変動の時間予測が困難な条件，またはその微妙な変動に対してより精緻な制御を行おうとする場合の方式である．交通感応制御はまたミクロ感応制御とマクロ感応制御に分けられる．ミクロ感応制御は，個々の車または歩行者の到着を検出することによって信号表示を制御する方式である．車を対象としたものを VA（Vehicle Actuation）ともいう．マクロ感応制御は，交通量や渋滞長などの交通状態量によって最適な制御パラメータの制御を行うもので，交通状態量に対応してあらかじめプログラム化されている制御のパターンを随時選択するプログラム選択方式と，最適な制御パラメータ値を常時計算するプログラム形成方式とに分けられる．

(iii) 定周期制御 定周期制御における制御パラメータ設定の論理は，古典的な部分も含めて信号制御方策を考えるうえでの基本といえる．待ち行列を形成している車両が青信号で開放される場合に交差点停止線で得られる流率を"飽和流率"といい，これに対する到着交通量の割合は，その需要を処理するうえで最小限必要な通行権割当て時間の率を意味する．同一現示で通行権を与えられる流入方向別の交通流について，上記の割合が最大のものをその現示の"必要現示率"または"現示の飽和度"という．この現示の飽和度の全現示についての和は，その交差点の交通処理に

最小限必要な時間の割合を意味し，これを交差点の飽和度という．

サイクル長：信号1サイクルの時間は，車をさばくのに使われる青時間と，青信号の始めの発進時や黄信号の一部および全赤時間のように車の処理に使えない時間（損失時間）とから構成されるから，最小限必要なサイクル長は，損失時間/(1－交差点の飽和度)である．ところが到着交通量は毎サイクル一定ではなくある程度のランダム性を有し，15分とか1時間の間にはその平均よりも高い需要の到着がしばしば生ずる．このために，上に示した最小サイクル長では不十分で大きな遅れを生じやすい．といってサイクル長が長過ぎると，当然赤時間も長くなってそのために遅れが大きくなる．このことから，遅れが最小になるような最適なサイクル長が存在する．これを求めるのにウエブスター（Webster）による式[2]が基本として用いられるが，これによる値は最小サイクル長のおおむね2倍程度となる．

しかしながらこれは地点制御の場合の基本であって，系統制御においては，到着流が系統化された信号機群を通ることで車群化されていることから，上記よりもかなり短いサイクル長が最適となる．

スプリット：先に述べた必要現示率の意味合いからわかるように，各現示の青時間は，サイクル長から損失時間を差し引いた残りの時間を，各現示の必要現示率で按分したものとなる．これによって交差点全体における車1台当たりの遅れが最小となる．

オフセット：一方通行路の場合や双方向道路で一方向を優先的に扱う場合は，隣接信号間の走行に要する時間だけ，下流側の青信号を上流側の青信号より遅らせたオフセットをとる．双方向道路において両方向を平等に扱う場合は，隣接し合う信号の青表示が同時になる同時式オフセットか，または片方の青表示に対して他方は赤表示となる交互式オフセットが用いられる．これらをまとめて平等オフセットという．この場合，サイクル長と2信号間往復旅行時間とを媒体として遅れが決まる特性があり，これに基づいて同時式か交互式かのいずれかに決まる．このようなオフセットを基本として，交差道路から当該路線に流入する交通による系統効果への影響などを考慮した調整がなされる．

（ iv ） ミクロ感応制御[3]

右折感応制御：右折専用車線における右折専用現示の運用である．右折車の到着にはかなりのランダム性があるから，青矢印時間が不足する場合は，右折待ち行列がその車線から溢れて直進車に障害を与え，逆に青矢印が過剰の場合は交差点全体として時間の損失になる．そこで毎サイクルの右折需要に合わせた右折青矢印時間の制御が行われる．

図5.6を参照して，右折専用車線上の車両感知器の位置に車が存在していると感知パルスが上がっている．これが消滅した時点から計時を始めて，あらかじめ設定した時間（単位延長青時間といいおおむね3秒）内に次のパルスが上がればさらにその時点から単位延長青時間を加えるという処理を続け，パルスが上がらなければそこで青矢印を打ち切る．なお青矢印の最小時間と最大延長限度が設けられる．

簡易半感応制御：通常は主道路に通行権を与え，従道路の車両または歩行者を感知したときにそちらに通行権を切り換える．この場合の従道路の青時間はある設定値に固定されている．

これに対して，右折感応制御と同様の方法で従道路の車両感知パルスに応じて単位延長を行うものがあり，これを半感応制御という．主道路も同様の処理をするものを全感応制御というが，ほとんど用いられていない．

歩行者感応制御：従道路の歩行者感知がない場合に，その歩行者青時間を短縮して主道路交通の遅れを減らす．

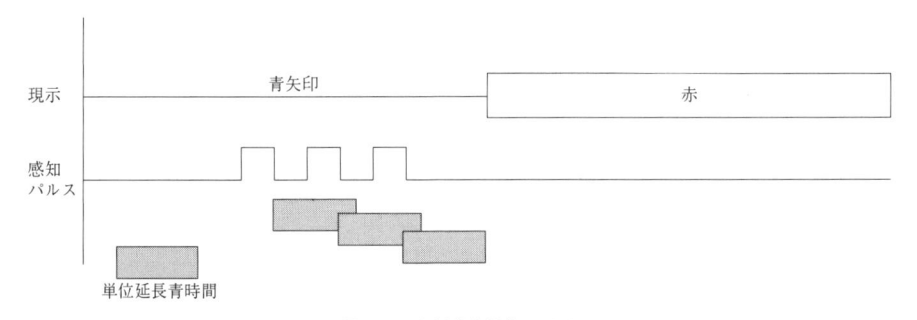

図5.6 右折感応制御の原理

交通弱者感応制御：視覚障害者・身体障害者・高齢者用の押しボタンを設けて，それが押された場合，あるいは交通弱者が携帯する送信機からの微弱電波が受信された場合に，歩行者青時間を，健常者の場合の1.5倍くらいを目安として延長する．

バス感応制御：バスを感知した場合に，そのバスが赤信号にかからないように現在の青時間を延長（約10秒）したり，赤信号で待たされることになる場合にその赤時間を短縮（約10秒）する．

高速感応制御：不当に高速な車両を検出したとき，これを赤信号で停止させるように，下流の信号機の青時間短縮または赤時間延長を行う．

さばけ率最大化感応制御：待ち行列が開放される場合の流率には，一つの青時間の間でもばらつきがある．そこで停止線の上流で秒単位で通過台数を計測しながら，現時点から数秒先までの停止線でのさばけ率を予測し，これが最大となる時点を求めてそこで青信号を打ち切り，次の現示を待っている車両側に通行権を切り換えることで渋滞時の処理効率の最大化を図る．

ジレンマ感応制御：黄信号に直面した時点での車の位置と速度によっては，安全な停止も通過も困難な状況におかれる場合があり，この領域をジレンマ・ゾーンという．上流の定点で車速を計測しながら，車がジレンマ・ゾーンに陥らないような黄信号開始時点を選ぶことによって，ドライバーの意志決定を容易かつ斉一化し，追突またはそのニアミスを防ぐ．

列車感応制御：踏切りを交通信号で制御することによって，車両の踏切り手前での一旦停止による交通容量の低下を防ぐものと，踏切り近傍の信号交差点で，列車接近時には踏切り横断方向でない方向の現示に移すことで処理効率の低下を防ぐものとがある．

（v） マクロ感応制御[3]　制御機能の性質上，交通管制センターで路線あるいは面を対象として多くの信号機を一括的に運用するのに用いられる制御形態でもある．

交通状態量として用いられるものの一つは交通量と占有率（車道上の一つの地点が車両によって占められる正味時間の割合）に基づくもので，両者にそれぞれ重みをつけた線形和によるものと，両者それぞれを飽和交通の状態における値で正規化した値の大きいほうをとるものとがある．交通量は，非飽和の状態では需要の程度をよりよく表すが，飽和するとその値は頭打ちになる．一方占有率は，近飽和以上の状態で待ち行列に応じてあるところまで感度よく増加する．これらの特性をこの状態量はうまく利用している．

もう一つの状態量は，交通量と待ち行列台数の和を飽和流率で除したもので，負荷率と呼んでいる．非飽和における現示の飽和度の概念を，過飽和状態の程度をも表現できるように拡張したものといえる．

スプリットの制御：重要交差点のスプリットの制御には次の3通りの方法がとられる．第1は，交通量と占有率に基づく状態量の主道路と従道路の比率6通りくらいにそれぞれ対応したスプリットのパターンを決めておいて，そこから選択が行われる．第2は，各現示の負荷率に青時間を比例させる方法で，パターン選択ではなく継続的にスプリットの計算が行われる．第3は，過飽和交通の制御方策の一つで，主従道路の旅行時間の比が政策的に定めた値になるように毎サイクルのスプリットを制御するもので，待ち行列台数と飽和流率に基づいた実時間計算が行われる．

サイクル長の制御：街路網において同一のサイクル長で最適な運用ができる信号機群を，一つの系統制御グループとし，これをサブエリアという．共通のサイクル長で制御すべき交差点群は交通状況によって変わるから，サブエリアはダイナミックに変化する．最適なサイクル長が常時共通している交差点群をサブエリア構成の単位エリアとして，それらのサイクル長がほぼ同じ（10秒程度以内の差）か否かによって隣接する単位エリアの離合集散が随時行われることで，サブエリアが自由に形成される．単位エリアのサイクル長は，その核となる重要交差点で決定される．

オフセットの制御：上下各方向の交通状態量の比をもとに，平等オフセット，上り優先オフセット，下り優先オフセットのいずれかの方式がパターン選択方式によって決められる．この場合，オフセット値はサイクル長と関係があることから，サイクル長のレベルとも連動するようにパターン化される．

5.2.4　交通管制システム

交通安全施設等整備に関する緊急措置法が規定している交通管制センターの施設は，同法施行令によって，「もっぱら道路交通に関する情報の収集，分析及び伝達，信号機，道路標識及び道路標示の操作並びに警察官及び交通巡視員に対する交通の指令を一体的かつ有機的に行うためのもの」とされている．つまり交通管制システムは，前節までに述べた交通規制のうち

で交通状況に随時対応してその態様を動的に運用できるものおよび交通信号制御と，それらに必要な情報の収集・分析，さらには最適な交通状況がもたらされるような道路利用者の自律的な行動を支援するための情報の提供，この三つが有機的に機能するシステムといえる．その基本機能は以下のようである．

交通情報の収集：道路網に設置された車両感知器などの交通流計測システムのほかに，要所に設けられたテレビカメラ，パトロールカー，警察署・派出所，ヘリコプターがその収集源となる．交通流の計測はごく最近までもっぱら車両感知器によっていたが，これはあくまでもスポット計測である．長い路線区間にわたる旅行時間情報のニーズの高まりによって，車両感知器の出力から交通流の平均旅行時間を推定するアルゴリズムが開発されるとともに，自動車ナンバープレートの自動読取り装置が開発されることで，個々の車の旅行時間を直接計測できるシステム（AVI）も導入されている．

交通信号機の集中制御：街路網の信号機を面的に連携させた系統制御を中心に，各種ミクロ感応も含めて集中制御を行う．

可変標識の集中制御：交通障害などに対応して交通規制内容を随時変更するために，要所に設置されている集中制御式可変標識を操作する．

交通情報の提供：管制センターで収集した情報を整理して，ラジオ放送，電話，路側通信（周波数1 620 kHz）システム，可変情報板（文字および図柄による交通状況表示ならびに規制標識などの図柄表示）などを媒体として行われる．

情報の分析・蓄積：交通の年間予測，災害時の交通対策，交通運用の評価・検討などの資料として活用するために行われる．

交通管制システムの標準的なソフトウェア構成を図5.7に示す[4]．

5.2.5 交通管理知能化の展望

これまでに記したように，交通管理実施上の形態は交通規制，交通信号制御，交通情報提供の三本柱にまとめられる．交通規制は交通場面形成の基盤そのものであり，交通空間資源の高度利用の基礎をなす．交通

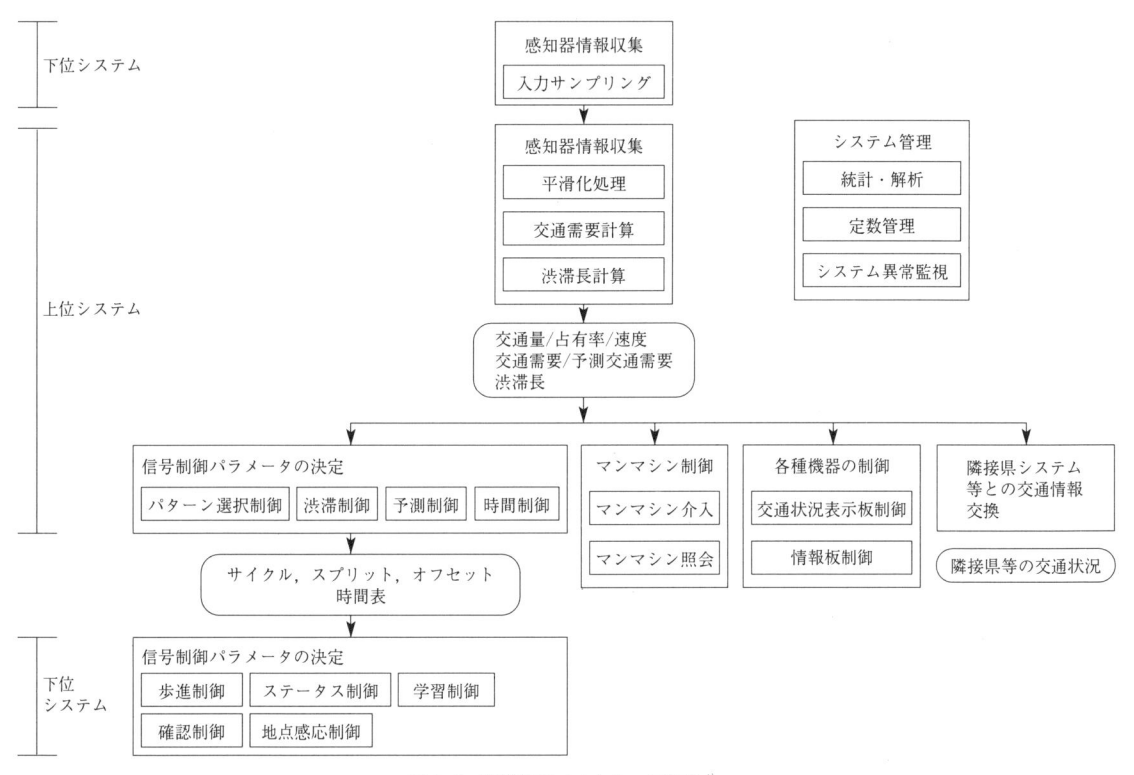

図 5.7 交通管制ソフトウェア構成[4]

信号制御は，時間資源の高度利用にほかならない．交通情報は，道路空間を利用者が効果的に選択するための支援機能であるとともに，出発時刻などトリップの時間的計画を支援するものでもあるから，空間資源と時間資源双方の高度利用に寄与するものといえる．エレクトロニクス，情報処理，通信技術などの進展は，交通管理技術の高度の知能化を可能にして，おそらく今日までの道路交通の概念の一大変容がもたらされようとしている．いままさにその夢の実現への取組みが進められている一方，課題そのものが模索の段階にあるものもある．これらについて以下に述べる．

a．情報提供による交通誘導

道路網の混雑状況をドライバーに知らせて需要の不適切な集中を防ぐことは，交通運用の一つの手段として重要な位置を占める．このために現在用いられている可変情報板などの有用性は確認されているが，これらの弱点は各トリップのOD（起点・終点）に個別に対応できないことである．

これを克服する方策として，すでに先鞭的に導入されているシステムがある．パソコンおよびナビゲータ搭載車両に対して，電話回線を介してデマンドに応じて目的地までの最短時間経路や代替経路の旅行時間，工事や事故の情報，駐車場満空情報などを提供するもので，第三セクターが平成6年2月からサービスを開始しているATISである．このシステムにおける情報は，現在の交通管制システムによる収集情報に基づいている．また路車間双方向通信によって，いつでもどこでも，欲しい形式で必要な情報をドライバーに提供する道路交通情報通信システム（VICS）のサービスが平成8年春から実施されている．このシステムの通信メディアにはFM多重，電波ビーコン，光ビーコンの3種類がある．路車間双方向通信では，ダウンリンク（路から車へ）による情報提供と，アップリンク（車から路へ）による旅行時間およびODの情報収集が可能となる．またそれに用いるビーコンには，通信機能のほかに従来の車両感知器の機能をもたせることもできる．

この双方向通信システムをトラック，タクシーなど運送事業者の運行管理支援に活用することも考えられている．これは単に事業者の利益のみならず，効率的な道路網有効利用がもたらす交通総量削減を期待するものでもある．また路線バス事業で活用することによって，バス停やバス車内での待ち時間や目的地までの所要時間，路線接続案内などのサービスを提供することで，利用者の利便性向上，バス利用へのシフト促進，そしてそれによる交通改善が考えられている．

このような個別の情報通信によって，従来よりもはるかにきめ細かいかつ積極的な交通誘導が期待されるが，これは車載機の普及レベルによっていくつかの段階をたどるものと考えられる．普及率が低い初期においては，現時点の交通状況における旅行時間情報の提供であり，さらに普及率が高まると，きわめて精緻な情報提供そしてさらには情報提供の結果を計算に入れた情報提供の必要性が考えられる．究極的には，いわゆるユーザー最適化（任意のODペアについてどの代替経路の旅行時間も等しくかつ最小）やシステム最適化（ネットワークの総旅行時間最小）を実現するための交通誘導システムが目指されることであろう．

OD経路の現在の状況による旅行時間情報提供だけのシステムでは，普及率の増加につれて，車載機搭載車のみならず非搭載車もその恩恵を蒙りながらネットワークの総旅行時間は減少していくが，普及率が40％程度を越えるとその効果は頭打ちまたは減少するというシミュレーションの結果が報告されている[5,6]．

双方向通信によって交通管理サイドで得られるODの情報は，普及率が高まるにつれその量も信頼度も上昇するから，上述のように普及率の増加に伴って要求される交通誘導技術の高度化に必要な環境は整うことになる．しかしドライバーの経路に対する知覚・選好・選択の一連の過程には，旅行時間以外に情報に対する信頼度や価値観，経路の習熟度，道路構造や交通環境からみた経路の走りやすさ等々，多くの要因が関与してきわめて多様である．これら行動特性とそれによる交通流の変化といったダイナミックスについての十分な知識とそれを駆使する技術の確立は，これからの緊要な課題である．

b．交通制御

情報の提供による道路網の有効利用は，ネットワークにおける需要の容量に対する割合つまり飽和度が1.0の条件で最大の効果をもたらし，飽和度がそれより高いほどまたは低いほどその効用は低下するとみられる[6]．つまり交通が密な道路網では，情報による交通誘導はネットワークの交通容量をアップする何らかの手立てとあいまってその効果が期待できる．この意味でも交通制御技術の役割は大きい．

（i）交通規制によるネットワークの運用　5.2.1

項で述べた局所的摩擦排除のための戦術的な空間整備はいうに及ばず，右折禁止などの道路網の運用に関する交通規制によって，ネットワーク容量アップの可能性もあることに注目すべきである[7]．これは与えられた道路網，ODパターンおよびドライバーの経路選択特性によって解を求めることになるが，現在このようにネットワークの容量を評価基準とした戦略的な交通規制策定技術は確立されていない．これから期待される重要課題である．この技術はオフラインでの策定から始まるであろうが，事故などの突発事象検出技術の開発も進められつつあるから，これとも連動したオンライン運用に発展するであろう．

（ii）交通信号制御 制御ポリシーの問題として，ドライバーが飽和流率の高いほうの交差点流入部を経由するように経路を選択すれば，ネットワークの容量最大化につながるという概念に基づいて提起されている制御方策に注目したい．そのために，飽和流率の高いほうの流入部における遅れが，飽和流率の低いほうの流入部における遅れより小さくなるように，スプリットを設定するというもので，現在とられているローカル最適化の方策ではなく，ネットワーク最適化とでもいうべきポリシーの導入である．そのためのスプリット算定の原理は，競合する流入部における待ち行列長にスプリットを比例させることになる[8]．現行のスプリット決定法ではこのポリシーと相反する結果を招くことがある．

毎サイクルの制御対象となるべき真の交通需要の計測，予測の問題は未だ解決されていない．もし到着需要の時間変動があらかじめとらえられていれば，LPなどの手法によってたとえばピーク1時間の遅れを最小にするような，サイクルごとのスプリットを計画できる．残念ながらこの需要変動の捕捉は不可能といえるから，現在の方法としては，定周期制御では過去の統計的な平均需要（1時間ベース）を，また交通感応制御では直近の過去数サイクルの時間に計測された需要を計算の対象としている．いずれにしても過去に計測された需要を扱っていることに変わりはない．これに対して，現時点からの需要に最もかかわりを有するのは空間的に存在する車の台数であるから，これに基づく制御論理の展開が考えられる．このことはまた，前述のネットワーク容量最大化のポリシーで待ち行列長を状態量とすることと，期せずして符合し都合がよい．待ち行列長がさばけるだけの青時間を毎サイクル与える制御の優れていることは，すでに30年前にアメリカで実験的に示されている[9]．ここで問題は，待ち行列長や存在台数の正確で実用的な計測技術である．現在画像処理技術の導入に向けた挑戦がなされており，これに期待がかけられる．また交通量を介して旅行時間と存在台数の間には関係があり，後で触れるように上流地点を出発する車の旅行時間の実時間予測が可能なことと結びつけることによる新しい展開も期待したい．これらの場合に右左折需要の情報が必要となろうが，路車間通信のアップリンクの活用が考えられる．

オンラインOD情報の制御への活用も期待されている．戦術的な交通感応制御には前述のとおり精度のよいミクロな需要予測が究極の決め手となる．これに対してOD情報は，戦略的でそしてときには政策的な介入制御の領域できわめて重要な位置を占めると考える．たとえばOD情報に基づいて系統制御路線網のトリー構造に重み付けを行い，系統制御の優先順位を動的に決定する技法がドイツで用いられている[10]．先に述べた交通規制によるネットワーク運用の策定もその例である．

信号交差点における錯綜排除と安全性確保のための技術開発も積極的に行われよう．現行の信号制御では右折車に対する対向直進車，右左折車に対する横断歩行者の優先ルールがあり，そこでの通行権の決定はドライバーの判断に委ねられている．そのための運転負担，錯綜，ひいては事故のポテンシャルは避けられない．対向直進車や横断歩行者が多いほど錯綜発生率が高いという単調な関係ではなく，錯綜発生率が最大になるような対向直進流率や横断歩行者流率の領域が存在することがわかっている．そこでそれら流率を計測しながら，危険度の高い状況では右左折ドライバーが判断の負担を強いられないような専用現示の運用を行う感応制御が考えられる[11]．

路車間通信を信号制御に取り込む当面の活用例として，路線バスの系統信号制御が考えられている．路線バスが系統信号によるいわゆるグリーン・ウェーブにのって無停止で交差点群を通過できるように，それに適した推奨速度をバスに指示するとともに，青延長，赤短縮の調整を路線に沿って連続的に行う手法（従来のバス感応制御は単一の交差点だけである）であり，その実証実験が既に行われている．

c．複合技術への期待

以上要するに，交通流の計測技術，道路利用者の交

通行動モデル，そしてこれらによる交通動態予測技術など，交通科学の諸分野の複合的進化によって，交通管理の技術革新がもたらされようとしている．たとえば従来型の車両感知器出力と旅行時間計測技術のリンクによって，これから出発する車の旅行時間の5分ごとの実時間予測が簡単に行える．あるいはまた，今日まで交通管理の技術突破の大きな障壁になっているOD交通量マトリックスの実時間推定も，路車間双方向通信の普及を待たずとも，車両感知器による交通量計測とAVIなどによる旅行時間計測によってアルゴリズムとしては可能であり，その実用化にドライバーの経路選択特性の知見の確立が急がれるところである．

また管制システムには，政策的必要や突発異常時など自動制御のアルゴリズムにないシナリオに対応するための，人による的確な介入の機能が欠かせない．むしろこの経験と学習の集積の上にシステムの改善が継続的に行われるべきであるともいえる．諸技術の進化による支援のもとにこの介入技術も積極的に機能し向上することが期待されてよい．　　　　　　[池之上慶一郎]

参考文献

1) 鈴木敏雄：交通規制対策の考え方と実施例，第31回交通工学講習会テキスト，(社)交通工学研究会 (1983)
2) F. V. Webster：Traffic Signal Settings, Road Research Technical Paper, No. 39, London, HMSO (1958)
3) (社)交通工学研究会：交通信号の手引き，交通工学研究会，p. 57-82 (1994)
4) (社)交通工学研究会：道路交通の管理と運用，技術書院，p. 173 (1987)
5) H. S. Mahmassani et al.：System Performance and User Response under Real-Time Information in A Congested Traffic Corridor, Transportation Research, Vol. 25A, No. 5, p. 293-307 (1991)
6) 小野 学：一般道路網における経路誘導に関する基礎的研究，日本大学学位論文 (1990)
7) M. J. Maher and R. Akcelik：The Re-distributional Effects of An Area Traffic Control Policy, Traffic Engineering & Control, Vol. 17, p. 383-385 (1975)
8) M. J. Smith：A Local Traffic Control Policy Which Automatically Maximizes The Overall Travel Capacity of An Urban Road Network, Traffic Engineering & Control, Vol. 21, p. 298-302 (1980)
9) Gerlough and Wagner：Improved Criteria for Traffic Signals at Individual Intersections, National Cooperative Highway Research Program Report 32, TRB (1967)
10) M. Koshi：Transportation and Traffic Theory, New York, Elsevier, p. 633-652 (1990)
11) 斎藤 威：信号交差点における交通錯綜とその軽減方策に関する基礎的研究，日本大学学位論文 (1994)

5.3 運転支援システム

大幅な交通事故低減を実現するためには，その原因の大半を占めるヒューマン・エラーを自動車の運転ループの中から排除することが必要である．その具体的方策として，一つは事故原因となる人間自体を運転ループの外に置く自動運転システム，他方は人間の運転を機械で監視しエラー発生確率を低減する運転支援システムが研究，開発されている[1]．ここでは，運転支援システムを図5.8に示す認知/判断/操作の各段階に分けて現状の技術動向と課題について説明する．また，最近の開発事例として，ASV (Advanced Safety Vehicle) 実験車の一例を図5.9に示す．

5.3.1 認知支援システム

事故原因となるエラーの中で最も多いのは認知段階のものであり，従来でもドライバーの直接視界の確保は重要な基本技術とされてきた．さらに，後退時の後方視界，交差点での左右視界や夜間時の周辺視界確保には，視覚補助システムの付加が有効な手段となる．それらの中で，夜間の視覚確保は死亡事故低減の重要な課題である．最近の夜間事故の死者数は昼間の30%以上であり，交通量を加味すると危険度は2倍以上といわれている．これに対応する認知支援システムとして，赤外線カメラを利用したナイトビジョンや歩行者の衣類，道路標識に含まれる蛍光体を紫外線照射により浮き上がらせるヘッドライト[2]，配光制御ヘッドライトなどが開発されている．配光制御のランプ構造を図5.10に示す．このシステムでは，使用頻度が圧倒的に多いロービームでも先行車/対向車に眩惑を与えない範囲で自動的にカットラインを上げ，可能な

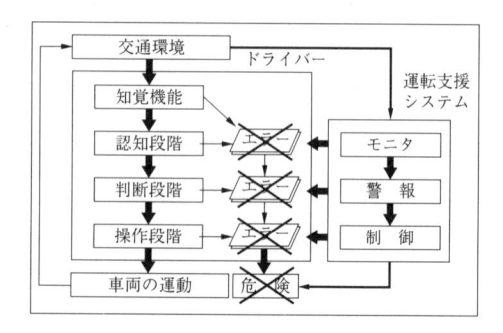

図5.8　運転支援システムの目的

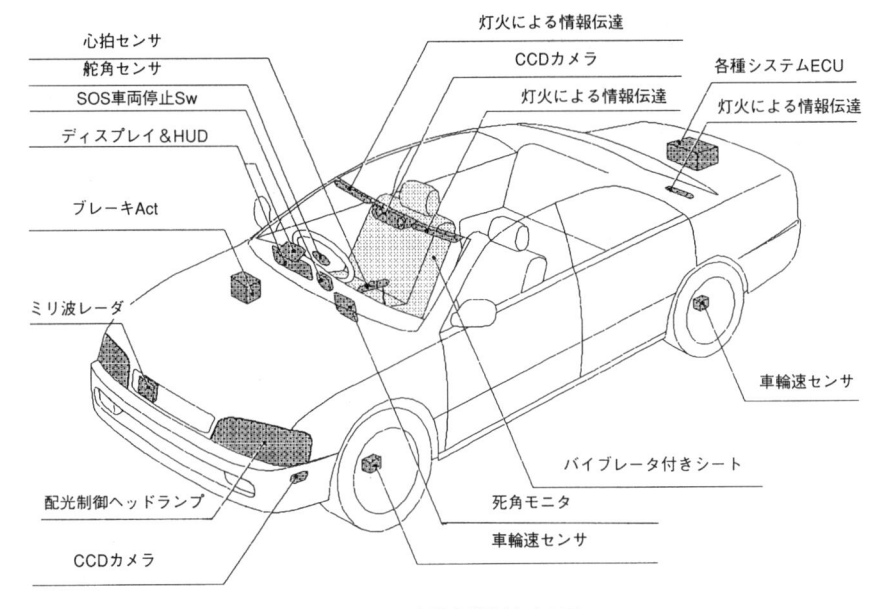

図 5.9　ASV 実験車開発例（1995）

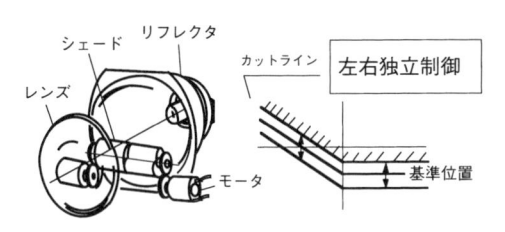

図 5.10　ヘッドライト配光制御システム

限り遠方を照射する．また，道路線形に応じてカーブで進行方向にあらかじめ配光する．その効果は，対向車とのすれ違い時の前方視認距離が従来の約2倍程度延びると見込まれている．

その他，この認知支援システムですでに実用化されたものとして，超音波を利用したクリアランスソナーや小型カメラを車両の後方に搭載した後方監視モニタがあり，これらは駐車時の運転支援装置として，近年，急速に普及してきた．ドライバーにその支援効果がわかりやすいことが理由の1つと考えられるが，一方で使い勝手やコストに課題が残っている．また，ナイトビジョンを例にとれば，霧や雨のようにだれもが見えにくい状況下で，支援を受けた一部の車両だけが高速走行するなどの新たな危険も普及段階では予想される．そのため，個々の技術的課題だけでなく，交通環境全体への影響も考慮した市場導入が必要である．

5.3.2　判断支援システム

判断支援の機能とは，周辺の走行環境情報からドライバーの危険判断が正常でないと推定されたとき，音や表示などで警報しドライバーの正常な運転操作を促すものである．この分野ではそれぞれの事故形態に対応した警報システムが開発されている．

日本では高速道路，一般道路とも追突事故の割合が

表 5.1　追突警報用レーザーレーダ

		A	B	C	D
レーザーレーダ	大きさ	194×87×120 mm	200×75×116 mm	200×52×140 mm	140×70×105 mm
	レーザー・ピークパワー	15 W	14 W	25 W	20 W
	距離/精度	99 m/±4 m	100 m/±4 m	99 m/±2 m	80 m/±2 m
システム	警報距離	乗用車 '近' のみ	トラック，バス '遠'，'中'，'近' の3レベル		

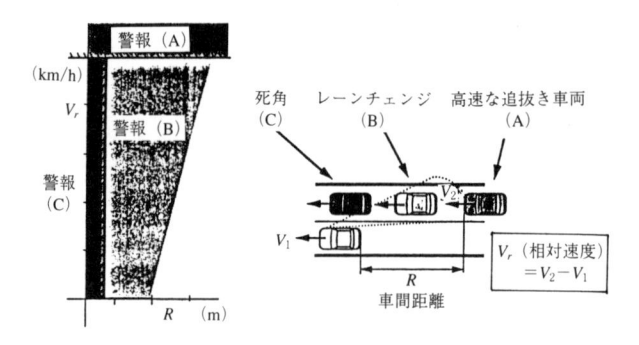

図 5.11 レーンチェンジ警報システム

多く，これを防止するシステムが早くから開発されてきた．近年，長時間走行の頻度が多いトラックを中心に追突警報が実用化されている．これに使用されているセンサは小型で比較的低コストなレーザーレーダであり，開発課題としては耐天候性の向上や汚れ対策があげられる[3]（表 5.1）．一方，自動車応用としては電波レーダも有望であり，欧米では開発の中心となっている[4]．日本でもミリ波レーダを用いた警報システムが発表され，電波の周波数割当て（60，77 GHz 帯）も郵政省を中心に検討が進んでいる．

この追突警報の課題として，警報タイミングに起因する誤警報/未警報の問題がある．危険回避が可能な限界のタイミングは，前方車両との相対的運動関係だけでなく，ドライバーの視点や意識レベルにより異なる．このため，レーダの情報だけで警報するシステムでは前提とするドライバーの反応時間により，回避が不要な誤警報や警報タイミングが遅れる未警報が生じる．これらの警報精度向上には，ドライバー監視技術が必要となってくる．

自動車の後方や側方にある死角を機械で監視し，危険な進路変更時に警報を行うシステムも数多く検討されている．その一例を図 5.11 に示す．このシステムはレーダにより，(A)遠方からの高速接近車両，(B)近接の車両，(C)死角の車両を検知/警報するものであり，一般的な走行状態での安全には有効である．この場合の課題は，適用するセンサに目標車両と側方の路側物とを識別する機能が要求されることやケース(A)では進路変更の余裕などを考慮すると比較的長距離の検出レンジが必要なことなどがある．

事故形態の中で次に多い項目に，路側物への衝突があげられる．原因は居眠りや操舵ミスなどとされているが，これらドライバーが意図していないレーン逸脱を検知し警報するシステムが開発されている．このシステムで重要となるのは走路認識技術である．現状では，走路はレーンの白線で囲まれた部分と定義して，画像センサでこれを認識する開発が多く行われている[5]．そこに使われる認識手法は多種多様な方式が研究されており，一部で実用化もされた．しかし，性能的には使用範囲を限定するなどの制限があり，自動車用センサとしての開発要素は数多く残っている．その課題のおもな項目として，複雑な走行環境下での柔軟な認識機能，大規模な認識演算の高速化，画像デバイスのダイナミックレンジの拡大などがあげられる．また，将来的にはインフラ側との相互通信による総合的な認識技術も重要となってくる．

5.3.3 操作支援システム

この分野にはドライバーの操作を補助するシステムと操作の一部を代行するシステムがある．前者では ABS（Antilock Brake System）や TRC（Traction Control System）が広く普及しており，最近では各輪のブレーキ制御で車両スピンを防止するシステムや緊急時にブレーキ圧を高くするシステムが開発されている．他方，各国で行われている将来交通システムとして開発されているものには後者のシステムが多い．ICC（Intelligent Cruise Control）[6]やオートブレーキがそれであり，21 世紀には広範囲な普及が期待されている．

ICC は従来のクルーズ制御に先行車との車間距離や相対速度の情報を加え，スロットルやブレーキ制御で追突を防止する．警報システムと同様にレーダセンサを適用するが，車両の運動制御を行うため障害物の方向も重要な情報となる．このため，レーダセンサにはマルチビームやスキャンビームが用いられ，さらには

表5.2 オートブレーキの作動例

警報	ねらい	内容
一次	安全な運転余裕の確保	車間時間＝2秒で注意警報
二次	緊急回避行動の示唆	0.8s以内のブレーキ操作警報
三次	最大減速度のブレーキ操作（オートブレーキ作動）	0.2s以内の急ブレーキ警報

表5.3 意識レベル推定法

検知技術	検知対象
生体信号	脳波，心電，心拍，皮膚電位
生体反応	閉眼周期，頭部変位，握力
運転操作	加減速操作や操舵のパターン[7]
車両状態	車速/加速度/横変位パターン
強制反応	周期的な信号に対する反応時間
運転状況	運転時間，走行距離，天候

表5.4 運転支援システムのおもな課題

技術的課題	社会的課題
・認識/判断技術	・コンセンサス
・HMI	・PL
・コスト	・標準化

走路を検知する画像センサと組み合わせたシステムも実用化されている．ICCの実験結果例では，従来は頻繁に行っていたクルーズ設定車速の増減操作を1/10以下に低減できる．反面，従来のクルーズ制御と比較し，ブレーキ操作による制御の中断回数が増加した．ドライバーは全体の交通流を予測して増減操作を行うが，ICCでは前車の情報だけから制御を行うため，割込み車両や前車の急減速に対して遅れを生じる．このことがドライバーの危険感とブレーキ操作を誘発する原因と思われる．この点からも全体の交通流を検知するインフラとの協調制御が必要となってくる．

オートブレーキも事故低減に有効なシステムとして期待できる．理想的には，操舵制御まで含めた自動衝突回避システムも考えられるが，現状ではブレーキ制御に限定したシステムが先行的に実現されるであろう．表5.2にASVで開発されたシステムの作動例を示す．

表5.2のシステムは最終的なブレーキ制御に入る前に，警報でドライバーの回避操作を誘導する．ここでの課題はドライバー操作と車両制御の干渉である．たとえば，二次警報の段階では操舵による回避が可能であり，三次では急操舵による車両姿勢の変化が周辺監視センサの検知性能に影響を与える．また，路面状態の変化もシステム性能を大きく左右する．これらのことから，オートブレーキに完全な事故回避機能は期待せず，事故発生時の被害低減を目的とした衝突軽減ブレーキとする考え方も提案されている．

5.3.4 ドライバー監視システム

ドライバー監視システムの1つとして，居眠り防止システムが開発されている．このシステムはドライバーの意識低下状態を検知し警報や種々の覚醒処置を行うもので，意識状態の推定と覚醒技術が開発項目となる．表5.3に意識レベルの推定法を分類した．検知情報として生体信号を用いれば，ほかの間接的情報より正確な意識レベル推定が可能となるが，センサの信頼性や非接触検知など，実用化に際して解決すべき課題を残している．

5.3.5 実用化に向けての課題

ここでは，これまで説明した運転支援システムの実用化上の課題について述べる．周辺監視やドライバー監視を用いたシステムは長い期間研究開発が進められてきたが，未だ広く普及に至っていない．これには，いくつかの技術的，社会的課題が考えられるが，それらのおもなものを表5.4に整理した．

a．技術的課題

（i）**認識/判断技術**　運転支援システムの性能の大部分はこの技術に左右される．これまで軍事用の機器や民生用ロボットに視覚技術として開発されてきたが，自動車に適用する場合は次のような課題が付加される．

- 多様な検出対象：おもな対象として，自動車（軽〜トラック）/二輪車/歩行者があり，さらにレーンマークや走路端など．
- 複雑な走行環境：走路は複数レーン，かつカーブや交差点があり，ターゲットは不要な路側物に囲まれている．
- 広い使用環境条件：降雪や濃霧などの天候変化以外に，使用温度や湿度の変化幅大．

これらの要求に対し，現在の主要な周辺監視センサの課題は表5.5のように要約される．

この表5.5から，現状では自動車用視覚センサの要求をすべて満たしているものはなく，将来的にも1種

表5.5　周辺監視センサの特徴と課題

レーザーレーダ
○大きさ，コスト，法的な規制の面で有利
● 悪天候や汚れに弱く使用範囲に制限あり

ミリ波レーダ
○耐候性がよく，表面のカバーも可能
● 高周波回路，ビーム制御は技術的に難

画像センサ
○情報量が多く，検知対象を選ばない
● 照度変化に弱い，高度な認識処理要

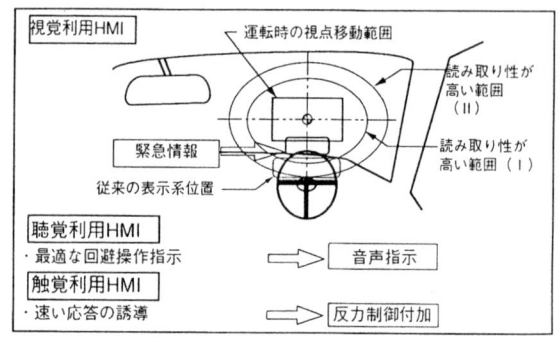

図5.12　衝突回避システム用HMI

類のセンサで成立させることはむずかしいように思われる．今後はタイプの異なる複数センサを組み合わせて相互の欠点を補完するシステムの開発などが必要となる．

判断技術については，ドライバーの危険感と一致しない警報やドライバー操作と干渉する回避制御が課題となる．この原因の一つは衝突の危険性がドライバーの運転状態に左右されるためであり，これを解決するためには，

- ドライバーの脇見や意識レベルを正確に検出する技術の開発
- 緊急時の個人の操作特性に適応する新たな制御の導入

などがあげられる．このためには，運転シミュレータによる人間特性の解析や実際の事故データとの対比を行っていく必要がある．

（ii）**HMI**（Human Machine Interface）　航空機や列車の場合と異なり，自動車の場合は大部分が一般ドライバーであり，運転特性や訓練度合いに大きな差がある．そのようなドライバーに対し，予防安全システムから正確な情報を素早く伝えるには，HMIに新たな工夫が必要となってくる．

情報伝達手段として，大きくは視覚／聴覚／触覚のHMIに分類される．これらを有効に機能させるには相互を協調的に作動させることが重要である．ナビゲーションを例にとると，地図表示に音声誘導を加えることで画面注視時間や回数が30％も減少するといわれている．これを参考にして運転支援システムのHMI構成例を図5.12に示す．ここでは，表示系はドライバーが最も早く認知できる場所に見やすいシンボルを表示し，同時に音声で具体的な操作指示を行う．また，ドライバーの正確な操作を誘導するため操作系の反力制御を同時に実施する．このような協調制御されたHMIにより，脇見や意識レベルが低下したドライバーに対しても危険回避操作の誘導が可能と思われる．

（iii）**コスト**　実用化を促進する一つの要因として，メリットとコストのバランスがある．この点でも，運転支援システムには課題が考えられる．一つはABSやエアバッグと同様，システム作動のメリットを体感するチャンスが少ないため，初期のある期間はユーザーニーズが小さく少量生産によるコスト的な不利が生じる．これに対処するには，技術的な難度は高いが利便性向上も期待できるICCのようなシステムを初期段階から導入すること，安全装置に対する保険料の割引でコスト負担を軽減することなどが考えられる．

b．社会的課題

（i）**コンセンサス**　開発中の新たな安全システムを市場に導入する場合，とくに，公共性の高いインフラとの協調を前提としたシステムや法規制により導入を図るシステムでは，いくつかの社会的合意が必要となる．

- 事故低減に有効なシステムの絞り込みとその要求仕様の合意
- 上記を実現するための自動車とインフラのコストの分担
- 事故発生時の車／インフラの責任分担　など

これらの合意を得るためには，事故の詳細な解析により原因を明確化し，それに基づいて新規に導入するシステムの有効性と妥当性を証明する必要がある．このためには，事故解析のデータベース化と実用化したシステムの効果推定などの活動が重要である．

（ii）**PL**（Product Liability）　運転支援システムを実用化する際，従来と異なる信頼性保証の課題

が発生する．それは，環境認識の性能が使用する環境条件や検知対象の状態で大きく変化するため，すべての作動範囲で事前に性能限界を保証することはむずかしいとの理由による．対策としては，環境認識センサ系の二重化とシステム・フェイル時の安全配慮，ユーザーがシステムに対して過度の期待を抱かぬよう性能限界を事前に周知させることなどが考えられる．

(iii) **標準化** システムの基本的作動や HMI の標準化は使用上の混乱を防止するには有効な手段である．とくに，種々の警報音やスイッチ操作の大枠を統一することは緊急回避時の誤操作を防止する意味でも重要であろう．また，レーダセンサや路車間通信の電波仕様を標準化することで相互干渉の抑制や高周波デバイスのコスト低減も期待できる． 〔重松 崇〕

参考文献

1) M. Kawai : Collision Avoidance Technology, International Congress on Transportation Electronics, SAE P-283, 94 C 038 (1994)
2) L. Bergkvist, et al. : Safer Nighttime Driving, Volvo Technology Report (1990)
3) T. Yanagisawa, et al. : Development of a Laser Radar System for Automobiles, SAE Int. Cong. & Expo., 920745 (1992)
4) D. O. Murphy and J. D. Woll : A Review of the VORAD^{TM} Vehicle Detection and Driver Alert System, SAE Paper, No. 922495 (1992)
5) A. Kutami, et al. : Image Processing for Safety Driving System, Mazda Technical Review, No. 10 (1992)
6) U. Palmquist : Intelligent Cruise Control A Key Component Towards Improved Traffic Flow Control, Intelligent Vehicles Symposium, Tokyo (1993. 7)
7) J. Fukuda, et al. : An Estimation of Driver's Drowsiness Level using Interval of Steering Adjustment for Lane Keeping, JASE Convention Proceeding, No. 941, 9432589 (1994)

5.4 地図ナビゲーション

カーナビゲーションを体感された読者は，人間の知的活動をアシストする技術の可能性に印象づけられたに違いない．初めてのゴルフ場へ迷わず着けたとき，地図に表れている横道を使って目の前の渋滞を避けたとき，などなど．ドライバーの運転を，アシストする装置は，近年の情報化社会の中では，車の情報処理装置として位置づけられるものだからである．それは，地図などの大容量の情報をリアルタイムに処理し，真にドライバーの運転を支援できなければならない．したがって自動車用ナビゲーションは，以下が課題となる．

① 地図データなどの大容量データを格納できる車載メディアを具備し，それをドライバーの要求に応じて高速に読み出し，表示情報などに変換・提供できる車載コンピュータシステムであること．
② ドライバーが通るべき道・曲がるべき交差点などを的確に判断でき，運転の容易性が確保できるよう，道路と付帯施設・目的地データなどを全国網羅的にディジタル化した地図データベースがあること．
③ 自車位置を高精度に検出し，リアルタイムにドライバーに必要な運転タイミングとして提供できること．
④ 行きたい場所へドライバーがリーズナブルと評価できる経路を算出する経路探索機能とそこへ不安なく安全で容易に案内できる音声と表示を併用した音声経路誘導機能をもつこと．

5.4.1 ナビゲーションシステムの構成

ナビゲーションシステムのおもな構成部品には以下があり，図 5.13 にそのブロック構成を示す．
- ナビゲーションコンピュータ
- GPS レシーバ & アンテナ
- ディスプレイ & スイッチ
- 車輪速センサ/方位センサなどの車載センサ
- CD-ROM プレーヤ

GPS レシーバや車載センサを除くと，ディスプレイ（& スイッチ）をヒューマンインタフェースとし，CD-ROM を外部記憶装置としたコンピュータ装置であることがわかる．しかし，一般のコンピュータ装置と異なり車両への搭載は各部品を分散して配置しなけ

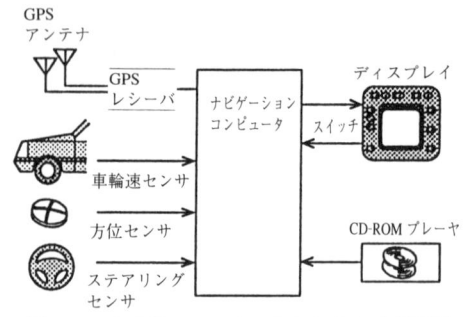

図 5.13 ナビゲーションシステムのブロック構成図

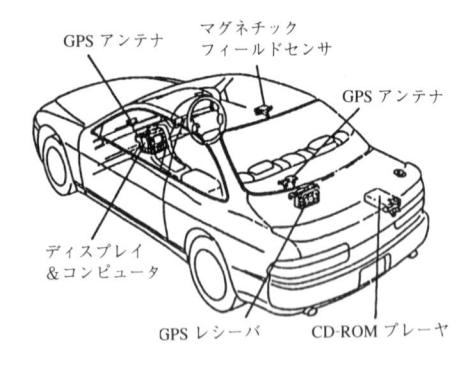

図 5.14 ナビゲーションシステムの構成部品配置

ればならない．たとえば，ある車両の構成部品の配置を図 5.14 に示す．

ドライバーの視線移動をなるべく少なくし，かつ全乗員が見られるようにディスプレイ & スイッチはセンタコンソール上部に配置されている．スイッチ操作に対する表示応答が速いようコンピュータはその背後に位置しているが，CD-ROM プレーヤはトランク内に収められている．迅速な地図表示には，コンピュータと CD-ROM プレーヤ間の高速データ通信がキーとなる．実際に光ファイバを利用した CD-ROM 通信などが採用されている．

フロントとリアパネルに埋め込まれた二つの GPS アンテナは，車の外観を損なわずにルーフアンテナ同様の衛星捕捉が可能である．ほかのセンサ（車輪速センサ・ステアリングセンサ・方位センサ）は，他制御システムとの共用化が図られている．

5.4.2 地図データベースと CD-ROM

車の通る道路と付帯施設・目的地データなどを全国網羅的にディジタル化した地図データベースの整備と，CD-ROM へ地図データを書き込むには，以下を

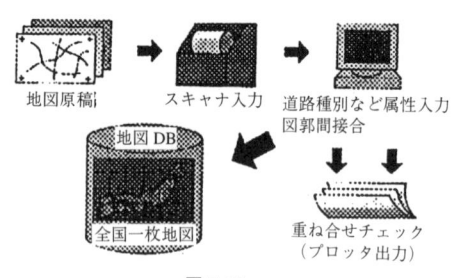

図 5.15

考慮してプロセスを設計する必要がある．
① 品質が確保されたディジタイズ入力原図の準備・手配
② ディジタイズ工程に発生する誤差の管理とディジタイズ工数の節減
③ ナビゲーションコンピュータの処理方式に適した CD-ROM の地図データ書込み

図 5.15 に代表的な地図 CD-ROM 生成プロセスを示す．
全国網羅した一定品質の入力原稿は，国土地理院の 1/2.5 万地形図 4 400 余枚が適当である．この入力原稿を地図会社のスクライブ技術を応用した計測基図を作成し，スキャナ入力自動ディジタイズシステムによってデータベース化する（図 5.16，5.17）

図 5.16

図 5.17

図 5.18

図 5.20

地図会社の培ってきた線図版下づくりの職人技能以外はすべて自動化しているので，道路線図・鉄道路線図・河川/水域線図・行政境界線図・緑地境界線図・敷地界境界線図の精度は1/2.5万地形図上の±0.1 mm（±25 m を全国網羅的に確保することができる．

次に，車のナビゲーションに必要な道路幅員，一方通行・右左折規制などの道路属性のマニュアル入力が不可欠となる（図5.18）．

これらの道路属性データの収集は，国土地理院の地形図への新規開設道路の記載遅れなどに対処しないと，現実の走行道路をデータ化していることにはならない．よって現実の道路事情に即応した地図ディジタイズシステムが提案・実用化されている．たとえば，航空写真から直接的にデータ化する地図ディジタイズシステムがある．

地形図は，航空写真を利用してつくられている．そのためには，撮像時の機体の傾きやレンズ収差などの誤差補正をしなければ利用できなかった．ディジタル地図データの場合，道路線図データを新規撮像の航空写真に投影変換させてやる．次に，航空写真画像を背景にしてコンピュータ画面上で新規道路の追加や道路形状の修正，道路幅員を入力する．最後に，航空写真

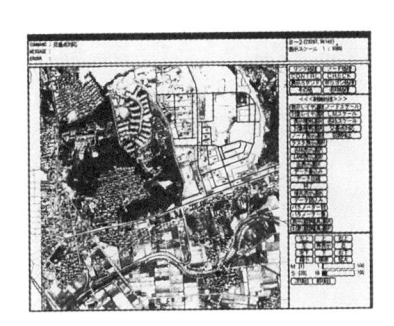

図 5.19

のひずみの入ったままディジタイズ補完されたデータを元の地形図の座標系に逆データ変換してやればよい．この地図ディジタイズ画面の例を図5.19に示す．

一方通行・右左折規制などの道路属性は現場主義があり，現地調査によってデータ収集を積み重ねていくほかはない．現地調査は各交差点の標識写真を撮りそれから規制データ入力原稿を編集作成するが，時間とコストが非常にかかる．そこで，ディジタイズカーという計測装置が提案されている．地図ナビゲーション装置を搭載した車両にビデオカメラ数台を設置し走行しながら各進入交差点の車線・交差点銘板・規制標識・目印ランドマークをディジタル録画する．進入時のタイムスタンプと地図ナビゲーション画面が同期して録画してあるので走行後に各交差点の規制データ入力原稿を編集作成する．この実際のディジタル記録画面の例を図5.20に示す．

a．CD-ROM の検討

地図データベースの車載には，ビット当たりのコストが最も小さく，容量，信頼性に優れたメディア：CD-ROM の採用が一般的である．地図 CD-ROM の設計にかかわる要件には，現在地の移動に沿ってスムーズに地図がスクロールすること，運転中に地図を拡大縮小しても短時間で視認できかつ見栄えがよいこと，経路計算が素早くできかつ推薦経路が満足できるものであること，など地図データファイルの記録方式が重要となる．

以下，地図 CD-ROM の検討について解説する．

b．地図表示の視認性向上

表5.6に示すように，視認性向上と，地図表示の検索速度の高速化を確保するには，表示内容・項目を制限し，かつ，道路図としての情報量と地図らしさを出すよう人間工学的な検討を行い，地図の階層ごとの表示内容を選定する．

表5.6

	道路						本州地域	市街地	県境	行政名	ランドマーク	その他
	高速	配布高速	有料	国道	県道 主要	県道 一般						
全国図	/	/	/	/	/	/	○	/	/	/	/	
地方図	/	/	/	/	/	/	/	/	○	/	/	
地区図	○	/	/	/	/	/	/	/	/	○	/	
基本図	○	○	○	○	○	/	○	○	/	/	/	ICマーク
詳細図	○	○	○	○	○	○	○	○	/	○	○	ランドマーク名称

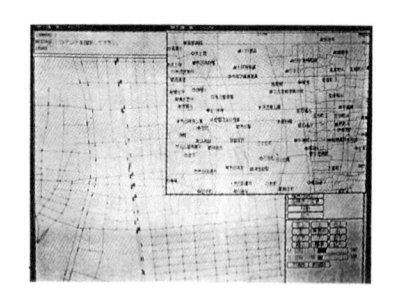

図5.21

表5.7

項目	ラスタ方式	ベクトル方式
描画方法	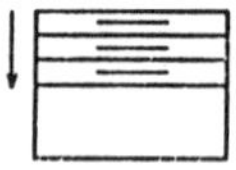 ↓ ≡	 ～
地図1枚のメモリ容量	37.5 kByte	8kByte (平均2.4 kByte)
描画時間	長い	短い
CD-ROMデコーダのバッファ容量	大きい	小さい

たとえば，道路の形状はデフォルメ処理の程度を表示の判読性および描画の高速性などを判定基準として調整する（図5.21）．デフォルメとは，地図データベースからCD-ROMにデータ変換するときに視認できる長さのベクトルに変換することを示す．また，国道・高速道路・有料道路の色分けは一般の地図に近い色を使用したり，地名・国道番号・ランドマークは重なり表示を避けながら，画面全体に平均的に表示されるようにする．

c．地図描画の高速化

描画時間，地図検索時間を極力小さくするにはベクトル方式の描画，CDアクセス時間の短縮化，データ処理方式の高速化などがある．

（i）**ベクトル方式による描画**　地図の描画形式には表5.7に示すように
① ラスタ方式
② ベクトル方式
などの描画方式がある．ラスタ方式の地図1枚のメモリ容量37.5 kByteは画面のdot数（320×240 dot），色数（16色＝4 bit）より計算した．表5.7に示すようにデータサイズが小さく描画の高速化が期待できるベクトル方式が主流である．

（ii）**CDアクセス時間の短縮化**　CDアクセス時間を短くする地図ファイル編成には，逆検索（階層の浅い画面への後戻り）に必要な地図ファイルをCD-ROMに重複して配置する方法などが工夫提案されている．

（iii）**データ処理方式の高速化**　地図データを画面上に高速で表示するには，CD-ROMプレーヤCPU-VRAM（Video RAM）間のデータ転送を速くしたり，複数の画面をバッファし，高速な画面切換えを行うことが行われている．

d．CD-ROMのデータの信頼性

CD-ROMのデータ読取り中に振動により地図データの一部が欠落しても，読み取ったデータをチェックしてデータに誤りがあれば繰り返しデータを読み出して，正しいデータだけ画面表示するようなロジックが工夫されている．

さらに再度データを読み出しても誤りがあれば，同じデータを三重書きした内の次のブロックのブロックアドレスを用いて再度データを読み出し，繰り返しデータを読み出すようにしている．万が一，CD-ROMの表面にキズ・汚れがついた場合のデータの読取り不能に対して効果がある．

また，地図データ中にチェックコードを付加して誤

り検出能力を向上させている．

5.4.3 現在地検出

自動車の位置検出方式としては，衛星航法，自立航法，近接無線航法，の3方式が代表的なものであり，以下これらの航法の原理，特徴を述べる．

a．衛星航法（GPS）

衛星航法はGPS（Global Positioning System）を使って現在位置を検出するもので，図5.22に示すように，3個以上のGPS衛星からの信号の伝播遅延時間，すなわち衛星までの距離を測定し，その距離と衛星の位置から受信機が搭載されている自動車の位置を検出する．現在軌道上に24個の衛星があり全世界で24時間位置を検出できるが，精度は20～200m程度であり，またトンネルなど衛星の信号が受信できないときは測位できないという欠点がある．

b．自立航法（推測航法）

自立航法は推測航法とも呼ばれ車両の方位と移動距離を連続的に計測し，相対的な位置を計算していく航法で，使用されるセンサとしては表5.8に示すようなものがある．自立航法では外部の設備に依存せず位置が検出できるが，絶対位置が検出できない，センサの誤差が蓄積し位置が時間とともに増大するといった欠

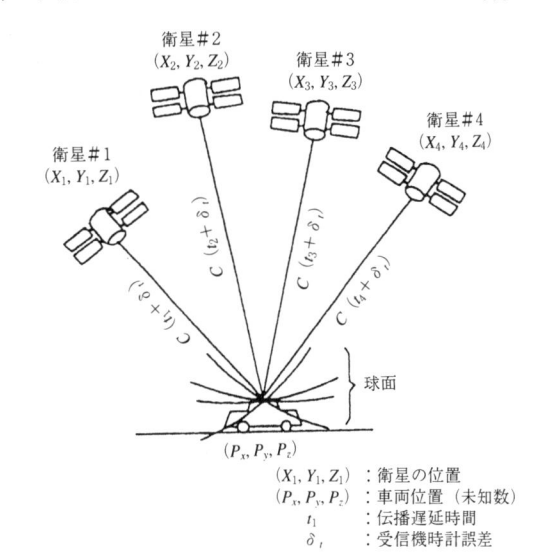

(X_1, Y_1, Z_1)：衛星の位置
(P_x, P_y, P_z)：車両位置（未知数）
t_i：伝播遅延時間
δ_t：受信機時計誤差

測位方程式

$$\sqrt{(X_1-P_x)^2+(Y_1-P_y)^2+(Z_1-P_z)^2}=C\,(t_1+\delta_t)$$
$$\sqrt{(X_2-P_x)^2+(Y_2-P_y)^2+(Z_2-P_z)^2}=C\,(t_2+\delta_t)$$
$$\sqrt{(X_3-P_x)^2+(Y_3-P_y)^2+(Z_3-P_z)^2}=C\,(t_3+\delta_t)$$
$$\sqrt{(X_4-P_x)^2+(Y_4-P_y)^2+(Z_4-P_z)^2}=C\,(t_4+\delta_t)$$

$t_1 \sim t_4$を計測し，(P_x, P_y, P_z)，δ_tを未知数として方程式を解く．

図5.22 GPS測位原理

表5.8 自立航法のセンサの検出原理と特徴

測定対象	センサ名	検出原理	特徴
方位測定	振動ジャイロ	振動子の振幅変化で角速度を検出．	安価．温度変化に対する安定性が低い．
	ガスレートセンサ	センサ内部のガスの流れで角速度を検出．	高精度ではあるが，比較的高価であり，また起動時の安定性が低い．
	光ファイバジャイロ	左右回りの光の位相差で角速度を検出．	高精度ではあるが，比較的高価．
	車輪速差センサ	左右輪の回転数差を検出し，アッカーマン理論により方位を計算する．	安価であるが，タイヤのスリップなど走行状態の影響を受けやすい．
	地磁気センサ	地磁気を検出し，絶対方位を測定．	車体の着磁，踏切など地磁気の乱れの影響を受けやすい．
距離測定	車速センサ	車軸の回転数を検出．	安価．すべての車両に搭載されている距離積算用センサを流用できる．
	車輪速差センサ	車輪の回転数を検出．	距離分離能が高い．方位測定と距離測定が同時にできるが，搭載されている車種が限られる．

c．近接無線航法

近接無線航法は路上に設置した電波標識（サインポスト，電波ビーコンなど）の下を通過したときに標識から信号を受信し絶対位置を数 m の精度で検出するもので，官民プロジェクトとして進行中の「道路交通情報通信システム（VICS）」で設置が進められている．近接無線航法では地上設備の整備が必要であり，当面利用できるのは大都市部のみである．

以上述べた位置検出方式はいずれも一長一短があり，現在ではこれらの方式を組み合わせて総合的に位置を検出し，さらには検出した位置を車載のディジタル地図と照合（マップマッチング）して正確な位置を得る手法が主流となっており，以下に説明する．

d．ハイブリッド方位処理

図 5.23 は，地磁気センサとステアリングセンサ，車輪速センサ，車速センサを用いた相対方位処理によって計算された方位とマップマッチングデータおよび GPS データとから得られる方位を用いて補正する高精度な推測航法を示している．

地磁気センサは絶対方位を検出することができるが，周囲の地磁気環境の影響を受けやすく，また車両が磁化した場合の補正も必要となる欠点がある．左右輪の車輪速センサは車輪の回転に応じてパルスを出力する．このセンサは車両の走行距離を検出するとともに，左右のパルス差から車両の相対方位を検出する．ステアリングセンサは低速時に車輪速センサの出力が得られないときの相対方位を検出するのに利用する．

絶対方位と相対方位を複合方法は，たとえば通常状態では地磁気センサと相対方位センサを一定割合で重み付けして出力し，地磁気のレベルが異常であると判断したときは，相対方位センサだけを，また，車両のスリップが大きく ABS（Antilock Brake System）が作動したときには，地磁気センサだけを切り換えて使うロジックなどがある．

e．現在位置処理

車両の自車位置は CD-ROM に収録された道路の屈曲，およびカーブ時に位置ずれの修正を行いながら過去の軌跡データとそれぞれの道路の形状を比較し，ペナルティー（相関）を計算した結果に基づき，決定するマップマッチングアルゴリズムを利用して高精度化を実現している．

ペナルティー計算値が一定値を超えた時は，道路から離脱したと判断させるロジックや，GPS による現在位置データが安定し，かつそのときの推測航法によって求められた推測位置が大きく異なっているときは，GPS により求められた現在位置に修正するロジックも使われている．

これらを整理したものを図 5.24 に示す．

5.4.4 経路案内

経路案内とは，現在位置から目的地までの推奨経路

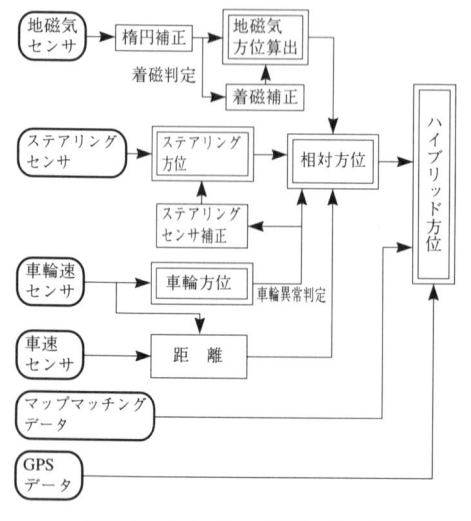

図 5.23　ハイブリッド演算ロジック

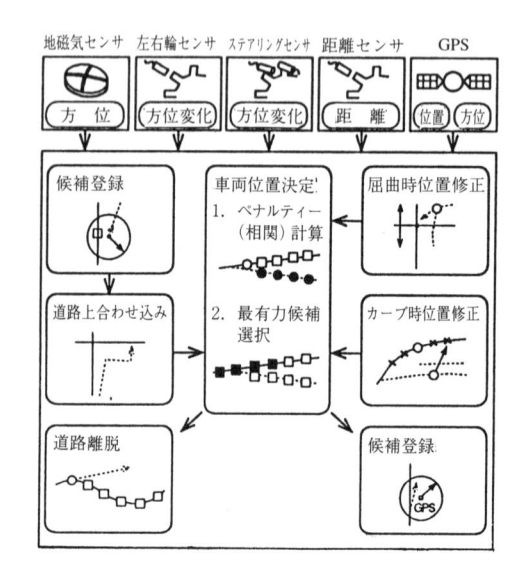

図 5.24

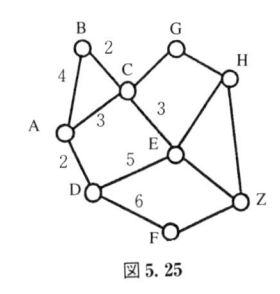

5.4 地図ナビゲーション

図 5.25

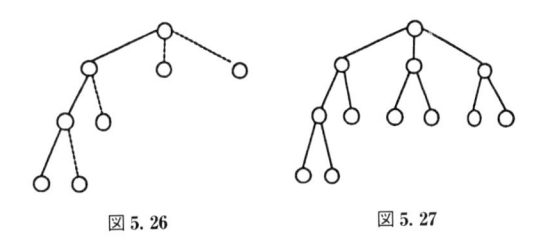

図 5.26   図 5.27

を探索し，得られた推奨経路に沿ってユーザーを目的地まで誘導するものである．推奨経路の探索では，右左折禁止などを考慮したうえで実際に通行可能で，かつドライバーが納得する経路をできるだけ短い演算時間で求める必要がある．

また，目的地までの誘導では，誘導的に使用する案内図や言葉の内容と指示するタイミングの両方が重要である．以下，推奨経路の計算（経路探索），目的地までの誘導（経路誘導）について説明する．

経路探索を行うための情報として，システムは，図5.25に示すように案内可能なすべての交差点の接続関係と隣接する交差点間のコストを利用する．

図5.25を例にして，出発地をA，目的地をZとした場合を考える．AからZへの経路を探索するということは，Aに隣接する交差点B，C，Dを探索し，次にB，C，Dに対して，隣接する交差点を探索するといった作業をZにたどりつくまで繰り返すことである．

ここで，探索する順序によって，二つの方法が考えられる．一つ目は，図5.26に示すように，隣接する交差点が一つみつかった場合，ほかの隣接する交差点を探索することを後回しにして，みつかった交差点に対して，隣接する交差点を探索していく方法である．この方法は深さを優先する検索で縦型検索という．縦型検索では，一つの方向に深く入っていくので，その方向に目的地が存在する場合には，速く経路が求まるが，存在しない場合には，探索を繰り返す必要があるため，計算時間のばらつきが大きい．また，最初に求めた経路が推奨経路である保証はない．ただし，縦型検索は，計算の途中で記憶しておくべき内容が少なくてよいという長所がある．

もう一つの方法は，図5.27で示すように階層ごとにすべての交差点を探索していく方法で，横型探索という．横型探索では，計算時間のばらつきが小さいが，探索する交差点の数が縦型検索と比べるとはるかに多いため，探索途中で記憶すべき内容が多く，システムが十分なメモリをもつことが必要である．

a．ダイクストラ法

ダイクストラ法は，経路探索に用いられる最も基本的な探索法である．この探索法は，改良横型探索とでもいうべきもので，出発地に隣接する交差点から順にコストを求めていくのであるが，横型探索とは，処理が異なる場合がある．すなわち，横型探索では，最初にAに隣接する交差点B，C，Dを求めた後，B，C，Dに隣接する交差点のコストをすべて求めるため，計算する順序は問題としない．一方，ダイクストラ法では，交差点B，C，Dのコストを求めた後，B，C，Dの中で最もコストの小さい交差点に対して隣接する交差点およびコストを求める．仮に最小コストの交差点がDであったとし，Dに隣接する交差点がE，Fであったとする．この場合には，次に隣接交差点を探索する交差点は，C，D，E，Fの中で最もコストの小さい交差点となる．このように，ダイクストラ法では，階層ごとに探索するのではなく，また，縦型検索のように，ひたすら一つの方向に進むわけでもない．つまり，階層にとらわれず，コストの小さい交差点から順に探索を進めていくので，探索が目的の交差点にたどりついたときに得られる経路は最小コストであることが保証される．

ダイクストラ法は，すべての対象交差点のコストを算出するので，実際の道路データに適用すると膨大な時間がかかる．そこで，無駄な計算を省き，計算時間を短縮する方法として，A＊法や変形ダイクストラ法が提案されている．

b．変形ダイクストラ法

ここでは，探索時間を短縮するために，あらかじめ経路探索用の道路ネットワークを階層化した，変形ダイクストラ法を説明する．

具体的には，長距離用として，広域ネットワーク，中距離用として，基本ネットワーク，短距離用として，詳細ネットワークという3種類に階層化した経路

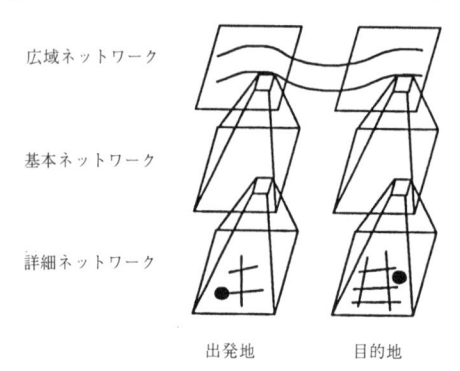

図 5.28 経路探索地図データベースの階層構造

データファイルを利用する．経路データファイルの階層構造を，図 5.28 に示す．

広域ネットワークファイルは，日本全国を地域に分け，それぞれの地域を結ぶ代表経路を格納する．構成される道路は，高速道路，主要国道である．

基本ネットワークファイルは，日本全国を約 18×18 km の大きさで分割した区画を基準として，5×5 区画または 8×8 区画を 1 ファイルとしている．どちらの区画になるかはその地域のデータ容量によって定められる．このようにするとデータ容量は大きくなるが，CD-ROM のデータアクセス回数を減少させることができ，検索時間を短くすることができる．構成される道路は，高速道路，国道，主要地方道である．

詳細ネットワークファイルは，基本ネットワークで述べた区画を 4×4 の 16 分割した区画を基準として 3×3 区画を 1 ファイルとしている．このファイルも基本ネットワーク同様に，外側の 8 区画はオーバラップ域となる．構成される道路は，高速道路，国道，主要地方道，一般県道，幹線道路である．

計算に必要な経路データベースファイルを表 5.9 に示す．

この表で理解できるように，どんなに遠距離の経路

表 5.9 経路データベースのファイル数

出発地と目的地の距離	広域ネットワークファイル	基本ネットワークファイル	基本ネットワークファイル
4.5 km 以下			1
13.5 km 以下			2
22.5 km 以下			3
54 km 以下		1	2
125 km 以下		2	2
126 km 以下	1	2	2

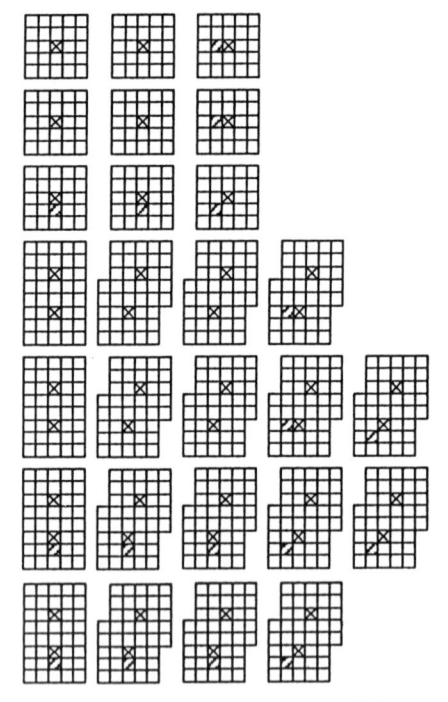

図 5.29 経路データベースファイルの組合せ

案内も最大 5 つのファイルを読み込むだけで計算できる．たとえば 300 km 離れた東京と名古屋を案内する場合には，名古屋の詳細ネットワークファイルと基本ネットワークファイル，東京の詳細ネットワークファイルと基本ネットワークファイル，名古屋－東京間の広域ネットワークファイルを利用することになる（表 5.9 参照）．また，125 km 以下の距離を案内する場合，広域ネットワークファイルを利用せずに二つの基本ネットワークファイルを利用する．出発地と目的地の位置関係から，より効率のよいファイルの組合せを選ぶロジックを図 5.29 に示す．この方法は，出発地と目的地の間を楕円で囲むエリアを探索する手法を，矩型の組合せで代用することになり，探索時間の短縮化が図られる．

c．静的経路探索

経路探索は与えられた交差点の接続関係と隣接する交差点間のコストを使って，ダイクストラ法に代表される探索法で各交差点の出発地からのコストを求めることが基本である．

探索がこのコストに従って行われるため，コストをいかに設定するかが重要である．ここで，コストを決定する要因として考えられるものを表 5.10 に示す．

5.4 地図ナビゲーション

表5.10 リンクコスト一覧表

	データ項目
A	リンク長
B	右左折コスト
C	通行規制コスト
D	道路種別係数
E	道路幅員コスト係数
F	有料道路優先係数

　これらの要因の中で，値が一定であると考えてよいもの，たとえば交差点間距離や道路種類，道路幅，有料道路識別フラグなどを組み合わせて，コストを求め，経路探索を行うことを静的経路探索と呼ぶ．
　静的経路探索では，各要因をどれだけ重視するかによって，最短経路を選択したり，なるべく幅の広い道路を多く走る経路を選択したり，有料道路を避ける経路を選択することができる．

d．静的経路探索の評価例

　大阪市周辺の15地点を決定し，高速道路優先にする・しないの2通り（420経路）の経路について評価を行った例が報告されている．まず420経路について，明らかに妥当であると判断されるコースを正答とする．次に妥当であるかが疑わしいと考えられる経路からモデルルートとして27コースを選び，タクシードライバーなどのドライバーのアンケート結果と実際の走行で妥当性を確認する．評価の項目としては，わかりやすさ・安全性・時間の3項目とし，この平均をとり，妥当性とする．表5.11に正答率と正答でない経路の妥当性を示す．
　上記結果からシステムに対する期待度は次式で算出した．

　　　期待度＝正答率＋非正答率
　　　　　　　×妥当性の最低値

この結果，期待度は

　　一般道路の場合………83.5%
　　高速道路優先の場合…91.8%

となる．したがって，現行の経路案内は一般にいって

表5.11

正答率	一般道路	64.3%	
	高速道路優先	71.8%	
正答でない経路の妥当性	一般道路	76.7% （最低値 53.7%）	
	高速道路優先	85.7% （最低値 81.8%）	

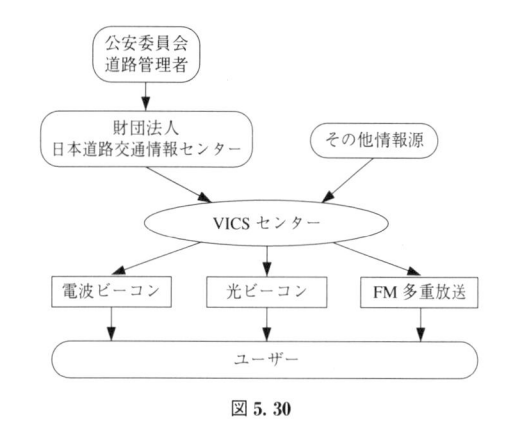

図5.30

8〜9割の正しい経路を探索しているといえる．

e．動的経路探索

　交差点間所用時間や渋滞情報のようなリアルタイムに変化するような情報を利用してコストを求め，経路探索を行うことを動的経路探索と呼ぶ．動的経路探索を行うことで，突発的な事故や規制にも対応した経路が探索可能となり，静的経路探索よりもきめの細かいサービスが可能となる．ただし，リアルタイムで変化する大量の情報を取り扱うため情報の収集，処理，提供に関しては，社会的なシステムが必要となり，容易には実現不可能である．
　日本では，道路交通にかかわる官庁が主導し，官学民が協力してVICS，ATIS，UTMSなどの交通情報システムが研究されている．一例としてVICSの全体構成を図5.30に示す．VICSでは，図5.30に示す方式で渋滞情報・旅行時間情報・交通障害情報・交通規制情報・駐車場情報を提供する．

5.4.5 経路誘導

　経路誘導とは，経路探索によって求めた推奨経路を運転手に提示し，誘導することである．推奨経路の提示に関しては，ディスプレイ上に地図を表示し，地図上に現在位置や推奨経路，交差点拡大図を示す方式が多い．さらに，運転手の視覚的負担をより低減するために，音声による誘導も実現されている．音声による誘導では，ことばの種類やタイミングなどの人間工学的な要素も含んだ点が重要である．
　走行中，所定の経路に従って運転する場合，通常，ドライバーはまず，曲がる交差点位置の確認そして曲がる方向の確認，次に曲がる交差点の確認といった思考形態をとる．この思考形態に合致した案内を行うこ

とによって，誤認識，誤判断のない経路の案内が可能となる．

a．音声経路案内例

ナビゲーションコンピュータで演算した現在位置とCD-ROMに格納した地図データおよび交差点名称や周辺の目印となる建物などを含んだ交差点拡大図，さらに，これらの地図表示と併用して，曲がる交差点手前から音声を利用して上記思考形態に即した経路案内方法を説明する．

交差点の案内図は，交差点の約300m手前で現在地の地図の表示から自動的に切り換わる．交差点の案内図は，約300×300mの範囲が進行方向を上にして，固定で表示される．現在位置と交差点の中心までの距離は，右下のバーグラフで表示される．円と矢印のカーソルは，移動している現在位置を示す．そして，経路は交差点の道路図とは異なった赤色で示される．交差点を通過して約50m走行すると，交差点の案内図は自動的に現在位置の地図の表示に戻る．

この案内方法の採用により，ドライバーは，音声の補助を受けながら，曲がる必要のある交差点の十分に手前で，的確に進行方向などの情報を知り，十分な余裕をもって運転することが可能となり，より安全な運転行動を行うことができる．

図5.31に案内の各段階に表示される地図画面および音声を示す．

b．必要な案内情報とタイミング

見知らぬ道を経路案内を頼りに走行する場合に，運転行動のどのタイミングでどんな情報があれば経路どおりの運行が可能になるか，一般道路と高速道路の場合についてケーススタディを実施し，音声情報の内容と提供タイミングを決定するとともに，その効果が報告されている．

c．一般道の場合

図5.32のようなレーンチェンジを伴う右折場面では，
① レーンチェンジ
② 曲がるべき交差点の発見と判断
③ 方向指示

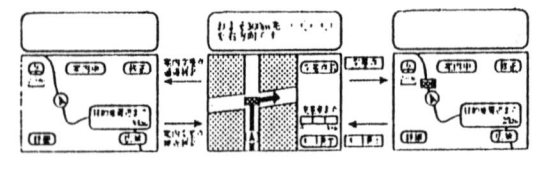

図5.31

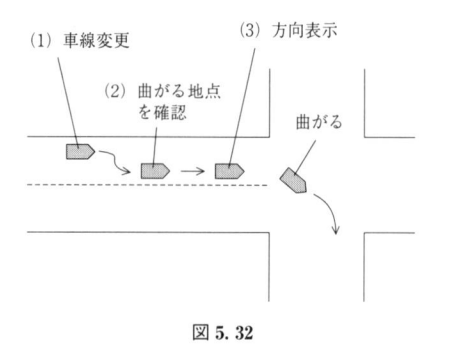

図5.32

表5.12

No	情報	提供タイミング
①	車線変更方向 右 or 左	曲がる手前
②	曲がる位置の目印となる情報（交差点名称，歩道橋など）	目印が確認できるとき
②	交差点までの距離 or 時間	交差点に近づいたとき
	曲がる交差点までにある交差点数	2～3個手前
③	曲がる方向 (右 or 左)	方向指示の手前

の行動のための情報が必要であり，①，②，③それぞれについて提供すべき情報とタイミングを考察し，まとめた結果を表5.12に示す．

以上の検討を踏まえて，システムの必要な案内条件とタイミングとしては，複数車線走行時には①の情報として，実際のレーンチェンジ開始前よりレーンチェンジ方向（＝右左折方向）を案内交差点手前700m付近で案内する．②の情報として，交差点名称を案内する．また②，③の情報は，曲がるべき交差点がドライバーの視界に入ってくる，交差点手前300m付近で案内する．なお，左折場面も右折場面と全く同様である．

d．高速道路の場合

図5.33に示すように高速道路では，
① 入口
② ジャンクション
③ 出口

の各場面で誘導が必要である．また，高速入口周辺の交差点には，入口方向を示す案内標識が掲示されており，ジャンクションや出口には，レーンチェンジや走

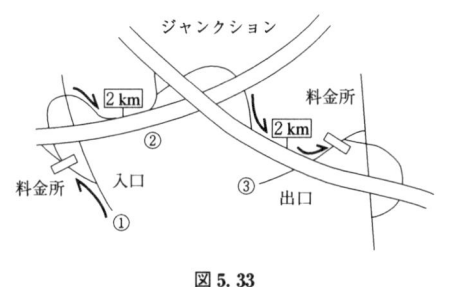

5.4 地図ナビゲーション

図 5.33

表 5.13

No	情報	提供タイミング
①	高速道路入口方向	入口を示す案内標識の前
②	進むべき方向	ジャンクションの方向を示す案内標識の前
③	出口の交差点名称	出口の方向を示す案内標識の前

行車速を考慮し分岐の2km手前から案内標識が設置されている．このように案内標識の充実が特徴である．そこで高速道路では，案内標識の内容を標識の設置位置の手前でドライバーに伝えると，案内標識への視線移動が容易になり，スムーズな運行が可能になる．表5.13は図5.33の①，②，③の各場面で提供するべき情報と，その提供タイミングをまとめたものである．

以上の検討を踏まえて，必要な案内情報とタイミングとしては，①の情報として，高速道路に進入することを道路種別変更がポイントの300m手前で案内する．②，③について，案内標識に示された方面名称または出口名称を，高速道路では分岐の2km手前で，都市高速道路では1km手前で案内する．

e．案内表現

音声情報は，聞き取りやすく・記憶しやすく・前方風景と対応がとれており，また，連続した分岐などの場合でも曲がれるように案内することが必要である．

f．聞き取りやすさ

道案内の表現で，ウセツ・サセツといった言葉は，発生の最初だけが異なり聞き間違いが発生しやすい．そこで，ミギ・ヒダリといった区別しやすい言葉を用いる．

g．記憶しやすさ

一度に提供する情報が多すぎると，ドライバーの短期記憶の負担が大きくなり，記憶しづらくなる．そこ

で，メッセージの長さを原則一文とし，5～7秒以内に収まるようにする．

h．前方風景との対応

経路誘導では左右方向を案内するが，前方風景における左右感覚と案内される方向の感覚が一致すると理解しやすくなる．助手席から道案内するとき，

① 道なりに進めば迷わない道路（以下，道なり路と称す）は案内しない．
② 道なり路以外を案内する場合は，案内道路が道なり路に対して左右どちらに接続しているかに基づき，言い分ける特徴を有している．

ナビゲーションシステムにおいても，交差点に接続する道路の幅員・接続角度の条件による方法が提案されている．

i．連続した分岐の案内

音声経路案内が搭載されると，ドライバーが地図画面を見る機会は減少し，図5.34のような連続分岐で，画面上の二つ目の分岐に注意が向かない場合があるため，連続した分岐では，1個目を曲がる前に次の分岐の進行方向も案内する．立体交差の場合も，この方法で案内すれば経路に沿った運転が容易になる．

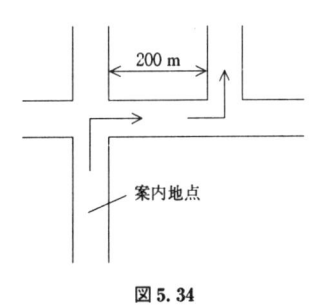

図 5.34

j．音声経路誘導の評価例

これらのシステムを用いて，ドライバーのナビゲーション画面への注視時間・回数と，精神負荷への効果も報告されている．

k．評価方法

音声案内システムと音声のない経路誘導システムを比較した．ルートは名古屋市外から郊外に向かう一般道路で，各経路誘導区間には2～3回の曲がるべき交差点が含まれており，音声案内条件の場合はその交差点手前において音声が出力された．

l．注視行動

経路誘導区間ごとのディスプレイ総注視時間と総注

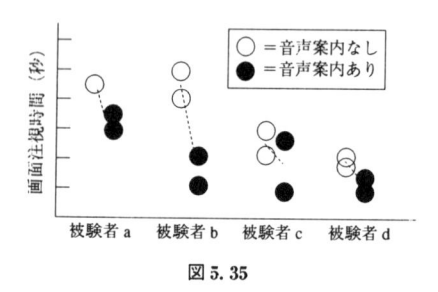

図 5.35

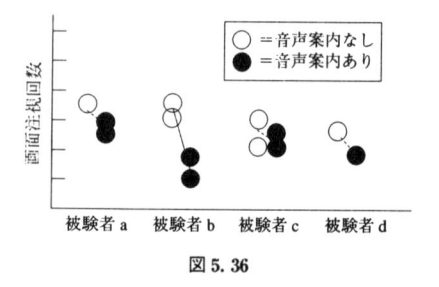

図 5.36

図 5.37

図 5.38

視回数から毎分の平均注視時間と注視回数を算出した．結果を図 5.35, 5.36 に示す．音声案内有無の条件と被験者による 2 要因，繰返し 2 回の分散分析を行ったところ，平均注視時間について，音声ありが有意に短った（$F = 26.48$, $df = 1/8$, $p < 01$）．平均注視回数についても音声ありが有意に少なかった（$F = 27.76$, $df = 1/8$, $p < 01$）．

m．精神負荷

すべての曲がるべき交差点について心拍数と呼吸性変動成分を計算し，被験者ごとに平均と標準偏差を求めた．結果を図 5.37, 5.38 に示す．音声案内有無の条件と被験者による 2 要素の分散分析を行ったところ，心拍数について音声ありが有意水準10%で低かった（$F = 2.92$, $df = 1/36$, $05 < p < 1$），被験者 a，b については差が明確であった．音声案内によって，交差点手前付近の精神負荷が低くなる傾向であることがわかった．

地図ナビゲーションについて，車の情報処理装置という切り口の技術解説を行った．というのは，情報処理技術とは対象が人間であり人間の知的活動の全体/部分を工学で実現する技術をいう．カーナビは，その対象がドライバーであり現在地確認/経路計画/目的地到達という知的活動のある部分を車載コンピュータという工学で実現している情報処理装置である．よって，「カーナビは車を情報化させた情報処理の大発明である」と主張してよいからである．その先は一般のコンピュータ技術の歩むそれとほぼ変わりはない．リアルタイム/マルチタスク OS・マルチメディア・ディジタル通信技術が次の課題となろう．しかしながら，車の位置検出と道路地図データベースは今後も本分野で発展・波及する普遍技術であることが理解していただけだと思う． ［東 重利・小川 陸眞］

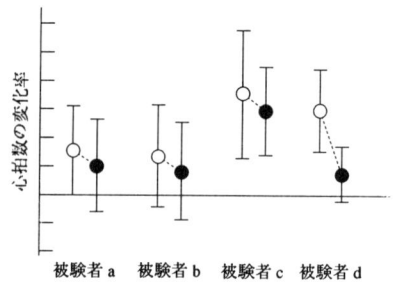

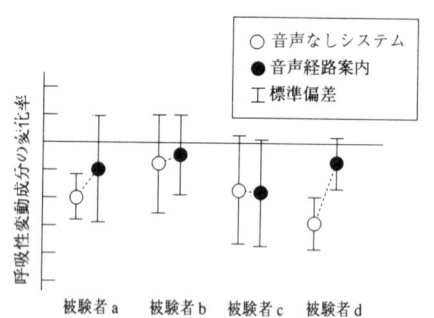

参考文献

1) 東 重利, 堀部哲也, 伊藤 徹：マルチインフォメーションシステムの開発, 自動車技術, Vol.42, No.2 (1998)
2) 荒井 宏：エレクトロマルチビジョン CD インフォメーション, 日本コンピュータグラフィックス協会
3) H. Shiga, T. Katoh and K. Itoh：Road Map Database and Digital Mapping Technique, IEEE, Densi Tokyo, No. 26 (1987)
4) M. Ogawa, Y. Syoji, et al.：Digital Map on CD, SAE Paper, No. 880221 (1988)
5) Y. Syoji, T. Horibe and M. Ogawa：Toyota Electro Multivision, SAE Paper, No. 880220 (1988)
6) 岸 浩司, 杉浦精一, 木村賢治：自動車用ナビゲーションの視認性検討, 自動車技術, Vol. 46, No. 9 (1992)
7) M. Ogawa, S. Azuma, K. Ishikawa and T. Itoh：Map Navigation Software for the Electro-Multivision of the '91 Toyota Soarer, VNIS 1991, 912790 (1991)
8) CRT を用いた自動車用情報集中表示装置の開発と実用（トヨタエレクトロマルチビジョン），自動車技術会
9) 梅田幸彦, 森田博史, 東 重利, 伊藤 徹：Development of the New Toyota Electro-Multivision, SAE Paper, No. 920601 (1992)
10) 近藤弘志：ATIS in JAPAN, SAE Convergence
11) 岸 浩司, 木村賢治, 杉浦精一：音声経路案内の人間工学的考察, 自動車技術会学術講演会前刷集, No. 936 (1993. 10)

5.5 路車間通信技術

5.5.1 路車間通信の概念

近年，道路における情報化設備の高度化や自動車におけるエレクトロニクス化など，いわゆるインテリジェント化が急速に進んできている．こうした動きは，道路および自動車がそれぞれ独立に対処してきたものであり，道路交通の抱えるさまざまな問題点を解決するためには両方の機能の協調による総合的なインテリジェント化の開発が必要な状況にある．筆者はこのように総合的なインテリジェント化を実現するシステムをインフォ・モビリティ・システムと呼んでいる．路車間通信（RVC, Road Vehicle Communication）は，インテリジェント化された道路（smart highway）と自動車（smart vehicle）の間を結び付ける通信手段であり，インフォ・モビリティ・システムの重要な構成要素と考えている（図5.39）．

路車間通信が一般の通信手段と異なる点は，扱う情報の種類にある．自動車で利用される情報には，運転に直接必要な情報（フロントシート情報）と直接関与しない情報（バックシート情報）がある（図5.40）．従来の自動車電話などの通信手段は，どちらかというとバックシート情報に関連するものであった．路車間通信は，インフォ・モビリティ・システムに必要なフロントシート情報を伝達するための手段である．広い意味でいえば，ラジオ放送の番組における交通情報提供やハイウェイラジオのような音声メディアによる情報もフロントシート情報であるが，ここでは基本的にデータの形で伝達される情報に限定して考える．また，路車間通信の"通信"の意味は，厳密にいえば放送形式のものと区別されるべきであろうが，放送のような片方向伝達手段も含めて広義に解釈することとした．

5.5.2 通信形態の分類

路車間通信システムは，その通信の形態で放送型，局所同報型，広域個別通信型および局所個別通信型の四つに分類することができる．また，最近では局所個別通信型をさらにパッシブ型とアクティブ型に分けて論じているが，これは車両側の無線機能の相違に基づくものである（図5.41）．

a．放送型

放送型は1：Nの片方向通信であり，広い範囲の複数車両に対して情報の提供が可能である．一方，情報の内容が広域的になるため，場所に応じた詳細な情報提供には適していない．代表的なシステムがFM多重放送であり，従来のFM放送波にデータを重畳する方法で各種の情報を提供しようとするものである．道路交通情報もFM多重放送の代表的な提供情報サービスとして考えられている．ヨーロッパではRDS（Radio Data System）として普及しているが，日本でもすで

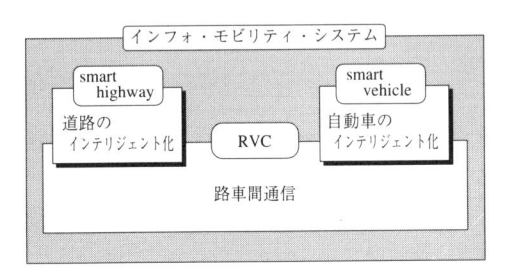

図5.39 路車間通信の概念

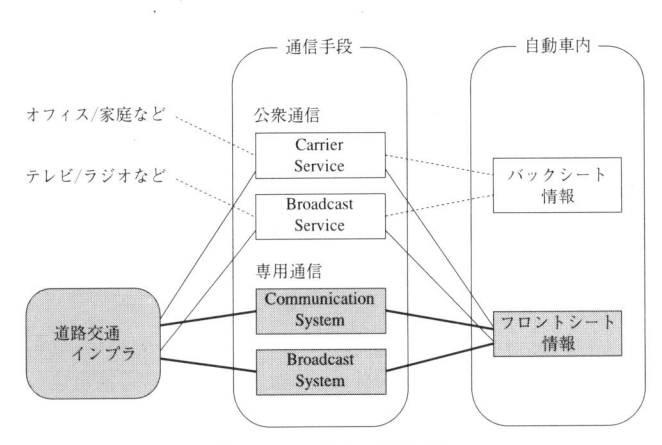

図5.40 自動車と通信情報

```
路車間通信 ─┬─ 放送型
           ├─ 局所同報型
           ├─ 広域個別通信型
           └─ 局所個別通信型 ─┬─ パッシブ型
                             └─ アクティブ型
```

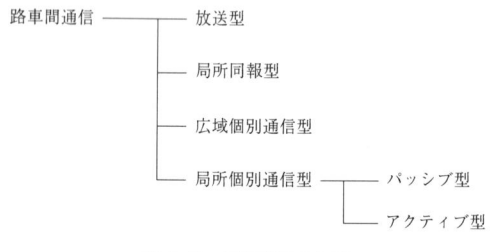

図 5.41 通信形態の分類

に RDS に比べて高速伝送が可能なシステムが開発されて放送を開始している．日本の FM 多重放送は，道路交通情報を提供する VICS（Vehicle Information & Communication System）における提供手段の一つになっている．

b．局所同報型

やはり，1：N の片方向通信であるが，提供する無線ゾーンが非常に小さく，局所的な情報が提供可能な形態である．自動車のナビゲーション機器などに，現在位置のデータや走行方向の道路交通情報を詳細に提供することができる．VICS における無線や光を媒体としたビーコン方式が代表的な例である．

c．広域個別通信型

自動車電話や業務用の移動体無線のような広域の双方向の通信機能を用いて，個別の車両からは自動車の走行状況データを収集し，それらのデータをもとにセンターで処理した道路交通情報を各車両に提供する形態である．ヨーロッパにおける DRIVE 計画の中の研究や，アメリカの実験システムなどにこうした構成の例がみられる．

d．局所個別通信型

局所的な無線ゾーンで双方向通信を行うものであるが，この方式はさらに間欠タイプと連続タイプに分けられる．

間欠極小ゾーンによるものは，間欠的に配置されたスポット通信領域を車両が通過する短時間の間に，双方向通信を行うもので，車両からの道路交通データの収集機能と，車両に対する局所同報型の情報提供機能および個別データ通信機能をもたせることができる．世界の先駆的なプロジェクトとなった日本における CACS（Comprehensive Automobile Control System）は，誘導無線方式の局所個別通信を用いている．その後各種の研究開発が行われており，建設省主導の RACS（Road/Automobile Communication System）では無線によるビーコン方式が，警察庁主導による UTMS（Universal Traffic Management System）では光によるビーコン方式が局所個別通信として採用されている．

一方，道路交通における安全性と利用効率の飛躍的向上を目指す次世代システムの研究では，道路に沿って敷設した漏えいケーブルによる連続的な局所通信方式が検討されている．

e．パッシブ型とアクティブ型

車両の個別認識を行うような簡易な通信には，トランスポンダとか電子タグあるいは RF-ID などと呼ばれるパッシブ型の通信方式が開発されており，欧米の料金徴収などに利用されている例がある．この方式は，基地局側の送信電波のエネルギーを利用して自動車側の端末の応答信号を返すものであり，自動車側の端末が簡易なものにできる．

アクティブ型は，従来の無線機の概念と同様であり，自動車側の端末自ら発信が可能な方式であるため，一般通信機能として多目的に利用できる．

5.5.3 通信媒体の比較

路車間通信に用いる通信媒体の選択は，システムの機能に非常に影響を与える．以下に路車間通信の通信媒体として主要なものを示す．

a．誘　導　無　線

道路と自動車の間を電磁誘導によって結合する通信方式であり，電波法上では高周波利用設備として扱われている．使用周波数は 10 kHz から 250 kHz の帯域であり，誘導線のごく近傍に限定した通信領域が形成される．地形や気象などの影響が少なく，誘導線の伝送損失が少ないなどの特徴を有するが，周波数が低いため，使用可能な回線（チャネル）数やデータ伝送速度が限定される問題がある．

b．FM 放送波

FM ステレオ放送のベースバンドの上側にディジタル信号を多重化して，放送局からデータを提供する仕組みである．FM 放送のサービス範囲に存在する自動車に対して，同時に情報を提供することが可能である．

c．UHF 波

400 MHz 帯や 800 MHz 帯に代表される UHF 波帯は移動体通信用に広く利用されている．広い通信エリアを構成できるが，逆にゾーン間の干渉があるため電波の割当て上の問題があり，電波リソースが非常に不足

している帯域である．広い通信エリアでデータ伝送を行う場合には，走行中のフェーディングに対する誤り制御が必要であり，マルチパスの路程差の影響で高速の伝送が困難となる．

d．マイクロ波

移動体通信の新しい割当て領域として，1～3 GHz の準マイクロ波帯が開発されている．自動車電話や MCA 無線などのディジタル化のための周波数として利用されるほか，ISM バンドとして各種の利用が進みつつある．VICS における電波ビーコンはこの帯域である．ヨーロッパでは 5.8 GHz 帯の ISM バンドを利用する方向で検討が進められている．日本の自動料金収受システムでも 5.8 GHz 帯を用いることになった．

e．ミリ波

電波需要の増加に対する対策として開発が期待されている領域であり，非常に短距離の通信用として利用できる．とくに 60 GHz 帯は酸素吸収帯であり，電波が広く拡散しないため，局所的な路車間通信に利用できる．

f．光空間通信

赤外線領域を使用した通信は電波法の適用外であり自由に利用できるため，共通の電波割当てが困難なヨーロッパにおける ALI-SCOUT の通信媒体にもなっている．ミリ波と同様に通信エリアが限定されるため，局所的な路車間通信に利用できる．日本ではVICS の光ビーコン系として開発されている．

5.5.4 路車間通信システムの事例

歴史的に各種のシステムが研究開発されているが，ここでは現状における日本の主要なシステムに絞って概要を説明する．

a．FM多重放送

FM 多重放送は放送型の代表的なシステムで，FM ステレオ放送のベースバンド信号の上に，ディジタル信号を重畳することによって情報を提供するものである．日本の方式は DARC（DAta Radio Channel）と呼ばれるものであり，そのベースバンド信号配列は図5.42 に示すとおりである．表 5.14 は，日本の DARC方式とヨーロッパで実用化されている RDS 方式の技術内容を比較したものであるが，DARC 方式が大容量の情報伝達を可能としているがわかる．DARC の変調方式（LMSK）は，ステレオ信号の変調度に応じて多重変調レベルをコントロールするものであり，多重信号の伝送特性を確保し，ステレオ放送への妨害を低減させる効果をもっている．

b．電波ビーコン

局所型路車間通信の代表的な通信手段がビーコンによるものである．図 5.43 は日本で実用化が進められている VICS における RVC の概念と電波ビーコンの位置づけを示すものである．このシステムは，建設省の主導によって開発された RACS（Road Automobile Communication System）が基本となっている．

（i）構成　電波ビーコンによる無線ゾーンの

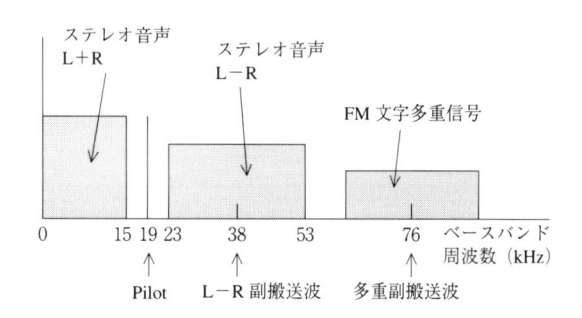

表5.14　FM多重放送の技術比較

項目	DARC	RDS
多重信号の変調方式	LMSK	マンチェスタ BPSK
多重信号の変調度	4～10％	約 2.7％
多重副搬送周波数	76 kHz	57 kHz
多重信号の伝送速度	16 kbps	1.1875 kbps
誤り訂正方式	(272, 190) 符号による積符号	(26, 16) 符号
伝送情報	文字・図形・付加情報（約 7 kbps）	番組・局識別データ文字データ

LMSK：Level controlled Minimum Shift Keying
BPSK：Binary Phase Shift Keying

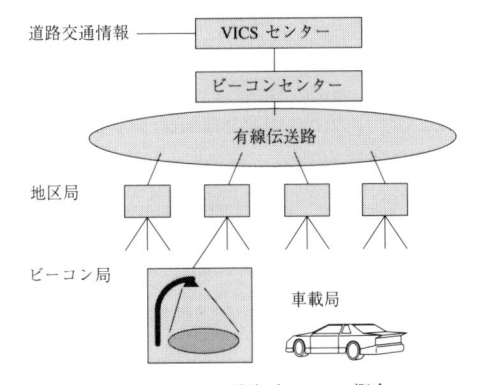

図5.43　VICS電波ビーコンの概念

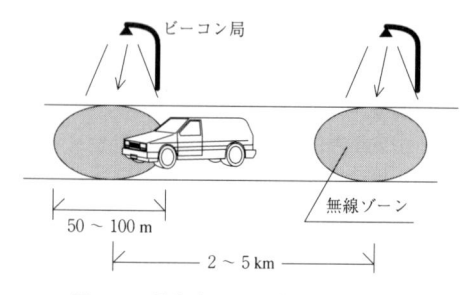

図 5.44 電波ビーコンの無線ゾーン構成

表 5.15 電波ビーコンの技術概要

項　目	技術的条件
無線周波数	2.5 GHz 帯
アンテナ電力	送信装置の各出力端で 10 mW 以下
変調方式	二重変調方式 (GMSK 変調方式, 振幅変調)
伝送速度	64 kbps
占有周波数帯域の許容値	85 kHz 以下

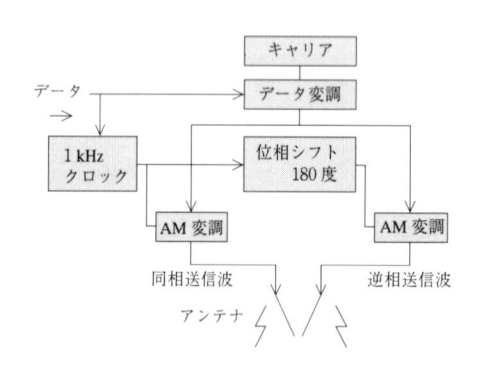

表 5.16 電波ビーコンの情報分類

[現在位置情報]
[静的情報]
・分岐点情報
・案内情報
[動的情報]
・注意警戒情報
・緊急メッセージ
・障害情報
・簡易旅行時間情報
・簡易図形
・駐車場
・事象規則リンク情報
・渋滞リンク情報
・その他
[拡張サービス情報]
[道路管理用情報]
[保守用情報]

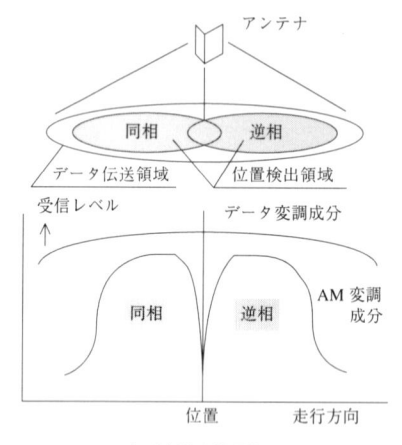

(a) 位置特定のための変調方式

(b) データ伝送領域と位置検出信号の関係

図 5.45 電波ビーコンの位置特定技術

概念を図 5.44 に示す．路側に間欠的に配置された非常に小さな無線ゾーンを車両が通過する瞬間に，ビーコン局から送られてくる道路交通情報を受信する方式となっている．無線設備（ビーコン局）は路側に設置し，アンテナは照明柱やガントリなどを利用して約 5 m の高さに取り付ける．無線ゾーンとして約 50〜100 m のエラーフリー区間が構成される．

（ⅱ）**技術概要** VICS の電波ビーコンシステムの仕様概要は表 5.15 のようになっている．VICS などで考えられているビーコンの提供情報は，表 5.16 のように分類されている．

ナビゲーション用の位置情報提供に関しては，無線ゾーンが面的な広がりを有するため，その位置を正確に特定する必要がある．このために，図 5.45 に示すような方式が採用されている．アンテナとしては，2面の合成アンテナを使用する．装置側では，データによって周波数変調を受けた変調波を 2 系統に分け，位相の 180 度異なる振幅変調をさらに加えて二つのアンテナからそれぞれ送出する．図(b)はデータ伝送領域と位置検出信号の関係を説明するものであり，自動車側では振幅変調成分の位相が反転した場所を検出して位置を特定することができる．この方法を用いることによって，従来の方式に比べて非常に高精度の位置補正が可能となる．

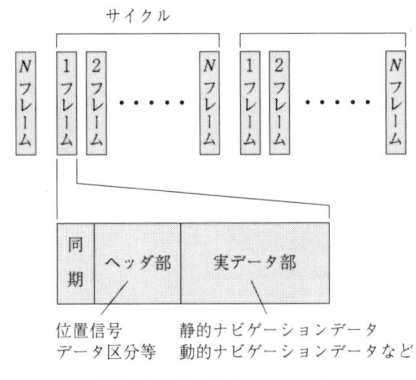

図5.46 データフォーマット

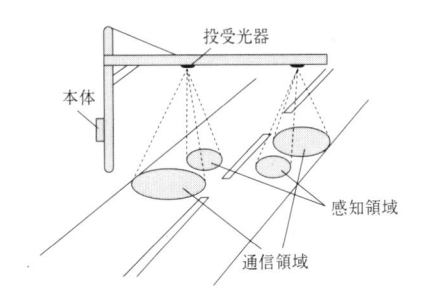

図5.47 光ビーコンの構成

無線伝送路のデータフォーマットは図5.46に示すように128 Byteの複数フレームをサイクルとして繰り返す方式となっている．最大フレーム数Nは，車両が無線ゾーンを通過する時間内に最低2サイクル以上確実に受信することが可能なものとするように検討されている．各フレームのヘッダ部にはビーコンの位置情報が含まれているため，サイクルのどこから受信しても直ちに現在位置を把握することができる．

c．光ビーコン

日本における光ビーコンは，光学式車両感知器として開発されたもので，車両と感知器間の相互コミュニケーションを実現するものである．

(i) 構　成　路面から5.5 mに設置された投受光器から近赤外光線を投射し，その車両からの反射レベルにより車両の存在感知を行う車両感知機能と，車載機との間で双方向通信を行う路車間通信機能とを有している（図5.47）．路車間通信の通信領域を非常に狭くして個別車両に対応させているため，伝送速度を高速にして必要な情報量を確保している．

(ii) 技術概要　光ビーコンシステムの仕様概要は表5.17のようになっている．光ビーコンの情報提供機能は，電波ビーコンとともにVICSにおける提供メディアの一つであり，車両のナビゲーションシステムに対して渋滞情報や旅行時間情報などを提供することができる．また，双方向通信機能による交通流の収集や，最適経路誘導への利用などが考えられている．

d．局所型連続通信

安全性の向上や道路利用の効率化の検討をさらに進めていくと，道路と車の間でつねにリンクがとれる形態の路車間通信手段が必要となる．広域通信手段では，個々の車両に対する局所的な制御が困難であり，ビーコン型の通信手段では連続性を確保することができない．こうした理由から，次世代の路車間通信の方式に漏えい同軸（LCX）ケーブルや漏えい導波管（LWG）などを利用する研究が進められている．

道路におけるLCXの利用は，トンネル部などの閉鎖空間で実用化されている．現在の利用は音声通信用であり，走行中の車両に対する緊急放送や，道路管理/消防活動/警察活動などの業務用の通信手段となっている．このLCXを開放区間を含めて敷設し，連続的なデータ伝送を可能とする路車間通信システムを構成

表5.17　光ビーコンの技術概要

車両感知機能		通信機能	
感知方式	近赤外光線反射方式	変調方式	パルス振幅変調方式
感知可能速度	0～120 km/h	符号化形式	マンチェスタ
感知対象車両	軽自動車以上	通信可能速度	0～70 km/h
感知領域	1.2×1.2 m	通信領域	
		感知器→車	3.5×3.5 m
		車→感知器	1.6×3.5 m
		伝送速度	
		感知器→車	1 Mbps
		車→感知器	64 kbps
		伝送情報量	
		感知器→車	10 kByte
		車→感知器	256 Byte

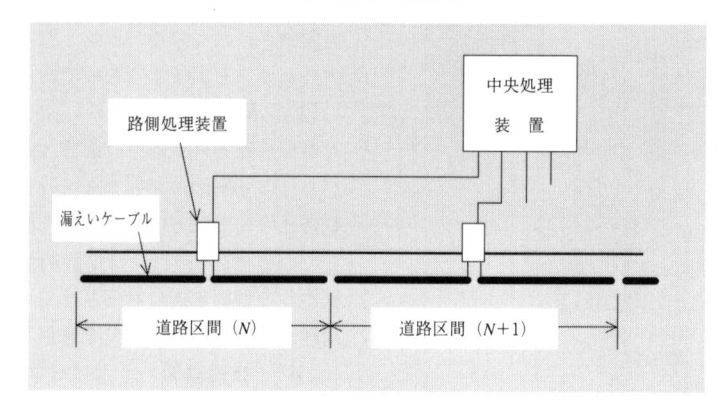

図 5.48 局所型連続路車間通信の構成例

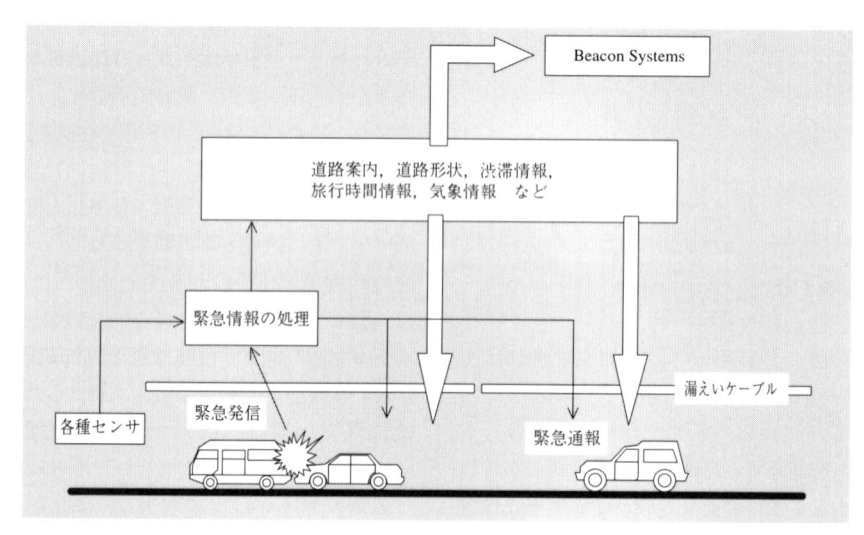

図 5.49 局所型連続路車間通信の利用イメージ

しようとするものである．

（i）構　成　図5.48にシステムの構成例を示す．

高規格幹線道路，地下道路，トンネルなどの部分に道路に沿ってLCXケーブルを敷設し，道路に沿った連続的な通信ゾーンを構成する．通信ゾーンはブロック化されブロックごとに通信処理が行われる．

（ii）技術概要　現在，トンネルなどで利用されているLCXケーブルの使用周波数帯域は80〜800 MHz程度である．使用周波数帯が高くなるとLCXケーブル内の伝送損失が非常に大きくなるため，利用できる上限は準マイクロ波帯（1〜3 GHz）までと考えられている．さらに高い周波数である5.8 GHz帯の利用には漏えい導波管も検討されている．建設省土木研究所における電波伝播実験の結果では，2.5 GHz帯を用いて約500 mのブロックが構成できる可能性があると報告されている．図5.49は，LCX路車間通信の利用イメージを示すものであり，事故などの緊急時に非常に有効であることがわかる．このように道路と車両の間でつねに通信リンクを構成することが可能となると，将来の車群走行や自動走行の実現に非常に役立つものと期待されている．

5.5.5　今後の展開

新しい概念に基づく，路車間通信は車々間通信とともに将来のITS（Intelligent Transport System）の重要な構成要素として研究開発が進められている．とくにFM多重放送やビーコン方式による道路交通情報の提供機能は実用化段階であり，ITU（International Telecommunication Union）やISO（International Standards

Organization）などの国際標準化機関でも標準化の対象として審議されている．今後は，道路交通情報の提供だけでなく，ITS 領域の各種の機能実現に向けての開発や標準化が進むものと考えられる．これらの通信手段は，道路交通のもつさまざまな課題に対して大いに効果をもたらすものと期待されているが，事故や渋滞に代表される主要課題の飛躍的な安全性の確保や道路利用効率の向上のためには，さらに有効なシステムの開発が必要である．各方面で次世代の道路交通システムに関連する研究が始まっており，そうした研究にとって高度な路車間通信手段の確立が重要となってきた．日本における漏えいケーブルによる連続的な路車間通信システムの開発や車々間通信システムの研究が，次世代の ITS 実現に向けて世界的に貢献するものと期待している．　　　　　　　　　　　［福井良太郎］

参考文献

1) 電気学会技術報告第 437 号，自動車交通情報化，電気学会（1992）
2) 電気学会技術報告第 551 号，自動車経路誘導システム，電気学会（1994）
3) 黒田　徹：FM 多重放送のシステム，放送技術（1994.7）
4) 無線データ通信研究会：無線データ通信入門解説，ソフト・リサーチ・センター
5) M. Nakamura : Results of Experiments on Transmission Function of Leakage Coaxial Cable (LCX) in Quasi-Microwave Band, Vahicle Navigation & Information Systems Conference, IEEE (1994. 8)

5.6　車々間通信技術

5.6.1　車々間通信とは

車々間通信は字句どおりに考えれば，車どうしが直接に情報を交換し合うことであり，自動車電話やパーソナル無線で行われるドライバーどうしの交信もこれに当たるが，ここでいう車々間通信とは，車載通信機どうしが通信を制御するセンター装置に依存せずに，自律的に通信リンクあるいは通信ネットワークを形成し，ディジタルコードを送受信し合うもので，これまでの通信技術にはあまり類型のみられないタイプのものである．

この新たな通信の概念は，自動車交通の安全性向上や交通流の円滑化のための各種機能の実現に大きな可能性を与えるとして，1981 年に(財)自動車走行電子技術協会の研究グループによって提唱され，同協会において基礎的な研究が積み重ねられてきている．その後，車々間通信の将来的可能性に着目して，国内外のいくつかの研究機関でもこの技術に関する研究が行われる状況になっている．

ここでは，車々間通信技術について解説するとともに，この技術が自動車交通システムに適用された場合の効果や最近の研究状況などを紹介する．

5.6.2　車々間通信の応用と効果

車に搭載した通信装置により近隣の車どうしが互いに位置や走行状況や操作に関する情報を自動的に連絡し合う機能は，交通流の安全性や円滑性向上に有効な，次のような機能やシステムの実現に基礎を与え，ひいては自動車交通の環境調和に資するものである．

a．渋滞情報などの直接伝達による交通情報システムの補完

渋滞に関連する情報は，最近では AVI（Automatic Vehicle Identification）技術の利用などにより，渋滞地点の通過所要時間が提供されるようになるなど，かなり充実してきている．しかし，さらに渋滞の後尾位置に関する正確な情報が得られれば，追突防止や適切な渋滞回避にいっそう有効である．こうした状況を最も早く知りうるのは現場を走行中の車であり，車による交通流計測（プローブカーによる情報収集と呼ばれている）が今後いっそう重視されることになろう．

こうして得られた交通状況の変化情報を中央の管制

センターに知らせるほか，近隣を走行中の関係車両にも直接知らせることができれば，交通流のレスポンスはいっそう敏捷になり，交通の安全性や円滑性はさらに向上するであろう．

b．車どうしの情報交換による協調走行

車どうしが車両の位置，制御情報などを相互に伝え合うことができれば，次のような走行形態が実現できる．

① 車間や車側間距離を安全に保ちながらの自動走行
② 安全な追越しや合流のための走行支援
③ 見通しの悪い交差点などでの衝突回避

これらの機能，いわば，協調走行の実現により，いっそう安全な交通，快適で安心なドライブが実現できる．また，多くの車による適正な車間距離と速度の自動的な維持が実現できれば，高速道路などの渋滞の改善にも大きな効果が期待できる．

さらに，車々間通信技術は，貨物車などの隊列自動走行を実現するための基盤技術の一つでもあり，ドライバーの省人化や運転負荷の軽減などにも大きな可能性を与える．

しかし，これらの機能の多くは，すべての車が車々間通信機能を有していることを前提としており，そこに至る導入，発展のシナリオも考えながら技術開発を進める必要がある．

c．協調走行を補完するドライバーの行動意思の疎通

前述の機能を動作させるためには，ドライバーどうしの意思の疎通も不可欠である．そのためには近隣の車どうしの間で協調走行を行うことに関して自分の意思を示したり，相手の意向を問い合わせたりあるいは挨拶を交わしたりすることが必要で，車々間通信はそのための手段としても用いることができる．

こうした機能は，ACCS（Adaptive Cruise Control System）などが普及する過程でも，ある程度必要になってくる機能と考えられる．

また，パトロールカーや救急車などの緊急車の行動意思や指示を近隣の車両に伝えるのにも有効である．

5.6.3 車々間通信技術の特徴と研究の現状

a．車々間通信の通信形態

車々間通信が形成しようとするデータ通信ネットワークは，構成がつねに変化しているローカルエリア

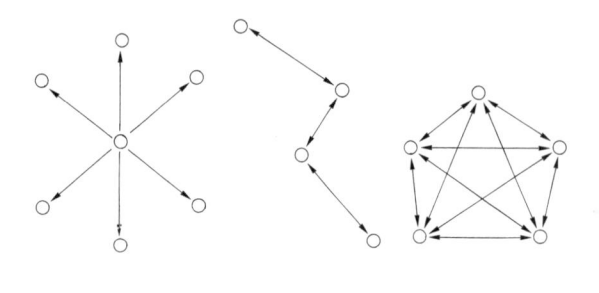

1対多　　　　1対1　　　　多対多

図 5.50　車々間通信ネットワークの種類

ネットワークともいえるが，一般に車々間通信のネットワークは，1対多，1対1，多対多の3種類の代表的な通信形態に分類することができる（図5.50参照）．

（i）1対多型　1台の車が情報源になり複数の車に同一の情報を与えるもので，放送に近い形態で，必ずしも相手を認識したり，応答を求めない形のものである．応用の例としては，緊急車が周辺の一般の車に接近を知らせたり，回避指示を出したりするような場合や，故障や事故の当事車両が周辺の車両に状況を知らせたり，救助を依頼したりするようなシステムの通信形態が該当する．

（ii）1対1型　互いに相手を識別した車両間の通信であり，人間どうしの会話に近い．自動車の走行中におけるこの種の情報交換としては，次のようなものが考えられる．

① 車の走行などの異常の注意：半ドア，タイヤ異常，荷物の異常など
② 運転に関する挨拶，意思伝達：挨拶（お先にどうぞ，有り難う），各種の要望・依頼
③ 交通情報の問合せ：渋滞原因（対向車に），前方の交通状況など

これらの情報交換を行うには，個別あるいは一定の条件を備えた相手を特定する手段が必要である．一般に車々間通信を行おうとする状況では，通信の対象となる相手のIDはあらかじめわかっていないので，対象となる車の識別には相対位置関係などを使うのが実際的であろう．このためには各車両が自身の走行位置を相当な精度で認識している必要がある．

また，交通情報に関する問合せは必ずしも，相手が特定される必要はないが，本質的に双方向で通信リンク網が形成される必要がある．近くにいる装置をもった車が回答をもっていない場合は，さらにほかの通信

機搭載車に質問をすることにより，回答をもった車までの鎖状の通信ネットワークを形成する方式（帰りも同様にリンクを形成する）も考えられる．

（iii）**多対多型**　走行中の近隣あるいはある領域内のすべての車が相互にそれぞれの走行状況に関する情報を交換し合う形の通信ネットワーク形態で，未来の衝突防止や自動走行支援などに大きな可能性を開く通信形態である．このようなネットワークを形成するには，全車が通信装置を搭載し十分に短い周期でデータを交換する必要があり，これを広い領域で多くの車に対して行うのは困難で，限定された領域内（たとえば，走行中の前後各数台程度の近傍の車どうし，交差点付近など）であれば，領域内の車にタイムスロットを割り当てて，時分割で各車の位置，速度また運転操作情報などを常時交換し合うようにするなどが可能である．このような時分割の通信システムを実現するには，個々の通信機の時計を同期させたり，更新の優先順位を決める仕組みが必要で，路側の基地局などを想定した場合は比較的容易であるが，車側だけでこうした状況を実現するには相当の工夫が必要である．

こうしたネットワークが形成されてしまえば，1対多型の通信もこれに含めて考えることができる．

b．車々間通信研究の要点と課題

車々間通信の技術的範囲は，必ずしも明確に定義されていないが，研究対象として最も注目されているのは，多対多型の通信で，とくに車載の通信装置間のみで同期系の形成とタイムスロットの制御を自律的に行うことを目指すものであり，いわば，自律分散制御型の移動通信ネットワーク形成技術である．この種の技術応用は，必ずしも車どうしの通信に限定されるものではなく，航空機どうしの衝突回避やロボットの群制御などにも類似の研究テーマがみられる．走行する自動車への応用である車々間通信は，最も困難な研究目標ともいえる．

基本的なテーマは，前述のような自律的なネットワーク形成を行うプロトコルに関する研究である．車々間通信のプロトコルについてはいろいろな研究がなされているが，そのフィージビリティは必ずしも十分に確認されていないのが現状であり，今後の研究の重点は，自律的に機能する同期系の形成方式やタイムスロットの割付け方式をどのように構築するかである．

車々間通信のプロトコルは，用いる通信媒体によって大きく異なる．これまでのところ，近隣の車両間での情報交換を行うということで，通信媒体としては単一の周波数を用い，伝播距離としてはせいぜい数百m程度までのものであるという暗黙の前提に検討が進められてきている．

また，指向性の有無も検討の方向を大きく変える．現時点で考えられている通信媒体には次のようなものである．

（i）**低指向性媒体**　交信範囲をある程度コントロールしやすい周波数帯の電波．路車間通信と共用を考え，ヨーロッパでは5.8 GHzも検討対象の一つになっている．

（ii）**高指向性媒体**　ミリ波，赤外線，レーザーなどが検討されている．ミリ波については，60 GHzがやはりヨーロッパで候補になっている．

車々間通信にどんな通信媒体を使うかは，わが国では具体的な検討段階には至っておらず今後の大きな検討テーマであるが，方向を決めるまでには基礎的な知見をさらに積み重ねる必要がある．

さらに，車々間通信は，一般にいわれる通信技術の枠をはずれていることにも注意が必要である．周辺の車どうしが常時走行データを交換し合うような機能を実現するための通信ネットワーク形成の制御手順には，たとえば，車両の位置などの情報が必要になり，通信機能と応用機能が密接に関連をもつ場面が想定される．いいかえれば，OSIの低位層のレイヤと高位層のレイヤがインタラクションをもつという状況が出てくる．また，たとえば通信システムの信頼性などについても，一般には局間のデータリンクに着目して論議されるが，車々間通信では応用システムの機能目標がどれだけ達成されうるかで，通信信頼性を論じなければならない場合もある．

c．研究の現状

車々間通信に関する研究は海外でも散見されるようになっており，プロメテウス計画でも取り上げられ，自動車の隊列走行への応用などを想定した車々間通信が検討された．最近ではドイツのDeutsche Aerospace AGが興味をもっており，アーヘン工科大学でも車々間通信のプロトコルの研究が行われている．

国内については，慶応義塾大学（中川研究室）ではSS方式を使った車々間通信方式や自律分散同期の研究[1,2)]が，北海道工業大学（佐々木研究室）ではレーザービームの反射波を変調する方式の車々間通信技術の研究[3)]がそれぞれ行われている．

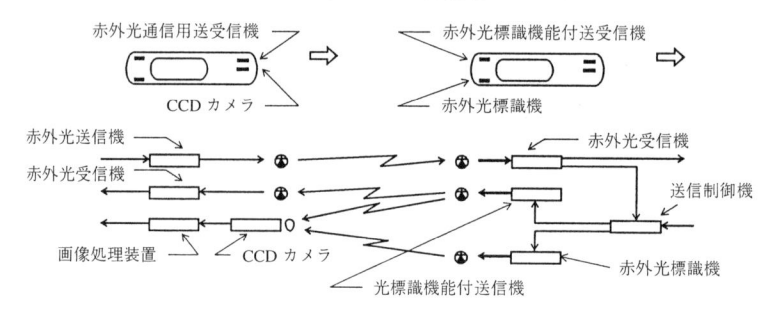

図 5.51 赤外光を用いた車々間通信実験システム

また，(財)自動車走行電子技術協会も車々間通信技術の研究を継続しており，平成5年度から4年計画で赤外光を用いた車々間通信研究プロジェクトを開始している．この研究の詳細は次項に述べる．

5.6.4 車々間走行データ伝達システムのフィージビリティスタディ

安全で円滑な協調走行を実現するには，多対多型の通信ネットワークを自律的に形成する技術を確立する必要がある．さらにこの技術を AVCS（Advanced Vehicle Control Systems）に応用するには多くの関連要素技術を確立しなければならない．

現在，(財)自動車走行電子技術協会が，(財)機械システム振興協会の財政的支援により進めている，「車々間走行データ伝達システムのフィージビリティスタディ（FS）」は，赤外光を通信媒体として用い，自律的な（外部の制御基地を前提としない）同期系の形成とタイムスロット制御を行う基本的なプロトコルを開発し，その動作を実装機器により実験的に確認することを目指している．これと同時に，赤外光の標識灯の像を後続車のカメラでとらえ，三角測量の原理を用いるとともに，通信機能と組み合わせて，複数の車間距離を計測する技術の開発なども行っている．それらの機能を組み合わせたシステムは図 5.51 のとおりである．現在の計画では，計画の最終年度には，実験車数台を使った走行実験により，車々間通信のプロトコルのフィージビリティを確認するとともに，隊列走行や合流制御などの運転支援機能に関する基礎的実験が行われることになっている．ここでは，この FS で検討されている車々間通信用プロトコルの概要を紹介する．

a．プロトコル開発の方針

このプロジェクトでは表 5.18 に示された基本性能をもつ物理媒体を前提にした車々間通信プロトコルの

表 5.18 通信システム基本性能

通信媒体	赤外線（波長 870 nm）
伝送速度	1.544 Mbps
通信可能距離	2.5～50 m
指向角特性	±10°
変調方式	CMI 符号化　光強度変調

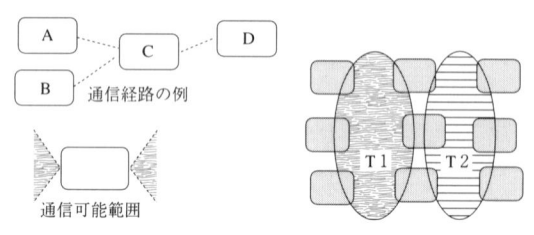

図 5.52 赤外光車々間通信の交信エリアとデータリンク

開発を目指しており，これらは，(財)自動車走行電子技術協会のこれまでの協調走行に関する基礎的な研究成果を踏まえて設定されているが，実際の応用システムに適用する場合はさらに検討が必要である．プロトコル開発のねらいも現段階では一般解よりむしろ，多対多型通信のプロトコルの実現性の確認，いわば特解を得ることに重点をおいている．しかし，この研究成果の多くの部分は，光の代わりにミリ波を媒体に使ったプロトコルの検討時にも大きな参考になろう．

開発中のプロトコルは，光の特徴（見通し通信）を前提に考え，図 5.52 のように車両の前後について，それぞれ一定距離内，一定角度内の車と交信が可能とし，前後についてはそれぞれ別の交信エリアを想定している．実験システムでは真横の車どうしは，ワンホップで通信するようになっている．

また，車々間通信ネットワークで結ばれた車のグループを"車群"と呼んでいる．図 5.53 に示されるように複数車線を近接して走行する車の流れを想定し，車群内の各車は周囲を走行する少なくとも1台以

5.6 車々間通信技術

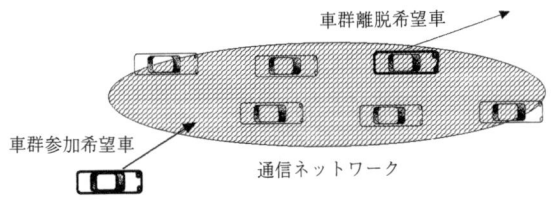

図 5.53 協調車群走行

上の車と通信が可能な状態にあり，近接する車どうしがそれぞれ通信リンクを形成することで結果的に車群全体に通信のネットワークが張られる．無論，車群の形態は固定的ではなく，つねに車群への参加車，離脱車があるものとしている．また，車々間通信により車群内の車が相互に影響を与え合いながら走行する状況を協調走行車群と呼んでいる．

b．プロトコルの概要

前記のような方針に基づいて，次のようなプロトコルを設定し，机上の検討ではそのフィージビリティをほぼ確認しているが，さらにシミュレーションなどで技術課題を洗い出すなどの研究の余地を残している．

（ⅰ）**通信の形態** 通信は先行車が後続車に対してポーリングし，それを後続車が受信したとき前方にACK信号を返す形で行われる．通信機IDや位置情報，スロット指定に関する指示，および加減速度などリアルタイム性の高い情報は，ポーリングとACK信号に付加される．

（ⅱ）**ポーリング信号の衝突回避** 各車は車群を形成していない場合でもつねにポーリング信号を出している．横方向（見通し通信の死角）から車が接近し，両方の車のポーリングが重なると，後続車はポーリングを認識できず，通信が行えない．これを防止するため，ポーリング信号の送信タイミングは一定時間ごとにランダムにシフトさせている（図5.54参照）．

（ⅲ）**同期の形成** 車群の中の特定車が同期源となることが必要であるが，車群の先頭車を同期源とし，後続車は先行車のポーリング信号から同期（フレーム同期）を知り，自車の同期を調整する．1フレーム内のスロット数は固定されており，各車はそれぞれのフレームの中にスロットを割り付ける．また，走行している車線により同期形成に関して一定の優先順位を決めておく必要もあり，そのためには，走行車線の情報の入手の手段が別途必要である．

（ⅳ）**スロットの選定** 自車が使用するスロットの選定はランダムに行う．ただし，同じスロットを異なる車が選択することのないように，自車が選択したスロット番号をほかのデータとともに前後の車に連絡する．一度スロットが決まると交信が切れない限りポーリング，ACKの信号はそのスロットで行われる（この場合は一般的にいわれるポーリング，ACKではない．図5.55参照）．

また，スロットは繰り返し利用ができるような工夫もなされている．

c．同期形成に関するおもな課題

車々間通信のフィージビリティは，自律的に安定な同期系が形成できるかにかかっているといっても過言ではない．上記のプロトコルが動作が保証されるためには，各車両が現在走行中の車線を知っていることが必要である．これに関連して自車位置の正確な標定技術が重要な関連技術としてあげられる．この位置標定機能を前提に考えれば，プロトコルや応用機能の検討においてとりうる方式の幅が大きく広がる．

また，合流部分の同期形成も大きな検討課題であり，容易な解決法としては外部の支援機能を利用することも考えられる．

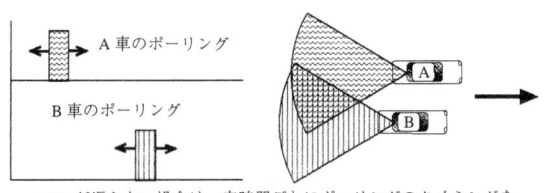

ACKが返らない場合は一定時間ごとにポーリングのタイミングをランダムに変える

図 5.54 ポーリングのタイミングのランダム化（通信衝突回避）

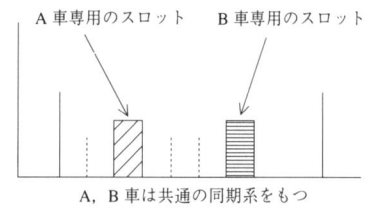

図 5.55 専用スロットによる双方向通信

5.6.5 今後の展開と課題

車々間通信は長期的将来を展望した技術であり，これからも多くの知見の蓄積が求められる分野である．しかし，隊列走行用の通信手段としては，比較的近い時期に実現される可能性もあり，ISO の場でも検討の対象にすべきかどうかの論議が始まっている．

したがって，研究開発の促進と関係者の輪をさらに充実させる努力を続けるとともに，さまざまに広がる車々間通信の概念を体系的に整理したり，路車間通信との連携や機能分担についての論議をできるだけ早い時期に始めることが必要である．このためには，車々間通信の導入，発展過程に関するシナリオの検討も不可欠である．

また，従来の通信が情報の伝達そのものを目的としているのに対して，車々間通信は，路車間通信と同様，安全で円滑な交通を実現することを主たる目的としており，前項でも述べられているように，いわばフロントシート通信である．現在の法制度上，大変扱いにくいものである．今後の検討においてはこの新たな概念の"通信"に対する制度についての論議も重要な課題である．

［藤井治樹］

参考文献

1) 中川, 井上：SS 車両間通信ネットワークのための MCA プロトコルの検討, 電子情報通信学会秋期大会 (1993)
2) 中川, 赤沢：車々間通信ネットワークにおける自律分散同期システムの検討, 情報理論とその応用学会シンポジウム (1994)
3) I. Sasaki：Vehicle Information Networking based on Inter-Vehicle Communication by Lasar Beam Injection and Retro-Reflection Techniques, VNIS Conference (1994)

6

自動運転システムの展望

6.1 自動運転のためのセンサ

自動運転システムの概要[1]を図6.1に示す．このシステムは，指定された速度と車間距離で走行する，車間コントロールシステムと，指定された車線上を走行する，側方コントロールシステムの二つの制御システムをもち，車群走行を行う．このような自動運転システムにおける車両の機能を表6.1に示す．この自動運転車両には，車両自体の情報を検知するセンサ，たとえば，車両の挙動を計測する車輪速センサやヨーレートセンサなどパワートレーン系の制御のためのセンサや，GPSに代表される情報機器に使用される自車両の位置計測などのセンサがあるが，自動運転車両で

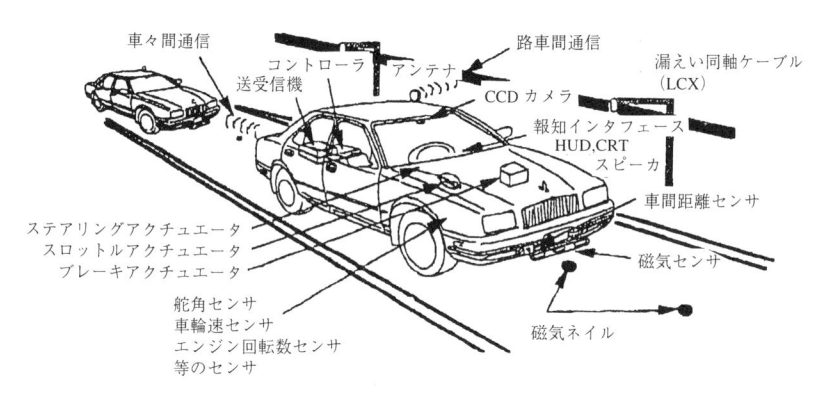

図6.1 自動運転システム[1]

表6.1 車両の機能

項目	機能
障害物検知	見通し範囲の障害物および周囲車両との車間距離を計測する．
走路形状認識	車載カメラを用い，操舵制御で必要な走行レーン情報を検知する．磁気ネイルや誘導ケーブルの誘導磁界により走行レーン情報を検知する．
路車間通信	管制センターとの交信
車々間通信	走行状態，運動性能および合流，分流など，先行車両，後続車両と情報の交信を行う
車両異常検出	各車載機器の動作状態をモニタする．
ドライバーインタフェース	ドライバーからシステムへの動作指示入力および動作状態をドライバーに提示する．
制御機能 その他の機能	・操舵制御　・インフラ障害検出　・緊急停止 ・速度制御　・ドライバー状態の検知　・退避誘導 ・車間距離制御　・アクチュエータバックアップ ・フェイルセーフ

は，これらのセンサに加え，車両の周囲環境を検知するセンサが必須であり，自動運転システムを実現するためのキーとなる技術である．図6.1のシステムでは，レーザーレーダで検知された車間距離に基づいて，スロットルとブレーキを制御し，路面に設置された磁気ネイルと車両との相対位置を磁気センサにより検知した車両位置情報と，画像処理による白線認識を用いた車線内の車両位置情報をもとにステアリング制御を行っている．

さらに，自動運転システムでは，道路側にインテリジェントな機能をもったセンサを設置し，車両と道路と機能分担を図ることによって，より高度なシステムを構築できる可能性がある．図6.2は，道路と車両それぞれにセンシング機能をもたせた自動運転システムの機能ブロック図である．道路側には，路面状態や道路上の障害物検知のためのセンサが設置される．これらの道路側のセンサについては，別の機会にゆずり，本節では自動運転車両を実現するためのキーとなるセンサとして，走路形状認識，周囲障害物検知を行うセンサについて解説する．

6.1.1 走路形状認識技術

自動運転車両において，走行可能領域の認識機能が必須である．画像処理技術を用いたものには，路面上に描かれた白線などのレーンマーカを検知する手法や，テクスチャやカラー情報を用いて走行領域を抽出する手法などがある．また，路面上に磁気ネイルや誘導ケーブルを埋設し，センサによってそれらの位置を

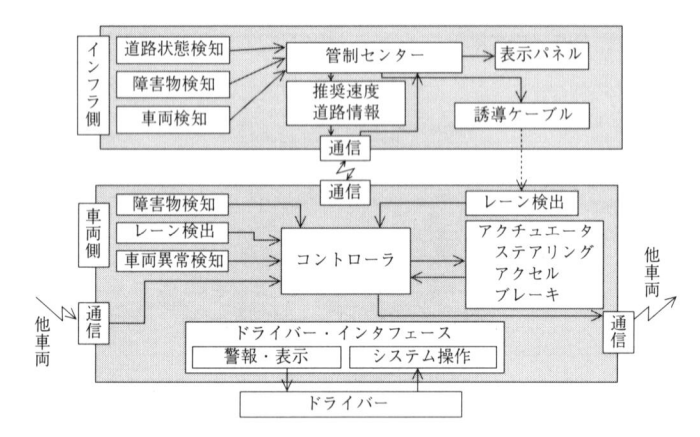

図 6.2 自動運転システムの機能ブロック図

表 6.2 走路形状認識手法の比較

項目		白線	路側壁	路側壁リフレクタ	磁気ネイル	誘導ケーブル
情報	道路構造	◎見通し範囲の情報を検知	×車両の直近のみ	△単純な予見情報を付加可能	△←	×車両の直近のみ
	情報の付加	×ただし，画像から詳細情報を認識する可能性あり	×	△単純な情報はリフレクタに付加可能	△単純な情報は磁気ネイルのコーディングにより付加可能	◎誘導電波の変調で複雑な情報を付加することが可能
耐環境性		×周囲環境の影響大	○短距離計測のため	△雪や汚れに弱い	△積雪量に影響される	○送信出力制御により対応
設置コスト		◎新規設備不要	△建設費大	○設置容易	△路面埋設費用大	×中継装置など関連設備費大
メンテナンス		◎既存システムと同等	◎←	△リフレクタの維持費大	△路面状態の維持費大	○一度設置すれば維持容易
地震などの影響		○道路き裂などの発生以外の場所では使用可能	○←	○←	○←	×ケーブル破損時にはシステムダウン

凡例 ◎：優または，課題小，○：良または，課題やや小，△：可または，課題やや多，×：不可または，課題多

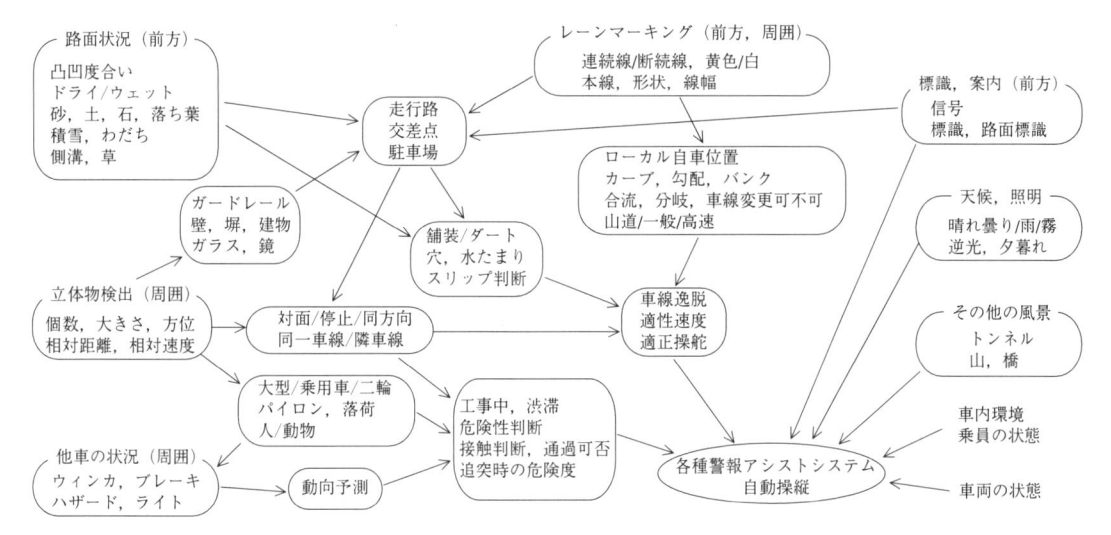

図 6.3 自動車用画像処理の処理対象[2]

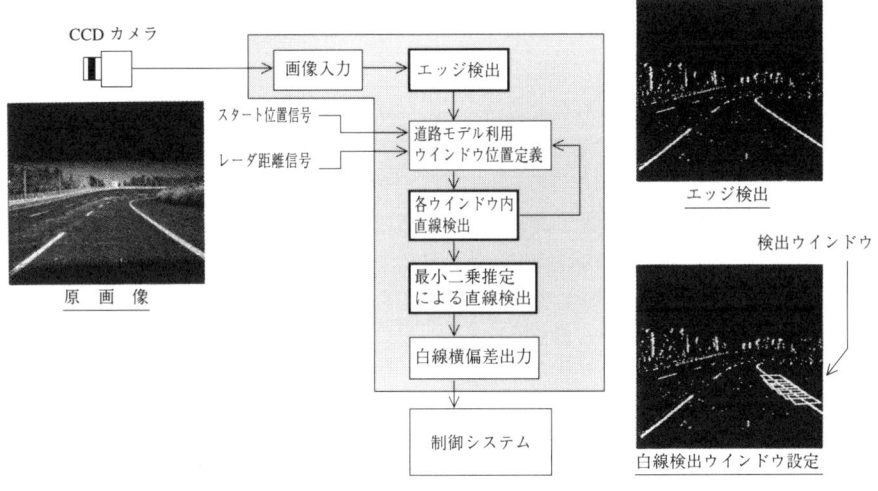

図 6.4 白線認識の構成と認識結果

検知する手法，さらには，レンジファインダによって前方の三次元形状を計測するものなどがある．これらの特徴を表6.2に示す．本節では，これらの中から，画像処理技術を応用した白線認識，磁気ネイルによる走路位置検知技術について述べる．

a．画像処理

本項では，基本的な画像処理システムとして，道路上の白線を認識し，その結果に基づいて，走路を認識するシステムについて紹介する．自動車における画像処理の処理対象の例を図6.3[2]に示す．ここに示したように，画像処理では，単に走路形状を認識するだけではなく，同時に，周囲車両の検知など，周囲の環境を認識し，対象物が何であるか，また，対象物までの距離や方位を計測できる可能性をもっている．しかし，対象が複雑であるため，いかなる環境にも適用できる画像処理システムを構築することは困難である．図6.3に示した対象も車両を取り囲む環境すべてではなく，車両が走行する環境によって，対象物は大きく変化する．対象物や環境を限定すれば，画像処理システムも実現可能である．たとえば，高速道路や自動車専用道路では，自動車を走行させるために設計された道路であるため，認識対象物は減少し，必要な画像処理システムも比較的簡単な機能をもたせればよい．図6.4は，道路上の白線を検出し，走路形状を認識する

表6.3 白線認識の仕様

項　目	仕　様
計測位置	15 (m) 前方
画角	± 23 (deg)
画素数	256 × 240
検出範囲	± 6.3 (m)
分解能	0.05 (m)
応答時間	0.05 (s)

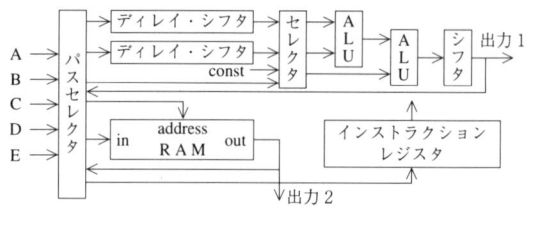

図6.6 PUの内部構成[2]

画像処理装置の構成と，処理結果の例である．表6.3は，この装置の仕様である．

（i）画像処理概要　この装置は，連続単眼画像から，白線の位置を1フレーム時間（33 ms/画面）で連続的に処理することができるものである．

濃度勾配によるエッジ方向を算出する．エッジ方向を知ることによって，白線の画像上での傾き角の条件を考慮に入れることができ，ノイズに強い処理が行える．

白線は，車両の進行と平行であるため，画面上の位置は見掛け上ほとんど変化しないという特徴を道路モデルとして活用し，エッジ点の抽出を特定のウインドウ内でのみ行う．得られた各エッジ点から白線を検出する．高速道路ではカーブは緩やかであり，また，曲線より直線のようにパラメータが少ないほうがロバストな検出が行えることから，白線の検出は，各エッジ点の座標から最小二乗法によって得られた直線式で求めている．この直線を座標変換することにより，車両と白線との相対位置関係を得ることができる．

薄曇りの昼間という条件のもとでは良好な認識が行われている．

（ii）ハードウェア概要[2]　この画像処理装置は，図6.5に示したアーキテクチャをもち，高速で汎用性の高い画像処理が実現可能であり，次のような内部機能からなる．

この装置は，16個のプロセッサユニット（PU）

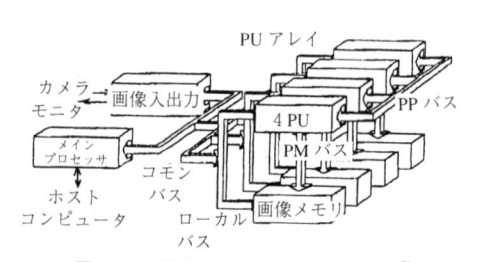

図6.5 画像処理装置のアーキテクチャ[2]

と，PU間やPUと画像メモリ間のバス接続，および，各PUの演算機能を独立に設定できる可変機能可変構造型パイプラインプロセッサをもっている．

PUの内部構成を図6.6に示す．このPUは，二つのALU，可変ディレイ，RAMなどで構成されている．さらに，PUの内部バス，PU相互間のバス，PUや画像メモリ間のバスとして多数のパイプラインバスを備えている．PUの機能やバス構造は，インストラクションレジスタの命令により可変できるという特徴をもっている．

MPU（メインプロセッサ）は，PUの命令を与えたり，PUを使用しない処理を並列処理で実行できるマイクロプログラム式プロセッサである．汎用マイクロプロセッサと比較して高速処理が可能である．

その他，算術論理演算，浮動小数点演算と並列に，2枚の画像メモリの同時読出しとほかの画像メモリへの書込み，判断分岐などを実行することができる．

このような構造にしたことによって，汎用性の高い処理を行うことが可能となる．

b．磁気ネイル

磁気ネイルを路面に埋設し，磁気ネイルと車両との横変位をセンサにより計測する．この横変位情報に基づき，走路形状認識を行う．この磁気ネイルを用いた走路形状認識は，白線を検知する手法と比較し，積雪や水たまりなどによる路面状態の変化に対する影響を受けにくい，磁気ネイルのN/Sパターンをある特定の配列で埋設することにより，前方路面の曲率や絶対位置などを情報として付加することが可能であるなど，いくつかの特徴をもっている．その反面，車両直下での偏差情報しか得られない，車線の分岐，合流などでは磁気ネイル配置に工夫が必要など，解決すべき課題もある．本項では，磁気ネイルを用いた走路形状認識に必要な基本技術について解説する．

（i）磁気ネイル概要　磁気ネイル[1]の外形を図6.7に，磁気ネイルの磁界分布[6]を図6.8に示す．こ

図 6.7 磁気ネイル[1]

こで，B_z は路面に対し垂直な磁界，B_y は道路のセンタラインに垂直な方向の磁界である．

(ii) **磁気センサの原理**[7,8]　磁界を検出するセンサとして，ホール素子，半導体磁気抵抗効果素子，強磁性体磁気抵抗効果素子，ウイーガンド効果素子，磁気トランジスタ，SQUID（超伝導量子干渉素子）などさまざまな物理現象を用いたセンサがある．これらのセンサの原理と特徴を表 6.4 に示す．

磁気ネイルが発生する磁束密度は 10^{-4} T 程度であり，センサにはこの微少な磁力の検出が要求される．表 6.4 より，ホール素子，磁気抵抗素子やフラックスゲート磁気センサが，この磁界を検出するために適することがわかる．ここでは，ホール素子を用いた磁気センサについて解説する．

ホール素子は InAs, InSb, Ge, Si, GaAs などの半導体材料が用いられ，図 6.9 に示す構造をもったホール効果を利用した磁気センサである[22]．x 軸方向に制御電流 I を流し，z 軸方向に磁束密度 B を印加すると，y 軸方向にホール電圧 V_H が磁束密度 B に比例して発生する．

$$V_H = \frac{R_H}{l} IBF_1 \text{（電流駆動の場合）}$$
$$= \frac{w}{l} \mu_H VBF_v \text{（電圧駆動の場合）}$$

ただし，w は素子の幅，l は素子の長さ，R_H はホール係数，μ_H はホール移動度，F_1 および F_v は形状係数（$0 \leq [F_1, F_v] \leq 1$）である．また，R_H，μ_H は温度係数をもっており，通常，温度保証回路によってセンサ周囲温度の影響を小さくしている．

(iii) **車載センサとして要求される機能と車載センサの概要**　磁気センサとして前述したセンサを車載する場合，磁気センサに要求される機能は次のような項目である．

- 磁気ネイル埋設位置からの偏差が検知できること－走路形状認識には必須の機能である．
- 磁界のピーク検出が可能なこと－車両がネイルを通過したことを検知できれば，車両の位置あるいは，絶対車速が計測可能となる．
- 磁気ネイルの極性が判別できること－磁気ネイルの配列パターンをデコードするために必要な機能である．

さらに，車載用磁気センサとしての要求事項として次のような項目がある．

- 車両挙動により出力が影響を受けないこと－とくに，車高の変化による影響を小さくする必要がある．ホール素子などセンサやネイルが発生する磁界の特徴として，ネイルとセンサの間隔がセンサ性能に与える影響が大きい．距離の 2～3 乗で磁界強度が減少する．
- 外乱磁界の影響を受けないこと－センサ近傍に磁

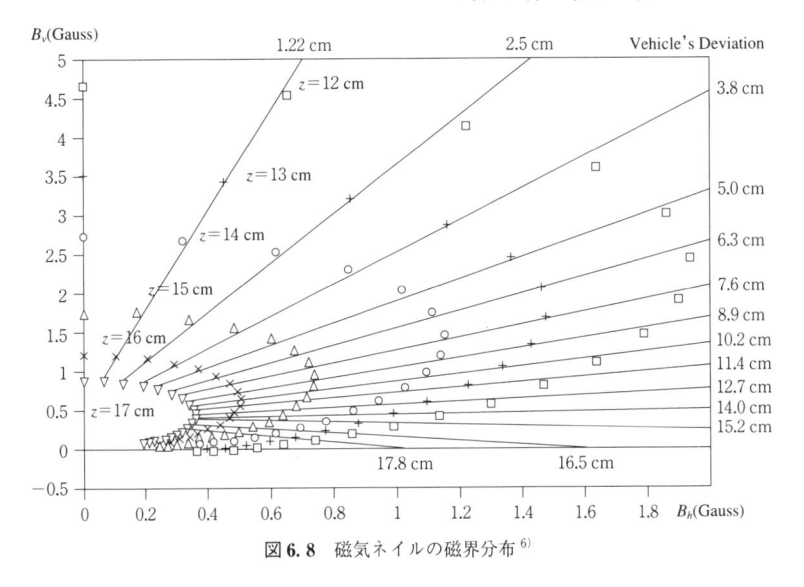

図 6.8　磁気ネイルの磁界分布[6]

表6.4　磁気センサの原理と特徴[7, 8)]

磁気センサの種類	動作原型	特　　徴	磁界感度
ホール素子	半導体の長手方向に電流を流し、これと直角方向に磁束を加えると、これらに直交する方向に電圧出力が現れるホール効果を利用	・小型，取扱いが簡便 ・低コスト ・周囲温度の影響を受けやすいので温度補償が必要 ・磁界比例性が良好	10^{-7}T
ホールIC	ホール素子と同一	・素子感度が大きい ・量産が容易→低コスト ・不平衡電圧が大きい	10^{-7}T
半導体磁気抵抗効果素子	半導体の比抵抗自体が電化する物理効果と、電流通路の変化による形状効果を含む磁気抵抗効果を利用	・磁束が低い所で出力が2乗特性を示す ・磁束が大きいと直線特性	10^{-8}T
強磁性体磁気抵抗効果素子	異常磁気抵抗効果という強磁性体に特有の効果である磁性体の磁化向きの変化に伴う配向効果と、磁化の大きさに従って抵抗が変化する磁気効果とを利用	・H_s（飽和磁界）以上の磁界で使用するとき磁界の方向が検出できる ・出力の飽和特性から出力レベルが磁界強度に無関係で安定	10^{-10}T
ウイーガンド効果素子	特殊処理を施したワイヤの外装と中心の保磁力の差を利用し、中心核の磁化の向きを外殻の磁化の向きと同じにしたり、反対にしたりできるウイーガンド効果を利用	・外部電源不要 ・細線化ができる ・磁石と組み合わせて大出力（高SN比） ・無接点システム，機械的疲労なし	
磁気トランジスタ	コレクタを二つ設け、エミッタから流入する電流値が磁界によって変化することを利用	・IC技術が使える ・小型，量産化可能	
SQUID	弱い結合をもった超電導リングに磁束トランスの入力を印加すると、これを打ち消すように電流が流れる。この電流により磁束量子が弱い結合を通して出入りするので、共振回路を使って磁束変化を測定	・磁気センサの中で最高の感度 ・極低温（液体ヘリウム4K）必要 ・小型化困難	10^{-14}T

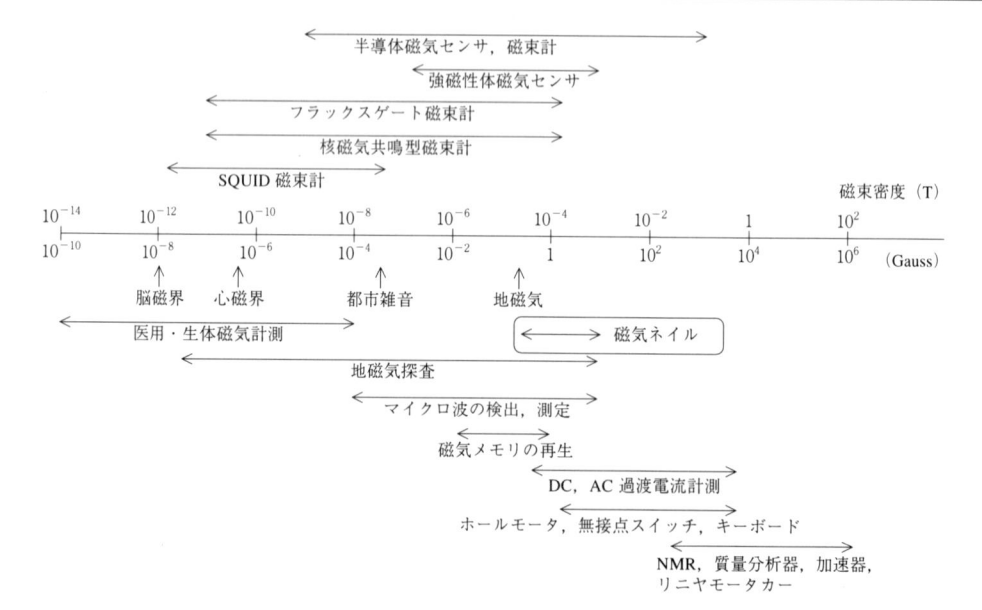

6.1 自動運転のためのセンサ

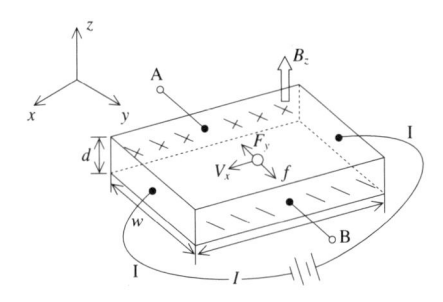

図 6.9 ホール素子の構造[22]

性体がないことはもとより，車体自体の着磁，オルタネータなどから発生する磁界，地磁気，路面埋設物，商用電線などによる誘導磁界による影響を極力小さくする工夫が必要である．とくに，地磁気は地球上あらゆる場所に存在し，また，車両の移動に伴い方向も変化するため，地磁気の影響を排除する機能は必須である．

- 計測範囲が広い－計測可能な範囲を広げるため，複数のセンサを使用することによって実現できる．
- 信頼性が高い－車外に設置されるため温度変化，湿度など周囲環境の変化で計測結果が影響されない．
- 車載しやすいこと
- 破損しにくい－ネイルとセンサとの間隔が小さいほど強力な磁界となり精度の高い計測ができる．しかし，最低地上高が低くなるため，破損する可能性が高くなるので，何らかの取付け上の工夫が必要になる．
- 取付け精度が高いこと－取付け位置の誤差は，直接計測誤差につながる．センサの精度や分解能以下の取付け精度が必要である．
- 低コスト

などである．

図 6.10 は，車載センサの構成例である．また，図 6.11 は，フロントバンパに取り付けたセンサの外観図である[23]．この車載センサは，3対のホール素子を用いたセンサにより，分解能±10 mm で±450 mm の横変位を計測可能である．1対の磁気センサは，走行路面に埋設された磁気ネイルからの磁力線の分布を YZ 方向で検出し，この検出結果から磁束ベクトルを求め，磁界空間マップに投影することにより，車両の横変位を計測する．横変位は車高の変化に対し非線形であるため，図 6.12 に示すように直行する YZ の2方向の磁束密度を入力とし，横変位を出力とする二次元マップによって車高補正を行っている．

また，このセンサからは図 6.13 に示したような，磁界のピーク検出信号とネイルのNS判定信号がパルス信号として出力される．ピーク検出信号のパルス数を計測し，積算することによって，車両の走行距離を計測する．さらに，ネイルの間隔が一定であれば，パルスの周期または周波数を計測することによって，絶対車速を計測することができる．ピーク検出信号とNS判定信号を用いることによって，磁気ネイルの配列情報が得られる．

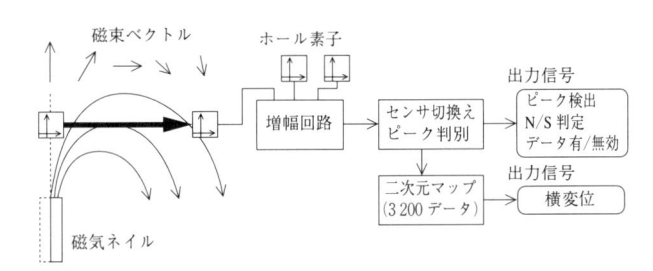

図 6.10 車載センサの構成例

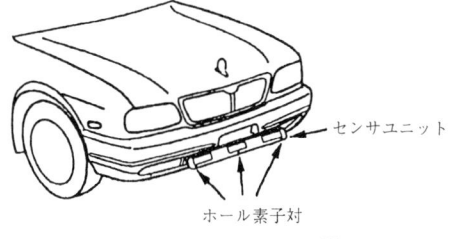

図 6.11 センサ外形図[23]

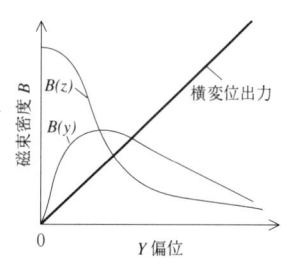

図 6.12 磁界空間マップ

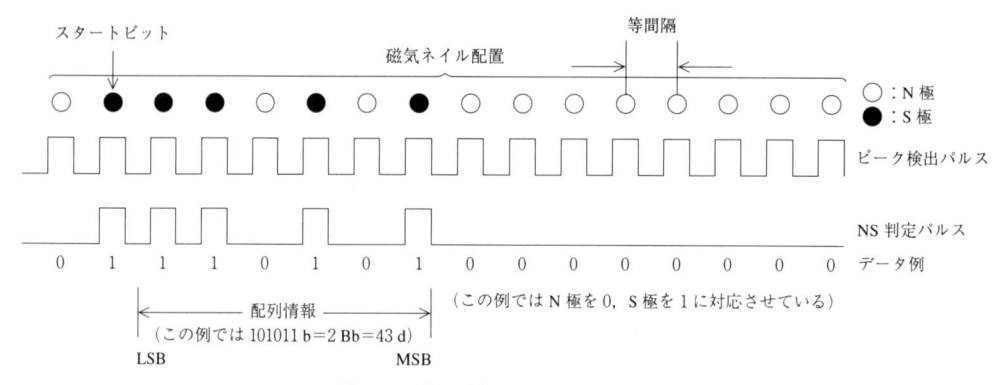

図 6.13　ピーク検出信号と NS 判定信号

6.1.2　レーダ技術

車間距離警報装置あるいは，車間距離制御装置の測距センサとして，自動車用レーダは，1960年代後半から，自動車メーカー，部品メーカーで研究が行われている．当初は，マイクロ波を使用したシステムであったが，半導体レーザーの発展によりレーザーレーダの研究に主流が移り，大型車用レーダが1988年[9]に，乗用車用レーダが1990年[10]に実用化された．近年は，天候の影響を受けにくい，アンテナが小型化できるなどの特徴から，ミリ波レーダの研究が盛んに行われている．

自動車用レーダは，単に周囲の物標までの距離を計測するだけではなく，たとえば，自車の走行レーン上の先行車との車間距離を計測するなど，その物標の距離と方位を検知する必要がある．その上，曲線路走行時や路側建築物からの不要な反射の影響や，雨や雪などの悪天候下や汚れの影響を受けやすい．しかしながら，小型，低コストで車載容易でなければならないなど，解決すべき技術的課題が多い．それゆえ，自動運転のためのセンサとして十分な性能をもつまでには至っていない．

a．レーダの基本原理[11, 12, 16]

レーダは電磁波を送信し，対象物標からの反射波を受信し，送信波と受信波との時間差や位相差を計測することにより物標までの距離を計測する．さらに，受信波のドップラーシフトや強度など受信波の特徴を解析することにより物標との相対速度や材質などを検知することも可能である．

自動車用レーダとして用いられる測距方式は，パルス方式，FM-CW方式，2周波CW方式，スペクトル拡散方式などがあるが，ここではレーザーレーダでよ

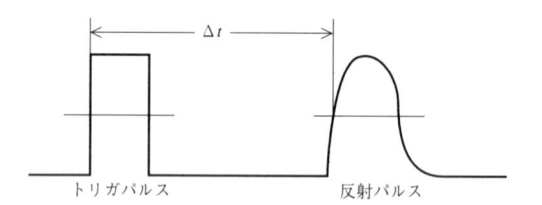

図 6.14　パルス方式の距離計測原理[16]

く用いられるパルス方式とミリ波レーダで使用されるFM-CW方式の特徴と最大検知距離について述べる．

(i) パルス方式　パルス変調した電磁波や音波を送信し，送信パルスと受信パルスの時間差から距離を計測する．この方式は，構成が比較的簡単であり，とくに，高出力のパルス光が半導体レーザーで容易に得ることができるため，車間距離警報装置や車間距離制御装置で使用されているレーザーレーダでは，この方式を用いている．距離計測の原理を図6.14に示す．物標までの距離 R は

$$R = \frac{v \Delta t}{2}$$

で求めることができる．ただし，v は，媒体の伝達速度であり，電磁波を使用した場合には，光速（3×10^8 m/s），音波を使用した場合には音速（約340 m/s）である．

(ii) FM-CW（Frequency Modulation Continuos Wave）**方式**　三角波などで変調した信号を送信し，送信波と受信波との時間遅れによる位相差から距離を計測する．さらに，受信波のドップラーシフト成分を計測することにより，物標との相対速度を検知することができるという特徴をもっている．

周波数変調した搬送波を用いたFM-CW方式の構成と原理を図6.15, 6.16に示す[12]．搬送波を変調周

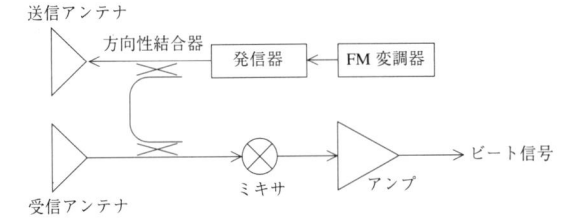

図 6.15 FM-CW 方式の構成[12]

波数 f_0，変調繰返し周波数 f_m，周波数偏位 Δf で変調し，送信する．物標から反射した信号は，時間遅れとドップラーシフトを伴って受信される．時間遅れは，物標までの距離に対応し，ドップラーシフトは物標との相対速度に対応する．受信信号は，ミキサで送信信号とミキシングされ，ビート信号が発生する．ビート信号の周波数 f_{b1}，f_{b2} を計測することによって，次式で示されるように，物標までの距離 R と物標との相対速度 v を求めることができる．

$$R = \frac{C \cdot (f_{b1} + f_{b2})}{8 \cdot \Delta f \cdot f_m}$$

$$v = \frac{C \cdot (f_{b2} - f_{b1})}{4 \cdot f_0}$$

ただし，C は光速である．

(iii) **最大検知距離**　レーダを設計するうえでの基本的な理論として，送信電力と受信電力の関係を示したレーダ方程式がある．送信電力を P_t，受信電力を P_r とすると，これらの関係は，物標の断面積 S_0 とビームの断面積 S の相対的な関係により次式[13]になる．

$$P_r = \frac{K \cdot S_t \cdot S_r \cdot L_t \cdot L_r}{\pi^2 \cdot R^4 \cdot (\phi/2)^2 \cdot (\Phi/2)^2} P_t$$

ここで，L_t：送信系の伝播率，L_r：受信系の伝播率，Φ：送信ビーム広がり角，K：物標の反射率，S_t：物標の面積，S_r：受光レンズの面積，ϕ：物標の反射広がり角，R：最大検知距離．

この式からわかるように，送信出力は，最大検知距離の4乗に比例する．したがって，送信出力を上げて最大検知距離を伸ばすことは有効な手段ではないことがわかる．また，ビーム広がり角を小さくすることによっても最大検知距離を伸ばすことができるが，物標にビームが照射される位置により，受信電力が変動しやすくなるため，安定性が悪くなる可能性がある．レーザーレーダでは，リフレックス・リフレクタからの反射率が高いことを活用し，最大検知距離を伸ばしている．

b．レーザーレーダ[9,13,19]

本項では，自動車用レーザーレーダとしてパルス方式を用い，複数のビームをもつマルチビーム方式レーザーレーダの概要を紹介する．このレーザーレーダの構成例を図 6.17 に示す[19]．

(i) **送光部**　このレーザーレーダ装置は，3組の半導体レーザー，駆動回路と光学系をもち，それぞれの半導体レーザーを順次発光させている．半導体

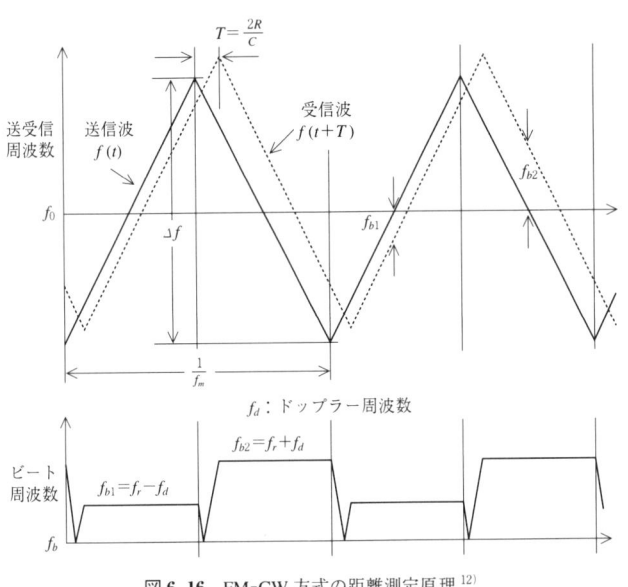

図 6.16 FM-CW 方式の距離測定原理[12]

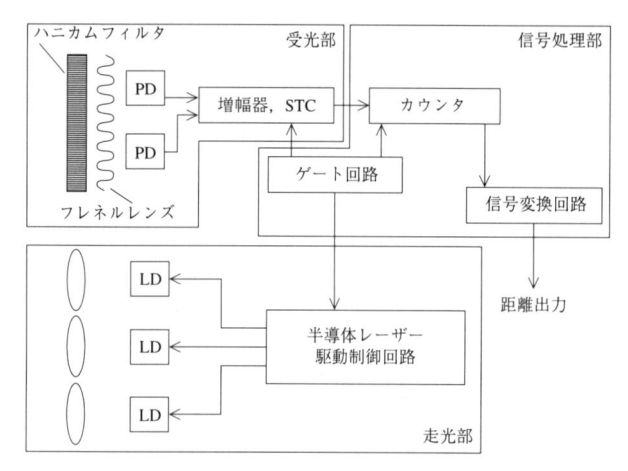

図 6.17 レーダの構成[19]

レーザーは，50ns，30 W（peak）のパルス光を出力し，光学系により広がり角約 60 mrad のビームを送光している．3 組の半導体レーザーと光学系は，正面および左右約 50 mrad の角度を与えている．

（ii） 受光部 受光部は，ハニカムフィルタと受光レンズからなる光学系，フォトダイオードおよび増幅器と STC（Sensitivity Time Controller）からなる信号増幅部から構成されている．受光レンズは，赤外フィルタをコーティングしたフレネルレンズを使用している．そのため，軽量で奥行きを小さくしかつ，受光面積を大きくすることが可能となっている．また，ハニカムフィルタは背景光などの影響を小さくするために使用し，この光学系での受光視野は約 150 mrad である．

増幅器は非常に幅の狭いパルスを扱うため 10 MHz 以上の帯域をもつ広帯域増幅器が必要である．STC は伝播遅延時間により増幅度を可変する回路で，伝播遅延時間の小さい信号に対しては，相対的に増幅度が小さく，伝播遅延時間の大きい信号に対しては増幅度が大きくなる特性をもつ．STC の感度特性の概要を図 6.18 に示す[13]．したがって，近傍からの反射信号は，低増幅度，遠方からの反射信号は高増幅度で増幅され，雨，路面からの反射信号の誤検知を防止することができる．

（iii） 信号処理部 信号処理部は，ゲート回路，カウンタと信号変換回路から構成されている．ゲート回路は，半導体レーザーを 130 μs ごとに発光させる発光タイミングと，発光タイミングに同期した 1 μs の受光のゲート信号を生成する．このゲート信

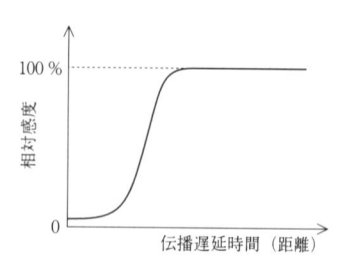

図 6.18 STC の感度特性（概略図）[13]

号により，不要なノイズを除去することができる．ゲート信号が出力されている 1 μs 間にカウンタを動作させ，発光パルスと受光パルスの時間差を計測し，物標までの距離を出力する．

そのほか，高温では，半導体レーザーの出力低下や寿命の低下が起こるため，温度検出回路により高温時に動作を停止させる機能をもたせたものや，送受光窓からの乱反射を検知するフォトダイオードを設け，送受光窓の汚れや雨滴の付着の有無を検出する機能をもっている．

また，最近，受光信号を積分処理し，光学系を最適化したことにより，2.5 W 出力のシングルビームレーザーで上述したレーザーレーダとほぼ同等の性能が得られるレーダが開発されている[14]．

c．ミリ波レーダ[11, 12, 15]

ミリ波レーダの周波数帯は，日本では 60 GHz 帯，アメリカやヨーロッパでは 76〜77 GHz 帯を使用したものを中心に研究が行われている．とくに 60 GHz 帯は，大気中の酸素分子で吸収されるため，伝播距離が短く，ほかの無線設備に対する影響が小さくなる．

このことは，実用上の課題となる電波干渉を防止するためにも有効であると考えられている．

ミリ波レーダは，近赤外光を使用したレーザーレーダと比較し，使用する電磁波の波長が長いため，次のような特徴がある．

- 霧や汚れに対する透過率が高く，また，物標の材質による反射率の変動が小さいため，検知能力が高い．
- ビームを絞るためには大型のアンテナが必要であり，高精度で物標の方位を計測することが車載上困難である．

ミリ波用のデバイスは，開発当初はコストが非常に高いものであったが，近年は半導体技術の進歩により，ミリ波帯で発振や増幅が可能なインパット（IMPAT：Impact Ionization Avalance and Transit Time）ダイオード，ガン（Gunn）ダイオード，HEMT（High Electron Mobility Transistor）などのデバイスが数多く開発されている．さらに，MMIC（Monolithic Microwave IC）が開発され，小型，軽量で信頼性が高く，低コスト化が実現されつつある．このMMICは，半導体基板上に抵抗，コイル，コンデンサの受動素子とトランジスタなどの能動素子を集積したもので，放送衛星受信コンバータ用のものがすでに実用化されている．これらの能動素子に加え，車両用レーダとして重要なデバイスにアンテナがある．アンテナは，検知エリアや障害物の分別能力などレーダとしての性能を決定するデバイスであるとともに，車載の制約上，大きさや重量などの物理的な要素と外観，デザインも重要な要素となる．さまざまな構造のあるアンテナの中で，平面アンテナが最も適していると思われ，開発が進んでいる．

以上，自動運転車両において重要と思われる走路形状認識，周囲障害物検知を行うセンサについて，構成・原理を解説した．これらのセンサは，一部の実用化がなされたばかりであり，自動運転システムをさまざまな環境下で実現するためには，多くの課題が山積されている．今後は，環境の変化に対し高いロバスト性をもたせたセンサ，たとえば，ダイナミックレンジの広い撮像素子などが開発され，自動運転システムの実用化へ向け，これらのセンサの開発が進むものと思われる．また，具体例についてふれなかったが，センサ単体の性能向上とともに，複数の異なった特性をもつセンサを組み合わせるセンサフュージョンも重要な課題であり，今後の技術開発が期待される．

［佐藤　宏］

参 考 文 献

1) 財団法人道路新産業開発機構：AHS（自動運転道路システム）研究開発実験の概要（1995. 11）
2) 農宗：自動車における画像処理，テレビジョン学会誌，Vol. 46, No. 8, p. 978-984（1992）
3) 農宗，小沢：自動車のマシンビジョン，電気学会論文集（C編），Vol. 113, No. 12, p. 1038-1043（1993）
4) 農宗：連続道路画像からの実時間白線認識，映像情報，Vol. 26, p. 53-57（1994）
5) 農宗，小沢：道路形状情報と連続道路画像からの車両位置とカメラ姿勢の同時推定，電子情報通信学会論文誌D-II, Vol. 77-D-II, No. 4, p. 764-773（1994）
6) S. E. Shladover, et al.：Automatic Vehicle Control Developments in the PATH Program, IEEE *TRANSACTION ON VEHICULAR TECHNOLOGY*, Vol. 40, No. 1, p. 114-130（1991）
7) センサ活用の実際，オーム社，p. 75（1984）
8) センサの上手な使い方，工業調査会（1993）
9) 安間，小林，石川，神頭，村本：大型トラック用追突防止警報装置，自動車技術，Vol. 43, No. 2, p. 65-73（1989）
10) 早川，丸山，薮田：車間距離警報装置について，自動車技術会学術講演会前刷集，No. 931, p. 57-60（1993-5）
11) 財団法人電波システム開発センター：自動車用レーダ研究開発報告書，p. 52-98（1993）
12) 上瀧ほか：ミリ波技術の手引と展開，リアライズ社，p. 81-94（1993）
13) 江藤，高瀬，川田：自動車用レーザレーダの開発と先行者追尾システムの開発，日産技報論文集1986, p. 66-73（1986）
14) 大西，杉田，西野，武田：車間距離警報装置の開発，自動車技術，Vol. 50, No. 4, p. 26-31（1996）
15) 福原：ミリ波技術の現状と自動車への応用，自動車技術，Vol. 46, No. 9, p. 79-85（1992）
16) 村本，岡林，坂田：レーザレーダの追突警報装置への応用，日産技報，No. 27, p. 157-164（1990. 6）
17) 寺本，藤村，藤田：レーザレーダ，富士通テン技報，Vol. 6, No. 1, p. 28-39（1988）
18) 上村，本田，藤田：高性能・車載用ミリ波レーダシステム，富士通テン技報，Vol. 11, No. 3, p. 34-42（1993）
19) 安間，岡林，村本，南，神頭：大型トラックの追突警報装置，自動車技術会学術講演会前刷集，No. 881, p. 105-108（1988）
20) 梶原：レーザ距離計と衝突警報，自動車の光技術，自動車技術会，p. 13-17（1994）
21) 村尾，佐々木，加治木：自動車用レーザレーダ，OPTRONICS, No. 3, p. 55-60（1994）
22) 100例にみるセンサ応用技術，工業調査会（1993）
23) A. Asaoka, et al.：An Experimental Study of a Magnetic Sensor in an Automated Highway System, Proceedings of the 1996 IEEE Intelligent Vehicles Symposium（1996）

6.2 将来の運転支援システム

自動車の性能は，安全性，乗り心地，快適性などの分野で大きく進化してきたようにみえる．しかし，これまでの技術開発のほとんどは，操縦安定性の高性能化や車室内の快適性向上，あるいは，ドライバーの行ってきた物理的労力の代替を目的としたものであった．つまり，高性能化して200 km/hでも走行可能となった自動車の運転に必要な，ドライバー側の情報処理能力や操作能力を補助する目的の技術開発は効果的な方法が実現できないままであった．また，自動車保有台数の大幅な伸張に道路網の整備が追いつかず，大都市部では慢性的な渋滞が発生して自動車の快適性さえも失われている．

これらの問題を解決するために，運転支援システムの研究開発が日本・アメリカ・ヨーロッパを中心に活発に行われている．本節では，運転支援システムの現状と研究動向を述べ，次に，運転支援システムの課題について述べた後，これらの状況から予想される将来の運転支援システムの姿を展望する．

6.2.1 運転支援システムの現状

運転支援システムは，車載しているあるいはインフラ上のセンサ，コンピュータ，アクチュエータ，通信システムを用いて外部走行環境を認識し，ドライバーが自動車の運転をするときに必要な認知・判断・操作の各段階の一部または全部を支援あるいは自動化するシステムである．外部走行環境とは車両からみた広範囲の外部環境であり，周囲の車両，道路形状，路面状態，天候，ドライバー自身などをすべて含む環境全体の意味である．運転支援システムはドライバーの運転操作の各段階において，情報の提示，アドバイス，警報，操作支援，自動操作などの手段によりさまざまなレベルの支援を行う．このような見方で，実用化した運転支援システムや研究中の運転支援システムについて述べる．

a．実用化した運転支援システム

（i）**ヘッドアップディスプレイ**　安全運転のためには，ドライバーの視線移動が少なくてすむ場所に必要な情報を表示し，前方注視タスクを阻害せず，ドライバーの視認負担を低減する必要がある．航空機で1960年代から用いられているヘッドアップディスプレイ[1]はその一つの回答である．1988年に最初に乗用車に導入されたときは，車速などの簡単な表示だけであったが，現在はナビゲーションのルートガイダンスなどへの適用が進められている．

（ii）**音声案内ナビゲーションシステム**　液晶画面上に詳細情報を表示するナビゲーションシステムは運転時の視野移動が大きくなるため，音声案内機能を付加したものが実用化されている．さらに，音声認識を用いたボイスコマンドによるナビゲーションシステムも実用化されており，運転操作中に視線移動せずに情報を得，また指示するシステムがこれからの方向であろう．

（iii）**車間距離警報システム**　高速道路での大型車の追突事故の低減のため，レーザーレーダを用いた車間距離計測に基づく警報システムが実用化されている[2]．乗用車でも同様のシステムが市販され，警報のブザー，ランプとともにオートマチックトランスミッションのオーバドライブギヤの自動解除による減速が行われるシステム構成[3]となっている．

（iv）**車間距離制御システム**　ドライバーの運転操作の支援システムの中でも，スロットル制御は実用化されている．図6.19の車間距離制御システム[4,5]は，先行車の認識と車間距離の計測をスキャンタイプのレーザーレーダとCCDカメラで行い，スロットル制御とオートマチックトランスミッションのシフトダウンにより車間距離を一定に保つシステム構成である．

（v）**カーブ進入速度制御システム**　カーブへのオーバスピード進入をスロットルを閉じることにより警告するシステム[6,7]も実用化している．このシステムは従来の車両制御と新しい情報システムであるナビゲーションシステムとを融合させた新しいタイプの車両制御システムとして意義がある．

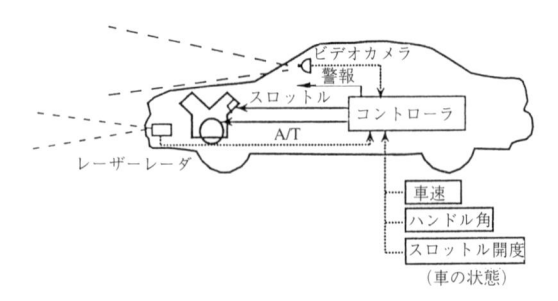

図6.19　車間距離制御システム[4]
（プレビューディスタンスコントロール）

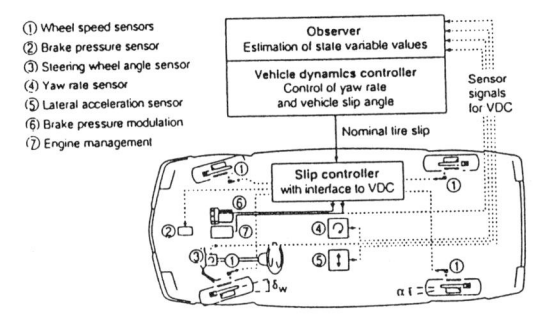

図 6.20 ヨーモーメント制御システム[8]
(Vehicle Dynamics Control System)

(ⅵ) **ヨーモーメント制御システム**　図 6.20 は厳密な意味での運転支援システムではないが，4 輪のブレーキ力を独立に調節し，ヨーモーメントを制御することにより，スピンやドリフトアウトをくい止めたり，自動減速させて安定化するシステムであり，ドイツ，日本で実用化されている[8,9]．このシステムは，従来の車両制御システムの延長線上のシステムとはいえ，ドライバーがブレーキを踏んでいなくても，危険状態に陥る前に自動減速するという意味では，自動ブレーキの最初のシステムという見方もできる．

b．研究中の運転支援システム

(ⅰ) **覚醒度警報システム**　ドライバーの覚醒度の低下を検出して警報し，居眠り運転事故を防止しようという研究が行われている．これらは，ハンドル角の変動，車体の蛇行，ドライバーのまばたき，心拍，皮膚電位の変化，顔の表情などを検出し，覚醒度を間接的に推定するシステムとなっている[10〜12]．

(ⅱ) **自動ブレーキシステム**　前方障害物衝突事故を回避するための自動ブレーキシステムでは，障害物センサには電波レーダやレーザーレーダ[13,14]を使うのが一般的である．運輸省の進める先進安全自動車 ASV (Advanced Safety Vehicle) でも，操作支援の中では最も各社の取組みの多いシステムである[15,16]．現状の障害物検出能力は，天候，障害物条件のよい場合には精度の高い検出が可能であるが，全天候での信頼性の高い障害物検出の実現にはほど遠い状態である．今後，レーザーレーダに関しては，雨天時に検出距離が低下する点を補うための技術開発が必要であり，電波レーダに関しては，複数の障害物を方向分解能よく同時認識する処理手法の開発が必要である．

(ⅲ) **ステアリング支援システム**　ステアリング制御は，要求されるセンシングや制御の性能，信頼性レベルがほかの制御より高いため，実用化には時間がかかると予想される．センシングは，大部分のシステムが画像処理を用いており，天候，日照状態，時刻によらない画像情報の検出が大きな技術課題となっている．また，走行レーンを検出する場合に，白線，磁気ネイルなどの道路側のマーカに頼る場合には，路面の汚れやマーカの不備の場合に対応できず，認識を多重系で構成し確実に行う必要がある．このため，レーンキーピングを目的としたシステムに加え，車線逸脱警報[17,18]や，軽い操舵力アシストを行う現実的な制御も提案されている（図 6.21）[19,20]．

(ⅳ) **自動運転システム**　自動運転システムは日本・アメリカ・ヨーロッパで盛んに開発されている

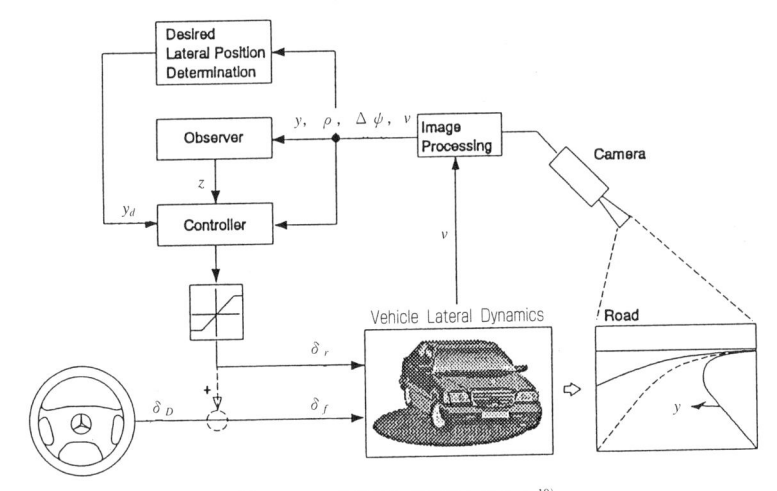

図 6.21　ステアリング支援システム[19]

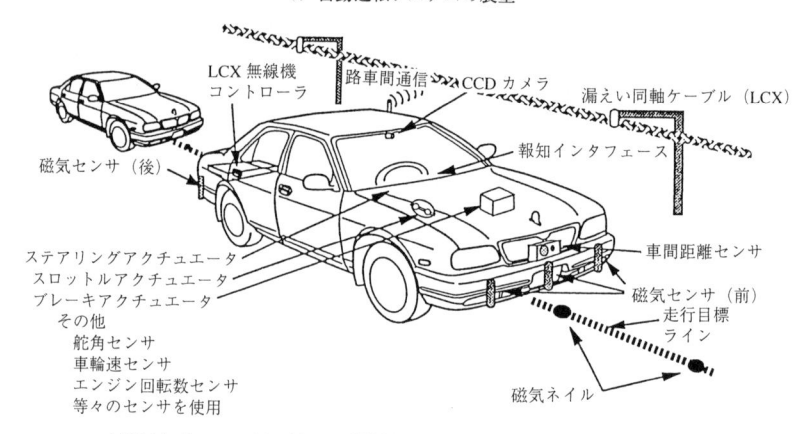

図中ラベル: LCX無線機コントローラ / 路車間通信 / CCDカメラ / 漏えい同軸ケーブル（LCX） / 磁気センサ（後） / 報知インタフェース / ステアリングアクチュエータ / スロットルアクチュエータ / ブレーキアクチュエータ / その他 / 舵角センサ / 車輪速センサ / エンジン回転数センサ / 等々のセンサを使用 / 車間距離センサ / 磁気センサ（前） / 走行目標ライン / 磁気ネイル

LCX：Leakage coaxial cable　　AVM：Automatic Vehicle Monitoring System

図6.22　自動運転道路システム[23]

が，ここ10年内の近未来に実用化するとは考えにくく，車間距離制御手法，操舵制御手法，障害物認識手法などの要素技術の研究開発成果が運転支援システムの研究開発に取り入れられている．

欧州メーカー主導で行われたPROMETHEUS計画では，インフラに頼らない自動車側からのアプローチで自動運転するシステムが研究された．これらの成果は1994年10月にデモンストレーション走行が行われ，中でもPROMETHEUSの中心的存在であるメルセデスベンツの試験車VITA II（Vision Technology Application II）は意欲的で，18台のカメラ，60個の並列コンピュータを搭載し，白線を検出して公道上を100 km/hを超える速度で自動運転が可能であった．

日本では，各メーカーを中心にインフラに頼らない自律型自動運転の研究が行われてきたが[21,22]，1995年より，建設省が推進している自動運転道路システムAHS（Automated Highway System）（図6.22）を中心に各メーカーが共同試験を開始しており，インフラ協調型の自動運転システム開発が強力に推進されるようになった[23]．

アメリカではIVHS AMERICA（現在はITS AMERICAに統合）でさまざまなシステムが研究されており，PATH計画では磁気ネイルを使った自動運転が研究されている．1997年8月にはサンディエゴのフリーウェイ上での自動運転デモンストレーション走行が行われた．

6.2.2　運転支援システムの課題
a．技術的課題

運転支援システムを導入する場合の最も大きな障害は，外部走行環境をドライバーのように信頼性高く認識することが非常にむずかしい技術であることである．現実には，かなり認識ができるようになっている分野も存在するが，認識の信頼性という面では不足している技術がほとんどである．たとえば，100 m先の小さな障害物をどんな天候，日照条件においても正確に認識することは，現在の技術では不可能であり，将来においても車載機側だけで実現することは，コスト面からみても実現がむずかしいと思われる．これらの問題が，運転支援システムの実現を考えるときの大きな障害となっている．つまり，さまざまな問題，安全運転責任の所在や，社会的受容性，インフラ建設，車載機コストの問題などを考慮するとき，実用化した運転支援システムをリアルに思い浮かべることができず，すべてを想定せざるをえないために実現そのものが抽象的にしか想定できなくなっている．

これを打開するには着実な技術開発を積み重ねていくことしかない．実用化を考えずチャンピオン技術のみを追い求めるような技術開発ではなく，しっかりと根を張った基礎から固めていくような技術開発を行い，少しずつ運転支援システムの姿に現実味を帯びさせることが実現の近道であろう．着実な基礎技術の開発といっても先のみえない技術開発が多く，一メーカーの開発努力で解決できる範囲を超えているものも多い．このために，公的機関の参加，あるいは公的資金の導入による国をあげての共同研究も必要であろう．

b．ドライバー操作との干渉

従来の車両制御システムの中でドライバー操作との干渉が生じそうなシステムでも実用化してきた背景には，ドライバーの制御能力が及ばない短時間の車両制

御(ABSなど)、あるいは、走る・曲がる・止まるの一機能をすべて任せる車両制御(オートクルーズなど)の2方向から導入されてきたという実状がある。つまり、ドライバーの操作との干渉が少なかったため容易に導入されたともいえる。運転支援システムの本格的導入のためにはドライバーとの操作干渉をいかに解消してスムーズなインタフェースをとるかを考慮しなければならない。

しかし、ここで外部走行環境認識技術のむずかしさが問題となってくる。ドライバーは運転しているとき、直前の車両の動きだけを見ているわけではなく、その前、さらにその前の車の動きを見ながら、状況を予測した運転をして安全を確保している。果たして、このような予測が近未来の自動車に可能なのであろうか。軽い支援制御を行うような運転支援システムでは問題とはならないだろうが、緊急回避操舵システムなどでは、あるいは、最後にはドライバーの意思に任せてしまうシステム構成とせざるをえないのではないだろうか。

c. 安全運転を行う責任の所在問題

運転支援システムの社会的コンセンサスが得られていない初期の段階では、安全運転の責任の所在問題をいかに解決するかでシステム導入の可否が決まるものと考えられる。自動操縦の歴史の長い航空機の例をみてみると、操縦の大部分は自動で行い、何か障害が生じた場合にパイロットが対応することになっている。つまり、自動操縦中でもパイロットが安全を守る責任を負っていることになる[24〜26]。自動車の場合でも同様に考えられる。初期の運転支援システムの目的は、ドライバーの不注意によるミスを検知して警報し、さらに、不要な労力を代替することにあり、安全を守る第1当事者はやはりドライバーであると考えられる。運転支援システムの本格的実用化、さらには自動運転システム導入までには、単機能のシステムから多機能、多様なシステムへと時間を経て、ドライバーへの教育や、宣伝活動も行われる。これらの努力と時間の経過により、少しずつシステムに対する社会的コンセンサスは得られるであろう。また、システムの信頼性、安全性も技術開発により大幅に向上すれば、このような問題そのものも重要でなくなる可能性もある。

d. 標準化の問題

運転支援システムのようなハイテクを駆使したシステムはユーザーインタフェースは単純にすべきであり、スイッチ一つ押せばよいシステムが最良である。また、システム動作中は、ドライバーの自然な行動によって正しい操作となるようなインタフェースをとることが望ましい。そこでまず、どのメーカーのどの車種を買っても、スイッチの形は違っても機能は同一であるべきだと考える。たとえば、車のアクセル、ハンドル、ブレーキのようなものである。つまり、本当の運転支援システムの機能は、単なるオプション機能ではなく、本来車がもっているべき機能であるという意味でも、そうあるべきだろう。これにより、ドライバーの操作ミスを防ぐことができ、開発メーカーとしてもシステム設計上のミスに対するリスクを避けることができる。

飛行機の操縦や列車の運転を行うのは訓練された人間であるが、運転支援システムの使用者は万人を基本に考えなければならない。このことから、本来、操作スイッチ、部品さえも標準化し、機能そのものも標準化されていたほうがユーザーインタフェースの面からはよいことであろう。しかし、この場合にはメーカー間にシステムの特徴差がなくなることが問題となるが、これをどう考えるかである。運転支援システムは車の、走る、曲がる、止まるの機能と同列であるべきと述べたが、その考えに立つならば、機能、基本性能は同一にして、商品の差、差別化は、近年のシステムではエアバッグ、ABSなどがそうであるように、コスト、信頼性、乗り心地などに求めるべきだろう。

e. コスト負担の問題

運転支援システム実用化の初期にはかなりの高コストが予想される。初期の運転支援システムは自律型であると考えられ、この場合は当然、それを買うユーザーが負担することに意義はないであろう。コストが高くても、それにより実現される機能が十分なものであればユーザーは増えていくであろうし、そのようなシステムでなければ生き残る運転支援システムとはなりえない。

では、インフラを利用する運転支援システムの場合はどうだろうか。運転支援システムの分野で期待されるインフラとしては、路車間、車々間などの通信システムと走行レーン認識のための補助的道路側設備が想定される。通信システムに関しては、できるだけ既存のインフラを流用する方向で投資の額を最小限に抑える必要がある。しかし、運転支援システム実現の段階を考えた場合、VICSなどの既存メディアが流用可能

なのは情報提供による運転支援までであろう．警報や車両制御を行うシステムには連続的な情報伝達が必要と考えられ，既存の通信インフラの流用はかなりむずかしいと思われる．レーン認識のための補助的な道路設備に関しては，通行料金といった方向でユーザー応分の負担を求めることになると考えられる．しかし，これらの負担はかなりの額が予想され，運転支援システム普及の阻害要因になるであろう．運転支援システムの導入は一部の車両，もしくは限定的な範囲で行われるため，ここに公的資金を全面的に投入することは社会的に受け入れられないと考える．かといって，運転支援システムの大幅な普及を待つことは，いつまでたってもインフラを使えないことにもなりかねない．ここにインフラ建設のジレンマがあり，この状況をどこからブレークスルーするかを考える必要がある．

同様な状況で，インフラ建設が進んだ例としてVICSがある．この場合も，車載機の普及がない場合にはインフラ建設の促進は不可能と危惧されていた．しかし，ここ数年のナビゲーションシステムの普及により，VICS利用に必要な車載機器がナビゲーションのディスプレイとコンピュータという形で実現したため，インフラ建設がスムーズになったという状況がある．この例をみるならば，大幅な運転支援システムの普及を待つまでもなく，ある程度のユーザーに運転支援システムが普及し，だれにでも買えるようなコストになったときには，公的資金を導入したインフラ建設も可能であるということである．さらに，車載機の非搭載車にも間接的なメリットがあれば，さらにインフラ導入は促進されるであろう．このようにインフラシステムの導入は，自律タイプの運転支援システムのある程度の普及を待ち，車載機としても受入れ体制がある程度そろった状態で行われるのが自然な流れであろう．

f．社会受容的な問題

無人で走る新交通システムを導入したときの認可を含むさまざまな課題はかなりのものだったそうである．無人で走るといっても，電車は軌道を拘束されているために一次元的な動きしかしない．二次元平面を自由に動くことができる自動車を自動で走らせるための技術課題以外の課題は，新交通システムよりもはるかに大きいことが予想される．また，電車は信頼性確保のために，安全にかかわる部分を多重化している．また，メンテナンスも毎月，毎年と完全に行う義務を負っている．飛行機の例をとっても，安全にかかわる部分はすべて三重系が基本であり，しかもメンテナンスも完全である．自動車は考えようによっては，緊急事態が起こったときにドライバーが反応しなければならない余裕時間の少なさ（秒単位）から，電車や飛行機よりも機器の信頼性が要求されるといえなくもない．また，公共交通機関である電車や飛行機に比べて，個人で所有する自動車にはコストの制約が大きい．

これらを考慮すると自動化の進んだ運転支援システムは実現不可能のようにみえる．しかし，考え方を変えて，電車や飛行機のように完全な機器の信頼性を確保することはできないが，その一部をドライバーが肩代わりすることでこれらの問題をカバーし，現状の交通事故を数十％減少させることができる，あるいは，適切な走行制御をすることにより，燃料，排気ガスを数十％低減することができる，などのメリットが明確に示されれば，これらの社会受容的なバリヤも解決するであろう．

6.2.3 将来の運転支援システム

以上みてきた現状の運転支援システムの概要，研究動向，課題から今後導入されるであろう将来の運転支援システムの姿を展望してみよう．

a．技術的な変化

ヨーロッパでは自動車交通のインテリジェント化はPROMETHEUSに代表されるように自動車側のインテリジェント化で対応しようという考えが強いようである．これは，多くの国が集まるヨーロッパではインフラを統一しようとしても言語，法律などの多くの問題にぶつかるという事情がある．

日本でもいつ建設されるのかわからないインフラを待っていては技術開発が進まず，また，仮定したインフラでは絵に描いた餅のようなもので現実味がないことから，同様の傾向があった．しかし，運転支援システムや自動走行システムの要素技術開発が進むにつれて，十分な精度の障害物認識や車両位置認識を自動車側単独で行うことは，大きな技術的な困難を伴うことが現実問題としてわかってきた．この状況の中，1995年2月の「高度情報通信社会推進に向けた基本方針」の政府決定後，自動車交通のインテリジェント化が5省庁（警察庁，通産省，運輸省，郵政省，建設省）で推進することが公式に決まり，インフラに対する期待が徐々に高まってきている．1995年から始まった建

設省 AHS（自動運転道路システム）の実験でも，連続路車間通信や磁気ネイルといったインフラが実験評価され，その信頼性や性能が高いレベルにあることが評価されつつある．このような社会状況から，運転支援システムを補助するインフラを整備することで，難題の技術を容易なものに変えることへの期待が膨らみつつある．

b．社会の考え方の変化

最近まで，安全は，ユーザーには魅力に乏しい機能であると思われていた．オートマチックトランスミッション，カーエアコンやカーオーディオのように快適性を求めるシステムが世の中に受け入れられ，かなりのコスト負担にもかかわらず，これらの装着率は伸びていった．これに対し，ABSやエアバッグなどの安全装備はかなり価格が高かったこともあり，お金を出して購入するユーザーは少なかった．ところが，最近では安全に対する意識の向上やメーカーの宣伝活動の甲斐があり，さらにはコストの低下も手伝ってABSやエアバッグが装備されていないと売れない時代になってしまった．わずか2,3年での変化である．

運転支援システムは，安全，快適，円滑，しかも，環境に優しい自動車交通を実現するために開発されているシステムであり，安全，快適なシステムの受け入れられる素地は整ったといえよう．円滑な道路交通は，その運転支援システムが直接的に円滑さを実現するわけではないため，ユーザーにはなかなか理解してもらえないだろうが，これまでの社会的変化をみれば，地道な教育，宣伝活動で将来は当たり前の概念になることも考えられる．また，環境に優しいシステムなどは，近年の環境汚染状況を考えれば，いまの子どもたちが大人になるときには社会常識として当然のシステムになっていることだろう．これらの状況から，将来の運転支援システム実用化，さらには自動運転システムの実用化には社会受容的なバリヤはほとんどなく，技術的に確立されていれば着実に根づいていくものと考えられる．

c．将来の運転支援システム

以上のことを総合すると，どのような運転支援システムが今後実用化されてくるだろうか．

ドライバーへの情報提供，アドバイスシステムは，今後ともVICSの発展型としてさまざまな情報が取り込まれ，ますます便利なものになっていくだろう．将来は自動車の中でもインターネットにアクセスできる状況になるかもしれない．

操作支援システムでは，車間距離制御システムに軽いブレーキ制御が付加されたものは，レーザーレーダや電波レーダの認識性能が向上すればすぐにも出現するであろう．その後，技術的には自動ブレーキシステムが実用化するものと考えられる．

しかし，上で述べたような車両横位置を認識するためのインフラが建設されれば，誤ってレーンを逸脱しそうになったとき操舵力を支援してレーン内に戻す程度のステアリング支援システムの実用化が現実味を帯びてくる．というのも，自動ブレーキをかけるためには，全天候で遠方の障害物を確実に認識する性能が必要であり，これはかなりむずかしい技術である．ところが，ステアリング支援を行うために必要な車両横位置情報は車両の近くの情報を検出すればよいため，インフラの補助さえあれば信頼性，性能ともに十分な認識システムが構築可能なためである．

このように，運転支援システムを補助するインフラの建設は，運転支援システム，さらには自動運転システムを研究段階から実用化への道に引き出してくるための鍵となっているといえよう．

研究開発中の運転支援システムや自動運転システム，実用化された運転支援システムについて述べた．また，運転支援システムを実用化するためにはどのような点が解決されなければならないのかを考え，将来の運転支援システムの姿を展望した．今後，さまざまな形態の運転支援システムが開発されると考えられる．これらが交通事故を低減し，渋滞を緩和して，自動車をもっと安全で快適な乗り物としてくれることを願っている．　　　　　　　　　　　　[早舩一弥]

参考文献

1) 岡林：新しい電子表示技術の動向，自動車技術，Vol. 44, No. 9 (1990)
2) 安間ほか：レーザレーダを用いた大型トラックの追突警報装置の研究，自動車技術会論文集，No. 41 (1989)
3) 早川ほか：車間距離警報装置について，自動車技術会学術講演会前刷集，No. 931, 9301728 (1993)
4) プレビューディスタンスコントロール，技術発表資料，三菱自動車 (1995)
5) T. Watanabe, et al.：Development of an Intelligent Cruise Control System, Proc. of ITS '95, Vol. 3, p. 1229-1235 (1995)
6) 新型ディアマンテ広報資料，三菱自動車 (1995)
7) K. Yoshioka, et al.：Improvements in Cornering Safety through Deceleration Control and Road Preview, Proc. of ITS America 5th Annual Meeting (1995)

8) Anton T van Zanten, et al.: VDC, the Vehicle Dynamics Control System of BOSCH, SAE Paper, No. 950759 (1995)
9) VSC (Vehicle Stability Control) 技術発表資料, トヨタ自動車 (1995)
10) 児玉ほか：皮膚電位を用いた覚醒度検出装置の開発, 自動車技術会学術講演会前刷集, No. 912, 912172 (1991)
11) 森永ほか：ドライバの覚醒度推定の要因分析について, 自動車技術会学術講演会前刷集, No. 946, 9437593 (1994)
12) 杉山ほか：まばたきによる意識低下検知法, 自動車技術会学術講演会前刷集, No. 951, 9534388 (1995)
13) H. Kikuchi, et al.: Development of Laser Radar for Radar Brake System, Proc. of AVEC'94 (1994)
14) T. Butsuen, et al.: Development of a Collision Avoidance System with Automatic Brake Control, Proc. of the 1st World Congress on Application of TT and IVHS (1994)
15) 中島：21世紀に向けた先進安全実験車 (ASV) 研究開発の推進, 自動車技術, Vol. 47, No. 12 (1993)
16) 運輸省先進安全自動車推進検討会：21世紀へ向けて (ASV パンフレット) (1994)
17) B. Ulmer: VITA II-Active Collision Avoidance in Real Traffic, Proc. of Intelligent Vehicle '94 (1994)
18) S. Hahn: Switching between Autonomous and Conventional Car Driving—A Simulator Study, Proc. of Intelligent Vehicle '93 (1993)
19) U. franke, et al.: The Daimler-Benz Steering Assistant—a Spin-off from Autonomous Driving, Proc. of Intelligent Vehicle '94 (1994)
20) K. Naab, et al.: Driver Assistance Systems for Lateral and Longitudinal Vehicle Guidance-Heading controlnd Active Cruise Support—, Proc. of AVEC'94 (1994)
21) A. Hosaka, et al.: The Development of Autonomously Controlled Vehicle, PVS, IEEE VNIS'91 (1991)
22) A. Okuno, et al.: Development of Autonomous Highway Cruising System, IVHS America 3rd Annual Meeting (1993)
23) 車間側方コントロールシステム WG, AHS 研究開発実験の概要, 道路新産業開発機構 (1995)
24) 加藤：墜落, 講談社 (1990)
25) 遠藤：飛行機はなぜ落ちるか, 講談社 (1994)
26) 久野：航空機の飛行制御系設計における人間/機械系の調和について, 日本機械学会東海支部講習会資料, 最新の安全性・信頼性向上技術 (1995)
27) 早舩ほか：運転支援システムの分類, 自動車技術会 車と道路のインテリジェント化 (VeRI) シンポジュウム資料, 9431580, p. 60-66 (1994)
28) 野島ほか：社会的受容性の検討, 自動車技術会 車と道路のインテリジェント化シンポジュウム資料, 9533659, p. 18-29 (1995)
29) 服部ほか：AVCS の現状と課題, 自動車技術会, 日本における自動運転について考える, 車と道路のインテリジェント化シンポジュウム資料, 9631498, p. 18-27 (1996)
30) 早舩：運転支援システム技術の現状と課題, 自動車技術会学術講演会前刷集, No. 952, 9535189 (1995)

6.3 自動運転システム

自動車の運転が自動化され，ドライバーが運転操作をする必要がない，またはドライバーが不要のシステムを自動運転システムと呼ぶ．本節では，自動車の自動運転システムを年代順に展望し，自動運転システムの要素技術と事例を紹介する[1]．

なお自動車交通の情報化・知能化システム[2]は，国際的に ITS と総称され，自動運転システムに限らずそこでは多くのアクロニムが用いられている．表6.5にここで用いるアクロニムを示す．

6.3.1 歴　史

自動車の自動運転システムの歴史は，1930～40年のニューヨーク世界博に GM が展示したコンセプトカー Futurama にまで遡ることができる[3]．しかし自動運転システムの研究が本格的に開始されたのは1950年代後半である．その後紆余曲折があったが，現在では，自動運転システムの研究は，EU やアメリカで展開されている ITS に関する大規模な国家プロジェクトの中で重要なテーマとして位置づけられている[2]．ここでは，自動運転システムを，技術と社会的背景に基づいて，表6.6に示すように第1期から第3期までに分けて説明する．

a．第1期の自動運転システム

自動運転システムは1950年代後半にまずアメリカで提案された．その目的は，当時からすでに深刻であった事故と渋滞という自動車交通問題の解決にあった．

この時期の自動運転システムは，道路に誘導ケーブルを埋設し，それに沿って車両を誘導するガイド式で，1950年代末から60年代にかけてアメリカの RCA[4]，GM[5]，オハイオ州立大学[6]，イギリスの道路交通研究所，ドイツのジーメンス[7]などで研究が行われた．わが国では1960年代前半に機械技術研究所で研究が行われた[8]．図6.23は機械技術研究所の自動操縦車である．誘導ケーブルを用いたこの時期の自動運転システムを第1期とする．

誘導ケーブルは，降雨時や積雪時でも能動的にコースを示すことができるという利点をもつ．しかし，走路への誘導ケーブルの埋設がシステムの前提となるために，誘導ケーブルを用いたシステムは，公道ではほとんど実用化されておらず，テストコースにおける自

6.3 自動運転システム

表6.5 アクロニム表

AHS：	Automated Highway System
ALV：	Autonomous Land Vehicle
AVCS：	Advanced Vehicle Control Systems
BVV：	Bildvorverarbeitungs-system
CMU：	Carnegie Mellon University
DARPA：	Defense Advanced Research Project Agency
DRIVE：	Dedicated Road Infrastructure for Vehicle Safety in Europe
ERIM：	Environmental Research Institute of Michigan
FSLQ：	Frequency-Shaped Linear Quadratic
HMMWV：	High Mobility Multipurpose Wheeled Vehicle
ISTEA：	Intermodal Surface Transportation Efficiency Act
ITS：	Intelligent Transport Systems
NavLab：	Navigation Laboratory
NIST：	National Institute of Standard and Technology
PATH：	Partners for Advanced Transit and Highway
PROMETHEUS：	Programme for a European Traffic with Highest Efficiency and Unprecedented Safety
PVS：	Personal Vehicle System
VaMoRs：	Versuchsfahrzeug für autonome Mobilität und Rechnersehen
VITA：	Vision Technology Application

表6.6 自動運転システムの歴史

年代	自動運転全般	ガイド式自動運転システム	自律式自動運転システム
1940	[米] Futurama		
1950	[米] 自動運転システムの提案 第1期の自動運転システム	[米] 自動運転システムの実験 [欧] 自動運転システムの実験	
1960		[日] 自動運転システムの実験	
1970	第2期の自動運転システム		[日] 知能自動車
1980			[米] ALV, NavLab, HMMWV [独] VaMoRs
	第3期の自動運転システム [欧] PROMETHEUS		[日] PVS
1990	[米] IVHS	[米] PATHのプラトゥーニング	
	[日] AHS [米] AHS		[独] VITA II [仏] Pro-Lab II [米] NavLa6

図6.23 機械技術研究所の自動操縦車

動車の各種試験[9,10]，専用道におけるデュアルモードバス，貨物ヤードにおける無人トラックなど限定された場所での実用にとどまっている．

誘導ケーブルが公道で用いられている数少ない例としてスウェーデン，ハルムスタード市（Halmstad）の路線バス[11]がある．このシステムでは，バスを停留所のプラットフォームに正確に停車させ，車椅子や乳母車での乗降を容易にするために，停留所付近にだけ誘導ケーブルを敷設して自動運転を行っている．

現在でもガイド式システムの利点を生かした自動運転の研究が行われている．そこでは，誘導ケーブルに

図 6.24 知能自動車

図 6.25 PVS：屋根上にレーン検出用 TV カメラが 3 台，車両前部に障害物検出用カメラが 2 台装着されている．

代わって道路側壁，コーナキューブ，磁気ネイルなどが用いられている．

b. 第 2 期の自動運転システム

各国における誘導ケーブルを用いた自動運転システムの研究が一段落した後，1970 年代に入ってわが国の機械技術研究所は，マシンビジョンを用いた自律型自動運転システムの研究を開始した．このシステムは知能自動車[12]と呼ばれ，その目的は，ガイド式システムでは必要であった道路側の特殊な設備が不要のシステムにあった．図 6.24 に知能自動車を示す．知能自動車は 1977 年に走行実験に成功した．

アメリカでは 1980 年代前半に国防省高等研究計画局（DARPA）のプロジェクトとして偵察の無人化を目的とした軍用の ALV[13]が開発された．その中心となったのはマーティン・マリエッタ社である．ALV は，マシンビジョンとレーザーレンジファインダで走路と障害物を検出し，走行環境の判断と走行計画の立案を行い，完全自律走行を行うことができた．この研究は，1980 年代中ごろからカーネギーメロン大学（CMU）の NavLab[14]や国立標準技術研究所（NIST）の HMMWV[15]に引き継がれ，現在では一般の自動車や火星探索車への応用が研究されている．

ドイツでは 1980 年代中ごろにミュンヘン連邦国防大学でマシンビジョンを用いた自律走行車 VaMoRs[16]が開発された．この研究の本来の目的は高速画像処理技術[17]にあり，その応用として自動車の自動運転が取り上げられた．VaMoRs は 1987 年に未開通のアウトバーン上で 96 km/h でレーン追従走行を行った．このマシンビジョンは後述する PROMETHEUS の実験車両に応用されている．

1980 年代後半にわが国では日産自動車と富士通によって PVS[18]と呼ばれる自動運転システムが開発された．PVS はマシンビジョンに基づく自律型自動運転システムの総合実験車両である．図 6.25 に PVS を示す．PVS は未来の個別交通手段を目的としており，次の第 3 期のシステムの先駆とみなせる．

このほかにも，1980 年代後半からは，日米や EU の大学，研究機関，自動車メーカーでマシンビジョンによる自動運転システムの研究が数多く行われている[19〜21]．

1970〜80 年代のマシンビジョンを用いた自動運転システムは，その目的が自動車の自動運転におかれていないものが多いが，第 2 期とすることができ，第 1 期から第 3 期への橋渡し的役割を果たしている．

c. 第 3 期の自動運転システム

1980 年代後半から EU や日米で ITS に関する大規模な国家プロジェクトが開始された．その目的は，エレクトロニクスや通信技術，制御技術を活用して事故，渋滞，環境汚染という自動車交通問題を解決することにあった．したがって，安全は衝突安全ではなく予防安全を意味し，渋滞解消は道路の新たな建設ではなく，交通流や車両の制御による渋滞解消を意味している．これらのプロジェクトでは，自動運転を含む先進車両制御システム（AVCS）が自動車交通問題解決の有力な手段として扱われている．欧米日の ITS で研究されているシステムを第 3 期の自動運転システムとする．その代表的システムは，アメリカの ITS，EU の PROMETHEUS，およびわが国建設省の自動運転道路システムにみることができる．

アメリカ，カリフォルニア州の ITS プロジェクトである PATH では，AVCS をメインテーマとし，

1990年ごろから自動運転システムの研究[22]を行っている．このシステムはプラトゥーニングと呼ばれ，自動運転による車両群の追従走行を目指している．

いっぽう，CMUでは，1980年代に開発したNavLabの経験をふまえて，ITSに関連してマシンビジョンに基づく自律式自動運転システムであるNavLab Vを開発している．ミニバンをベースとしたNavLab Vは公道上を試験的に走行している．

アメリカ運輸省は，1997年8月にカリフォルニア州サンディエゴのI-15のHOVレーンを用いて自動化高速道路（AHS）の実験を行った．アメリカは1991年に道路交通の効率に関する法令（ISTEA）を制定した．この法令は，AHSが渋滞の解消，安全性の向上，大気汚染防止を実現するという認識にたって1997年までに自動運転システムの実験を行うことを定めている．この法令に基づいてAHS計画が開始され，1994年10月には，1997年の実験のためにGMを中心とし，PATHやCMUを加えたコンソーシアムが結成された．

技術的フィージビリティのデモンストレーションと位置づけられた1997年8月の実験では，PATHのラテラル制御機能を持つプラトゥーン車両，マシンビジョンに基づくCMUの車両，カリフォルニア運輸局（Caltrans）の障害物検出回収機能をもつ道路保守車両，トラック用のレーダとアダプティブクルーズコントロールなど7システムがデモを行った．

EUのITS関連プロジェクトには，インフラストラクチャー指向のDRIVEと車両指向のPROMETHEUSがある．自動運転システムを含むのは後者のPROMETHEUSで，このプロジェクトは，1986年のダイムラー・ベンツの提案によってユーレカ計画の一部として開始され，1994年10月に終了した．そのメインテーマは車両の知能化にあり，レーン保持支援，衝突回避，協調走行，インテリジェントクルーズコントロールなど多くのAVCS関連システムが開発された．自動運転は，レーン保持支援や衝突回避の目的で扱われている．自動運転が可能なPROMETHEUSの実験車両には，ダイムラー・ベンツのVITA II[23]，PSAとルノーのPro-Lab II[24]，VWのConvoy[25]などがある．VITA IIやPro-Lab IIはマシンビジョンやレーダを用いてレーンや障害物を検出する機能をもっている．Convoyは，PATHのプラトゥーニングと同様の高密度車群走行システムで，テストコート上で数台の車両の車間距離を約1mに保ち約100km/hで走行させる実験に成功したが，途中で研究を中止した．

PROMETHEUSの実験車両は，テストコース上だけでなく公道上でも高速の実験走行に成功している．しかし，現在のところ第2期，第3期の自動運転システムのうち公道上で実用化されたものはない．また，現在までに開発された，マシンビジョンを用いたシステムには，その特性から走行条件に制限がある．

日本のITSプロジェクトで自動運転の実験を行っているのは，建設省が進めている自動運転道路システム（AHS）である．建設省では，1995年秋に横浜で開催されたITS世界会議の機会に，土木研究所のテストコースで自動運転道路システムの実験を公開した．さらに1996年秋には，供用前の高速道路を用いて実験が行われた．

6.3.2 自動運転システムの要素技術

自動車の自動運転システムには，コースの検出とそれに沿った走行制御の機能，および障害物の検出とそ

表6.7 自動運転システムに必要な機能

機能	地上設備		車上設備		システムの例
コース検出	能動的システム	誘導ケーブル	受動的システム	ピックアップ	誘導ケーブル利用の自動操縦車
		磁気ネイル	受動的システム	ピックアップ	PATHのプラトゥーニング
	受動的システム	レーンマーキング	受動的システム	マシンビジョン	PVS, VITA II, NavLab V
		ガードレール	受動的システム	マシンビジョン	知能自動車
		ガードレール	能動的システム	超音波センサ	PVS
	なし		受動的システム	デッドレコニング	知能自動車
障害物検出	能動的システム	誘導ループ	なし		機械技術研究所の自動操縦車
	なし		能動的システム	レーザーレーダ	PVS
			能動的システム	レーダ	PATHのプラトゥーニング
			受動的システム	マシンビジョン	知能自動車, PVS, VITA II

（注）障害物には追従中の先行車を含む．

の回避の機能の二つの機能が必要である．表6.7に機能の分類とシステム例を示す．この表には，それぞれの機能がその目的を果たすために必要な地上設備と車上設備が対の形で示されている．これらの設備は，能動的システムと受動的システムに分類される．ここで能動的システムは，その目的のために媒体や信号を発しているシステムで，誘導ケーブル，磁気ネイル，超音波センサ，レーザーレーダ，レーダを含む．受動的システムは，媒体や信号を発しないシステムで，磁気ピックアップ，マシンビジョンを含む．

第1期から第3期までの自動運転システムからいくつかのシステムについてこの二つの機能を説明する．

a．機械技術研究所の自動操縦車

1960年代につくられた機械技術研究所の自動操縦車[8]は，ほかの第1期の自動運転システムと同様に，路面に埋設した誘導ケーブルを用いてラテラル（操舵）制御を行う．すなわち，図6.26に示すように，誘導ケーブルに交流電流を流し，発生する交流磁界を車両の前バンパの両端のピックアップで検出してコースずれを知り，PD制御でラテラル制御を行っている．操舵量の決定に必要な車両のヨー角の測定のために後バンパ両端にもピックアップを装着している．この自動操縦車は1967年に100 km/hで自動運転を行った．

機械技術研究所の自動操縦車には，一般の障害物検出機能はなかったが，先行車への追突防止機能があった．この追突防止システムは，道路に埋設した誘導ループで先行車を検出し，車間距離に応じて地上側から後続車の速度を制御するものであった．

b．知能自動車

知能自動車[12]は，世界初のマシンビジョンによる自動運転システムで，障害物検出のためにステレオTVカメラを車両前端に装着している．障害物検出の原理は視差に基づく．そのための画像処理はハードワイヤドロジックで行っている．すなわち縦方向の順次走査方式を採用したTVカメラからのビデオ信号に対して，直接に論理演算を施し，障害物をリアルタイムで検出している．二次元の視野を実現するために16台のハードワイヤドロジックによる並列処理を行い，車両から約5～20 m，視角約40度の視野を実現した．この視野における障害物検出結果を図6.27に示す．

初期の知能自動車は，マシンビジョンで検出したガードレールに沿って操舵を行い，約30 km/hで自動走行した．その後，差動オドメータに基づくデッド

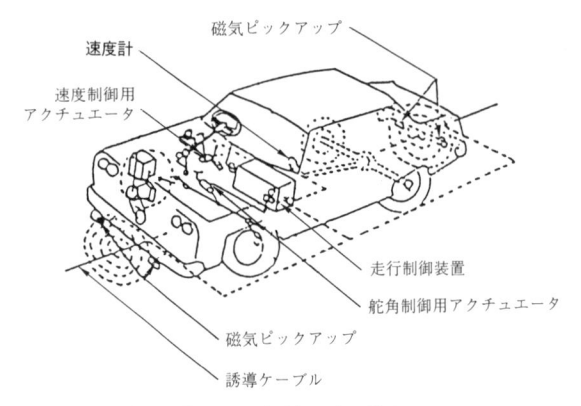

図6.26 自動操縦車の構成

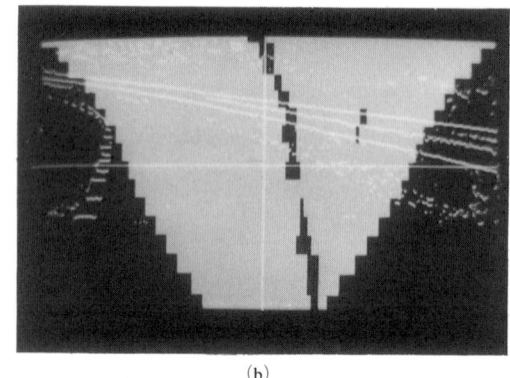

図6.27 視野内の障害物
(a) オリジナル画像
(b) ガードレールを障害物として検出した結果

レコニング機能を車両に設け，その機能を利用して操舵を行った．その結果，オープンループ制御ではあるが，障害物の検出と回避を行いつつ，指定した目的地までの自律走行が可能となった．

c．NavLab

CMUのNavLab[14]は，コース検出用のカラーTVカメラと障害物検出用のERIM製三次元レーザーレン

ジファインダを搭載している．NavLab は，当初は 3 km/h 程度でしか走行できなかったが，情報処理の高速化を図って 40 km/h 程度の走行が可能になった．

NavLab のコースの検出は，道路の幾何的特徴に関する知識ベースを用いた道路モデルに基づく．道路の領域を検出するために，エッジ抽出，線形特徴追跡，色情報による境界追跡，マッチドフィルタによる線分追跡などの画像処理アルゴリズムを用いている．

レーザーレンジファインダは，レーザービームを水平に 80 度，垂直に 30 度，周期 0.5 秒で走査し，発射光と反射光の位相差に基づく距離像と反射光の強度像から障害物を検出する．その検出範囲は約 19.2 m 以内で，距離の分解能は約 7.6 cm である．

現在の NavLab V は，レーン検出用の 2 台の TV カメラとラップトップコンピュータからなり，ニューラルネットを用いた制御システムで，道路の境界やレーンマーキングを検出して操舵を行う．この NavLab V は，1995 年にはピッツバーグからサンディエゴまでの 3 000 マイルの道程を 95％以上自動運転で公道上を走行した．

d．VaMoRs

ミュンヘン連邦国防大学の VaMoRs[16] の特徴は，走行レーン検出のためのマシンビジョンにある．BVV2 と呼ばれる，当初用いられた画像処理装置[17]は，15 個の i 8086 プロセッサから構成され，リアルタイム並列処理によって道路端を検出する．そのために，上位コンピュータで制御する狭いウインドウを設定して検出周期 16.6 ms でエッジ検出を行い，構造化した道路モデルを用いて道路端を検出している．道路領域内の縦エッジから障害物の検出も試みられた．

その後，i 80386 を用いた画像処理装置 BVV3 が開発され，複数レーンの検出，追越し車両と後続車両の検出，道路標識の認識などが可能となった．

e．PVS

PVS[18] は，だれでも，いつでも，どこでも利用できる新しい個別交通手段を目的としてわが国の(財)機械システム振興協会のプロジェクトとして研究が開始された．車両と制御系を日産自動車が，画像処理系を富士通が受託して，1987 年から 1992 年まで研究が行われた．

PVS は，路面のレーンマーキング検出用マシンビジョン，障害物検出用マシンビジョン，障害物検出用レーザーレーダ，ガードレール検出用超音波センサをもち，ビデオレートで処理を行う専用画像処理装置と走行制御のためのワークステーションを積載していた．さらに差動オドメータに基づくデッドレコニング機能も有していた．

PVS は，車両の前方 5～25 m の範囲のレーンマーキングとベテランドライバーの運転知識に関する知識ベースに基づくラテラル制御アルゴリズムを用い，交差点やヘアピンカーブを含む走路で自律走行を行った．レーン情報が得られない場合は，超音波センサでガードレールまでの測距を行い，ガードレールに沿った操舵を行った．さらにレーン情報とデッドレコニング機能を用いて走路の形状を測定し，走路地図の自動生成を行った．

PVS は，ステレオマシンビジョンとレーザーレーダを用いて停止車両などの障害物を検出し，道路幅に余裕がある場合には障害物回避を行うことができた．

f．PATH の自動運転

アメリカカリフォルニア州の PATH では，カリフォルニア大学バークレー校を中心に多数の大学や企業が参加して，プラトゥーニング[22]と呼ばれる自動運転システムの研究を行っている．このシステムの特徴は，複数台の車両を小さな車間距離で自動追従させる高密度車群走行にある．その目的は，車間距離を小さくすることによる実効道路容量の増加とレーン幅減少によるレーン数の増加にある．

車両のラテラル制御はガイド式自動運転システムに分類される．道路にはコースに沿って約 1 m 間隔で磁気ネイルが埋設されている．車両前端に装備したピックアップでその磁界を検出してコースずれを求め，ラテラル制御を行う．図 6.28 に磁気ネイルと車両のピックアップを示す．コースに沿った複数個の磁気ネイルの磁極を組み合わせて前方の道路線形を表現し，乗り心地を考慮した予見制御を行っている．そのアルゴリズムは，周波数適合線形二次形式（FSLQ）制御理論に基づいている．

車群内の各車両のロンジチュージナル（速度）制御は，車両間通信と車間距離レーダに基づいている．先行車の加減速動作を後続車に車両間通信によって伝え，各車が連動して加減速を行う．さらに車間距離をレーダで測定し，車間距離制御を行う．その制御アルゴリズムは，エンジンのスロットルから車両速度までを記述した非線形モデルを対象としたスライディングモード制御に基づいている．

図 6.28 PATH のラテラル制御
(a) 車両前バンパ下の磁気センサと磁気ネイル
(b) 磁気ネイルのコンテナと路面上の埋設用設備

図 6.29 ミュンヘン国防大学で開発された長短の焦点距離をもつ 2 本のレンズからなるレーン検出用カメラ（車両はミュンヘン連邦国防大学の実験車両である）．

現在のところラテラル制御とロンジチュージナル制御は独立に実験されている．ラテラル制御の実験は，1992年に大学構内の実験コースで行われ，約70 km/h でのカーブ走行やスラローム走行，あるいは雪道を想定した走行に成功している．一方，ロンジチュージナル制御の実験も 1992 年にサンディエゴのフリーウェイで行われ，4 台の車両を用いた，車間距離 8〜9 m，速度約 100 km/h の追従走行実験に成功している．

g．VITA II

PROMETHEUS の実験車両の一つであるダイムラー・ベンツの VITA II[23)]は，乗用車メルセデス・ベンツ S 600 をベースにしたマシンビジョンによる自動運転システムで，レーン保持支援と衝突回避を目的としている．

VITA II のマシンビジョンは，車両の前方，後方，側方を視野とする計 18 台の TV カメラをもつ．これらのカメラは単眼として用いられるものとステレオビジョンを構成するものがある．車両の前後および左右の障害物の検出には，計 4 組のステレオビジョンを用いている．走行レーン検出用マシンビジョンは，ミュンヘン連邦国防大学が開発したもので，図 6.29 に示すように焦点距離が異なる 2 台のカメラから構成されている．車載コンピュータは 60 個のプロセッサで構成され，計 850 MFLOPS の演算能力をもつ．

VITA II は，100 km/h 以上でのレーンに沿った自動運転だけでなく，ドライバー（オペレータ）の指示に応じて，車両の左右と後方の安全確認とそれに基づく自動車線変更が可能である．

h．自動運転道路システム

わが国の建設省が進めている AHS では，4 システムの車両群の実験が行われたが，表 6.8 に 1995 年の実験で用いられた 4 システムのセンシング系と制御系を示す．この表には主として用いられたラテラル制御システムとロンジチュージナル制御システムが示されており，いずれのシステムも安全のために制御系は二重系となっている．自動運転道路システムの構成については図 6.22 を参照されたい．

ラテラル制御には，システム C 以外のシステムが PATH プロジェクトで使用された磁気ネイル列を，システム C がマシンビジョンによる白線検出を主として用いている．磁気センサはいずれのシステムでも前バンパ下に装着されており，システム B 以外は過飽和コア利用高感度磁気センサを，システム B はホール素子を用いている．また，システム D では，ヨー角の測定のために車両後部バンパ下にも磁気センサを装着している．ラテラル制御アルゴリズムは，いずれのシステムもコースずれに基づくフィードバック制御

表6.8 建設省のAHSにおけるラテラル制御とロンジチュージナル制御

システム	ラテラル制御 レーンの検出と車上センサ	ロンジチュージナル制御 車間距離測定方法	車両間通信
システムA	磁気ネイルと磁気センサ	光マーカ対による三角測量	光学式
システムB	磁気ネイルとホール素子	レーザーレーダ	ディジタル無線
システムC	レーンマーキングとマシンビジョン	レーザーレーダ	ディジタル無線
システムD	磁気ネイルと磁気センサ（車両前後部装着），ヨー角測定	車両位置情報の交換から算出	SS無線

注）上記システムは1995年の実験で使用されたものである．1996年の実験では一部変更されている．

とコース情報に基づくフィードフォワード制御を併用している．

ロンジチュージナル制御では車両間通信と車間距離測距システムが用いられている．車間時間を約1秒に設定して追従走行の実験が行われた．システムAでは，先行車の後部に装着した光マーカ対と後続車のTVカメラを用いて三角測量で車間距離を測定している．光マーカは車両間通信の送信装置にもなっている．システムBとCではレーザーレーダで車間距離を測定し，システムDでは各車両上で求めた自車位置を車両間通信で交換して車間距離を求めている．車両の速度やインシデント情報は路側の漏洩同軸ケーブルから各車両に伝達され，また各車両の位置は中央で監視することができる．

6.3.3 自動運転システムの効果と課題

自動車の自動運転システムに代表されるAVCS[28]は，自動車交通問題を本質的に解決する可能性をもっている[3,26]．AVCS関連システムの特徴は，事象の早期検出と早期操作，ドライバーの人為的誤りの排除，操作の確実性，ドライバー心理の影響排除，個別車両の制御可能性にある[27]．これらの特徴によって，AVCSは，事故，渋滞，環境汚染という自動車交通問題の解決に有効な手段となっている．さらに将来の高齢化社会における自動車交通においても，AVCSは高齢者の運転支援に重要な役割を果たす．

しかしながら自動運転をはじめとするAVCSの実用化には，多くの技術的ブレークスルーに加えて製造物責任やソーシャルアクセプタンスといったきわめて困難な問題を解決する必要がある．　　［津川定之］

参考文献

1) 津川ほか：道路交通の自動化，電気学会道路交通研究会（1995年6月22日），論文番号RTA-95-14（1995）
2) 津川：自動車交通のインテリジェント化－欧米日のプロジェクトの現状，システム/制御/情報，Vol. 39, No. 5, p. 211-218（1995）
3) S. Shladover：Research Needs in Roadway Automation Technology, SAE Paper, No. 891725（1989）
4) L. E. Flory, et al.：Electric Techniques in a System of Highway Vehicle Control, RCA Review, Vol. 23, No. 3, p. 293-310（1962）
5) H. M. Morrison, et al.：Highway and Driver Aid Developments, SAE Trans., Vol. 69, p. 31-53（1961）
6) R. E. Fenton, et al.：One Approach to Highway Automation, Proc. IEEE, Vol. 56, No. 4, p. 556-566（1968）
7) P. Drebinger, et al.：Europas Erster Fahrerloser Pkw, Siemens-Zeitschrift, Vol. 43, No. 3, p. 194-198（1969）
8) Y. Ohshima, et al.：Control System for Automatic Automobile Driving, Proc. IFAC Tokyo Symposium on Systems Engineering for Control System Design, p. 347-357（1965）
9) 堺ほか：自動車無人走行実験システム，日産技報，No. 22, p. 38-47（1989）
10) 大西ほか：悪路走行の高信頼自動操縦システム開発，自動車技術会学術講演会前刷集，No. 921, Vol. 3, p. 21-24（1992）
11) 岡：これからのクルマと都市の関係，ダイヤモンド社，p. 212-213（1985）
12) 津川ほか：知能自動車に関する研究，機械技術研究所報告，No. 156（1991）
13) M. A. Turk, et al.：VITS－A Vision System for Autonomous Land Vehicle Navigation, IEEE Trans., Vol. PAMI-10, No. 3, p. 342-361（1988）
14) C. Thorpe, et al.：Vision and Navigation The Carnegie Mellon Navlab, Kluwer Academic Publishers（1990）
15) M. Juberts, et al.：Vision-Based Vehicle Control for AVCS, Proc. the Intelligent Vehicles '93 Symposium, p. 195-200（1993）
16) V. Graefe：Vision for Intelligent Road Vehicles, Proc. the Intelligent Vehicle '93 Symposium, p. 135-140（1993）
17) V. Graefe, et al.：Vision-based Autonomous Road Vehicles, in I. Masake（ed.）：Vision-based Vehicle Guidance, Springer-Verlag, p. 1-46（1991）
18) 保坂：自動運転の実験－Ⅱ－自律走行車PVSとその走行実験，自動車技術会 Smart Vehicleの現状と課題シンポジウム資料，p. 43-49（1992）
19) 鷹田：自動運転の実験－Ⅰ－高速道路自動運転システムの将来課題，自動車技術会 Smart Vehicleの現状と課題シンポジウム資料，p. 36-42（1992）
20) 丸屋ほか：自律走行実験車の開発，第5回知能移動ロボットシンポジウム予稿集，p. 25-30（1990）

21) N. Kehtarnavaz, et al. : Visual Control of an Autonomous Vehicle (BART) − The Vehicle-Following Problem, IEEE Trans., Vol. VT-40, No. 3, p. 654-662 (1991)

22) K. S. Chang, et al. : Automated Highway System Experiments in the PATH Program, IVHS Journal, Vol. 1, No. 1, p. 63-87 (1993)

23) B. Ulmer : VITA Ⅱ − Active Collision Avoidance in Real Traffic, Proc. the Intelligent Vehicles '94 Symposium, p. 1-6 (1994)

24) M. Hassoun, et al. : Towards Safe Driving in Traffic Situation by Using an Electronic Co-Pilot, Proceedings of the Intelligent Vehicle '93 Symposium, p. 444-448 (1993)

25) E. Fiala : Future Contributions of the Motor Car to Safety and Environmental Protection, Proc. FISITA 1986, Vol. 4, p. 4.17-4.24 (1986)

26) S. Tsugawa : Super Smart Vehicle System : Future Intelligent Driving and the Measures for the Materialization, Proc. 1993 IVHS America Annual Meeting, p. 192-198 (1993)

27) 保坂：自動車の自動操縦技術の動向，日本機械学会ロボティクス・メカトロニクス講演会'92講演論文集（Vol. A），p. 979-984（1992）

28) 道路交通自動化システム，電気学会技術報告第636号，電気学会（1997）

索　　引

ア
ICC　108
ISDN　87
ITS（知能化交通システム）　40, 91, 153
ITS AMERICA　92, 148
IVHS　92
RACS　92
RVC　123
アクセス時間　12
アクティブ型（路車間通信システム）　124
アストラムライン　59
案内情報　121
案内表現　121

イ
ECR　81
硫黄酸化物　7
一方通行　99
移動通信ネットワーク形成技術　131
居眠り運転警報装置　83
違法駐車車両　36

ウ
右折禁止　99
運行管理支援　104
運転支援（システム）　83, 106, 146, 150
　──を導入する場合のコンセンサス　110
　──の社会受容　150

エ
ABS　108
ACK信号　133
AHS　148, 153, 155
ALI　91
AMTICS　92
APTS　92
ARTS　92
ATIS　48, 92, 96
ATMS　92
AVCS　92, 132, 153
AVI　129
AVMシステム　87
AVSS　92
FM多重放送　46, 125
FM放送波　124
FM-CW方式　142
HMI　110
HOV　31

NavLab　153, 156
SCM　81
SLT　57
衛星航法（GPS）　115

オ
オートクルーズ装置　83
オートブレーキ　108
オートマチックトランスミッション　83
オフセット　101
音声案内ナビゲーションシステム　146
音声経路案内　120
音声経路誘導　121

カ
ガイドウェイバス　60
買物公園（ショッピングモール）　24
買物交通　11
街路延長幅員比　17
街路樹　21
　──の配植　22
街路幅員　16
街路プロポーション比　18
覚醒度警報システム　147
家事・医療交通　11
画像処理（システム）　137
カートレイン　52
カーナビゲーション装置　46, 84, 146
カーフェリー　53
カーブ進入速度制御システム　146
可変情報板　94
貨物輸送（量）　2, 15
貨物輸送交通　11
環境基準　8
環境問題　7
感応制御　105

キ
QR　81
キス＆ライド　52
軌道輸送システム　57
基本ネットワーク　117
協調走行　130
協調走行車群　133
業務交通　11
局所型連続通信　127
局所個別通信型（路車間通信システム）　124
局所同報型（路車間通信システム）　124
近接無線航法　116

ク
クルーズ制御　109
クレーン　85

ケ
系統制御　41, 105
警報システム　107
経路案内　116
経路検索　117-119
経路選択　43
経路データファイル　117
経路誘導（システム）　47, 119
現在位置処理　116

コ
広域個別通信型（路車間通信システム）　124
広域ネットワーク　117
郊外型商業立地　26
公共交通手段と自動車との結合　52
交通アセスメント　38
交通管制（システム）　39, 102
交通管制センター　40
交通管理　98
交通管理知能化　102
交通機関の利用密度　14
交通規制　104
交通混雑　29
交通事故　3
交通システム　11
　新しい──　55
　既存──の改善　51
交通需要マネジメント　30
交通情報（処理）システム　93
交通情報提供（システム）　94
交通信号（機）制御　41, 100, 105
交通制御　104
交通誘導　104
後方確認モニタ　83
国際物流　67
国内流通（構造）　65, 68
コミュニティ道路　20
コンテナ輸送　67
コンベア　86

サ
サイクル長　101
最適経路情報　48

シ

CACS　91
CD-ROM　111-114
CVO　92
CVS　57
GPS（衛星航法）　111, 115
GRT　57
視覚補助システム　106
磁気センサ　139
磁気ネイル　136, 138
指向性（車々間通信の）　131
自重計　83
自動運転システム　135, 147, 152, 155
　——における安全運転の責任の所在問題　149
自動運転道路システム　158
自動車の保管場所の確保等に関する法律　35
自動仕分装置　86
自動操縦車　156
自動ピッキング　86
自動ブレーキシステム　147
視認性　113
車間距離警報システム　146
車間距離制御システム　146
車群走行　135
車々間通信　129
　——の指向性　131
　——の同期形成　133
シャトル-ループ-トランジット（SLT）　58
車輪速センサ　116
集荷・配送情報システム　87
渋滞対策　30
障害物警報装置　83
乗降時間　12
詳細ネットワーク　117
商店街　22
情報提供（メディア）　47, 104
ショッピングモール（買物公園）　24
自立航法（推測航法）　115
ジレンマ感応制御　42
信号制御パラメータ　100
新交通システム　12, 50, 57
シンボルロード　18

ス

水素自動車　9
図形情報板　95
ステアリング支援システム　147
スプリット　101
スルーバンド図　41
スロット　133

セ

静的経路探索　118
静的経路誘導　47

ソ

総合管制技術　39
操作支援システム　108
走路形状認識技術　136
速度規制　99

タ

大気汚染　3
大気公害　7
ダイクストラ法　117
宅配事業　70
縦型探索　117

チ

地域制御　41
地域的環境整備　98
地域分断　26
地磁気センサ　116
地図データ　111
地図ナビゲーション　111
窒素酸化物　8
地点制御　41
知能化交通システム（ITS）　91
知能自動車　156
中央線変移　99
駐車場　34
駐車場法　35
駐車対策　36
駐車問題　34
駐車誘導　46

ツ

追従走行　155
通勤通学交通　11

テ

DRIVE　92, 153, 155
TRC　108
提供タイミング　120
定周期制御　100
ディマンドバス　14, 57
電気自動車　5, 9
電子タグ　87
電波ビーコン　46, 125

ト

同期形成（車々間通信の）　133
動的経路探索　119
動的経路誘導　48
道路　29
　——の機能階層化　98
道路交通情報通信システム　46
道路属性　113
道路網　2, 15
都市構造　11
都市交通システム　50
都市道路　15
都市発展　11
都市モノレール　57
都心型商業立地　22
ドライバー監視システム　109
トラック輸送　71, 82

ナ

ナビゲーションシステム　46, 84, 146

ニ

荷役　85
認知支援システム　106

ネ

燃費　9

ハ

排出ガス　5
ハイブリッド方位処理　116
パーク＆ライド　52
バーコード　87
パッシブ型（路車間通信システム）　124
パルス方式　142
パレタイザ　86
判断支援システム　107

ヒ

PATH　153, 157
PDS　91
PL　110
POS　86
PROMETHEUS　92, 148, 153, 155
PVS　153, 157
光空間通信　125
光ビーコン　46, 127
標準駐車場条例　36

フ

VaMoRs　153, 157
VAN　87
VICS　46, 96
VICS対応カーナビゲーション装置　47
VITA II　153, 158
VMI　81
フォークリフト　85
ブキャナン・レポート　50
複合一貫輸送　67
附置義務駐車場　36
物流　3, 63, 74
プラトゥーニング　158
ブラドン式　14
ブルーゾーン（計画）　55
フレイト・フォワーダー　68
プロトコル　131

ヘ

ヘッドアップディスプレイ　146
変形ダイクストラ法　117

ホ

防災都市　26
放送型（路車間通信システム）　123

歩行者空間　19
歩行者専用路（遊歩道）　20
歩行者天国　24
歩車道幅員比　17
歩道　19
ポーリング信号　133
ボンネルフ　20

マ

マイクロ波　125
マクロ感応制御　102
マップマッチング　116

ミ

ミクロ感応制御　101
ミリ波　125
ミリ波レーダ　142, 144

ム

無軌道輸送システム　57
無人搬送車　86

モ

文字情報板　94

モーダルシフト　71
モノレール　14

ユ

UHF波　124
UTMS　48
優先型（交通制御）　100
優先通行　49
誘導ケーブル　136
誘導無線　124
遊歩道（歩行者専用路）　20
輸送　63
輸送計画　84
輸送効率　9
輸送実績　84
輸送荷役　83
輸送分担率　2

ヨ

横型探索　117
ヨーモーメント制御システム　147

リ

リサイクル　7

旅客輸送（量）　2, 14
緑道　21
旅行時間表示板　95
旅行レジャー交通　11

レ

レーザーレーダ　142
レーダ技術　142
レーダセンサ　108
レンジファインダ　137
連続輸送システム　56

ロ

漏えい同軸ケーブル　127
ロジスティクス　63, 70, 73, 76
　——における自動化　82
　——における保管　84
ロジスティクス・コスト　80
ロジスティクス・システム　77
ロジスティクス情報システム　79, 86, 88
路車間双方向通信　104
路車間通信（システム）　123
路側通信システム　95
路面電車　14